高等职业教育财经类系列教材·工商管理专业

企业管理基础
（第3版）

何海怀　主　编

郭　峰　副主编

朱长丰　主　审

电子工业出版社
Publishing House of Electronics Industry
北京·BEIJING

内 容 简 介

本教材从职业岗位分析入手，以真实工作任务及职业活动为依据，以培养职业行动能力为主线，以"必需、够用"为度，建构了 8 个情景，主要内容包括企业与环境分析、管理与管理者、管理理论的发展、企业目标与计划、科学决策与战略、组织结构与变革、领导方法与艺术、控制过程与方法。

在传统教材的编写规范下，本"新形态"教材遵循实践导向原则编写而成，积极运用二维码等现代教学资源引入形式，旨在使学生乐学、老师乐教。

本教材适用范围广泛，不仅可作为工商管理类专业职业技能核心课程教材，也可作为工科类相关专业选修课的教材，还可作为其他相关学科的职业培训教材和自学参考书。

图书在版编目（CIP）数据

企业管理基础 / 何海怀主编. —3 版. —北京：电子工业出版社，2020.9
ISBN 978-7-121-37787-7

Ⅰ. ①企… Ⅱ. ①何… Ⅲ. ①企业管理－高等职业教育－教材 Ⅳ. ①F272

中国版本图书馆 CIP 数据核字（2019）第 240049 号

责任编辑：张云怡　　　　　　特约编辑：田学清
印　　刷：涿州市般润文化传播有限公司
装　　订：涿州市般润文化传播有限公司
出版发行：电子工业出版社
　　　　　北京市海淀区万寿路 173 信箱　　　　邮编：100036
开　　本：787×1092　　1/16　　印张：15.5　　字数：397 千字
版　　次：2009 年 9 月第 1 版
　　　　　2020 年 9 月第 3 版
印　　次：2024 年 7 月第 7 次印刷
定　　价：49.80 元

凡所购买电子工业出版社图书有缺损问题，请向购买书店调换。若书店售缺，请与本社发行部联系，联系及邮购电话：（010）88254888，88258888。
质量投诉请发邮件至 zlts@phei.com.cn，盗版侵权举报请发邮件至 dbqq@phei.com.cn。
本书咨询联系方式：（010）88254573，zyy@phei.com.cn。

前　言

为了适应新时期以职业行动能力为导向的职业教育改革和以情景为导向、以能力为本位的课程改革新理念，作为课程内容载体的教材也必然要进行改革。本教材从职业岗位分析入手，以真实工作任务及工作过程为依据，根据高职教育人才培养目标，以培养职业行动能力为主线，选取体现高职教学特色的课程内容并进行整合和序化；以建构主义为基础，以"必需、够用"为度，建立动态更新的"126"教材内容体系。"126"是指"一条主线、两大基础、六大关键能力"。

"一条主线"：培养基层管理岗位综合管理技能。整个课程的教学内容以培养这种综合管理技能为主线进行设计。

"两大基础"：一是系统的管理基础知识，二是管理理论。这是情景2、情景3的教学内容。教学目标是让学生掌握管理基础知识并树立现代管理思想与理念，这是培养管理技能的基础与前提。

"六大关键能力"：企业环境分析能力、目标管理与计划能力、决策与战略选择能力、组织设计与协调能力、领导与激励沟通能力、控制与信息处理能力。本教材在介绍管理四大职能基本原理的基础上，将重点放在基层管理者所需的实用技能上，本教材的情景1和情景4～8的教学内容分别研究与培养这六大关键能力。

我们遵循学生职业行动能力培养的基本规律，强调"案例引领、任务驱动、实训强化"，打破传统的教材编写模式，充分汲取高职高专经济管理类专业教学改革的成果，按照以职业技能训练为主线、以相关知识为支撑的编写思路，使本教材具有了以下特点：

一是从职业岗位分析入手，确定课程的技能训练内容，形成具有典型性的职业行动能力训练项目，提高了技能训练的针对性；

二是打破传统的学科体系，较好地处理了理论教学与技能训练的关系，切实落实"管用、够用、适用"的教学指导思想；

三是充分体现企业管理领域中的新知识、新技术、新方法，为提高学生的就业能力和工作能力创造条件；

四是适用范围较为广泛，不仅可作为工商管理类专业职业技能核心课程教材，也可作为工科类相关专业选修课的教材，还可作为其他相关学科的职业培训教材和自学参考书；

五是相关资源丰富，包括课程标准、教材、教学指南、电子教案、多媒体课件、网络课程、测试题库、案例分析等在内的立体化教材资源；

六是在传统教材的编写规范下，本"新形态"教材遵循实践导向原则编写而成，积极地运用二维码等现代教学资源引入形式，旨在使学生乐学、老师乐教。

通过移动互联网技术，以嵌入二维码的纸质教材为载体，嵌入学习指南、教学课件、案例、视频、音频、课外拓展等数字资源，有机整合教材、课堂、教学资源，更新传统教材形态，实现线上线下结合的新形态。

本教材由何海怀担任主编并负责总体框架设计、课程标准编写、初稿的增删改、统稿和定稿。本教材各情景内容编写人员具体分工如下：何海怀编写情景2、情景6，郭峰编写情景8、综合案例题，陈瑶瑶编写情景1，林长富编写情景3，包琼雪编写情景4，黄一凌编写情景5，徐云旭编写情景7。本教材由朱长丰担任主审。

在教材的编写过程中，得到了温州职业技术学院同事们和兄弟院校朋友们的大力支持，教材的诸位主编、参编、主审等做了大量的工作，在此深表谢意！我们在撰稿时，直接或间接借鉴了国内外出版物的一些素材，引用了部分成果和文献，难以一一列举，在此一并致谢。同时，敬请广大读者对教材提出宝贵的意见和建议，以便修订时加以完善。

编　者

目　录

情景 1 企业与环境分析

【职业行动能力】

1. 能进行企业登记的网上预评和网上申报
2. 能对现代企业内部的权力进行适当安排，形成科学法人治理结构
3. 能给某企业的企业文化塑造提出建议
4. 能对企业所面临的环境进行 PEST 分析
5. 能针对企业的内部和外部环境进行 SWOT 分析

【学习型任务】

1. 理解企业的概念及其基本特征
2. 了解企业组织形式按不同标准划分的各种类型
3. 理解法人治理结构的概念、组成以及模式
4. 理解企业文化的含义、构成和特征
5. 了解企业环境的分类和内容及环境分析的内容

【关键概念】

企业、有限责任公司、股份有限公司、法人治理结构、企业环境、企业文化、SWOT 分析

【相关理论】

波特五力分析模型

【管理方法】

PEST 分析、内部和外部环境综合分析（SWOT 分析）

任务 1　企业的概念与特征

1.1.1　任务导入

苹果公司供应商责任进展报告：人类、地球、进步

苹果公司于 2019 年 3 月发布了《Apple 供应商责任 2019 年进展报告》，这也是苹果发布的第 13 份年度供应商责任进展报告。在这份报告中，苹果公司详细说明了本公司的业务和供应商是如何影响人和地球的。

该报告分为 3 个部分，主题分别为人类、地球和进步。苹果公司强调："我们非常关心构建我们产品的人和我们共同拥有的星球。因此，我们坚持使自己和供应商达到最高标准，以确保每个人都得到应有的尊重。我们公开分享工作，以便其他人可以跟随我们。"

人类

苹果公司于 2018 年向员工支付 616 000 美元的供应商招聘费，工作时间标准合规率高达 96%。苹果首席运营官杰夫·威廉姆斯（Jeff Williams）在报告中指出："无论做什么，我们都以人为先。"为了保护员工的合法权益，苹果明文规定：禁止任何形式的非自愿劳工行为；违规供应商若不立即采取纠正措施，将面临被从供应链中移除的风险。

地球

苹果公司首次将"环境保护"纳为关键词，"清洁水项目"扩展到 116 家供应商，使得 2018 年有 76 亿加仑（美制 1 加仑约等于 3.785 升）的水得以节约，相当于能为地球上每个人提供约 1 加仑的水。此外，苹果公司通过与供应商合作，将温室气体排放量减少46.6 万多吨，相当于每年停驶约 10 万辆轿车。

进步

苹果公司 2018 年对 45 个国家和地区的 1049 家供应商进行审计，其中有 76%处于高绩效，同比增长 30%，只有 1%落在低绩效类别。苹果公司持续为供应商员工提供一系列培训，迄今已有 360 万名供应商员工参加了苹果开展的教育和技能培训。此外，每年苹果公司都针对工作场所的安全和尊重要求供应商达到更高的标准，2018 年在行业内率先要求供应商在工作场所内提供母婴室。

问题：

（1）你如何看待苹果公司与供应商的关系？

（2）你认为企业经营的目标是什么？

1.1.2 相关知识

1. 什么是企业

企业是依法设立的、以营利为目的的、从事向社会提供产品或劳务的生产经营活动的、独立核算的经济组织。这种经济组织是一种创新能力极强的组织，具有非常丰富的内涵。

企业是现代社会经济活动基本的组织形式，是国民经济的细胞和基本单位。它是人类社会进入一定历史时期的产物。在国民经济中，有从事物质资料生产的企业，有从事商品交换的企业，有从事金融和保险业务的企业，还有许多从事信息、咨询和劳务服务的企业，等等。

企业是商品经济的产物，它随着商品经济的发展而发展。原始社会中，只能以氏族为基本经济单位。奴隶社会中，奴隶主的庄园、作坊就是基本经济单位。封建社会中，封建地主的家庭和手工业者的作坊仍然是基本的经济单位。资本主义生产方式产生以后，特别是随着 18 世纪 60 年代的产业革命的掀起，社会生产力得以空前提高，生产的规模日益扩大，市场进一步扩展。雇佣劳动成为其基本特征；出现了资本家雇佣大批工人和购买其他生产资料，以工人共同劳动为基础，组织高度社会化劳动的生产经营企业。因此，只有进入资本主义社会后，企业才成为基本的经济单位。社会主义社会的生产仍然是建立在社会化大生产的基础上的，其社会生产经营活动的基本组织形式也是企业。人类社会的历史不断演进，已完全进入通过各种组织进行资源配置，从事社会、经济、政治、文化等多方面活动的时代。市场经济中的企业的示意图如图 1-1 所示。

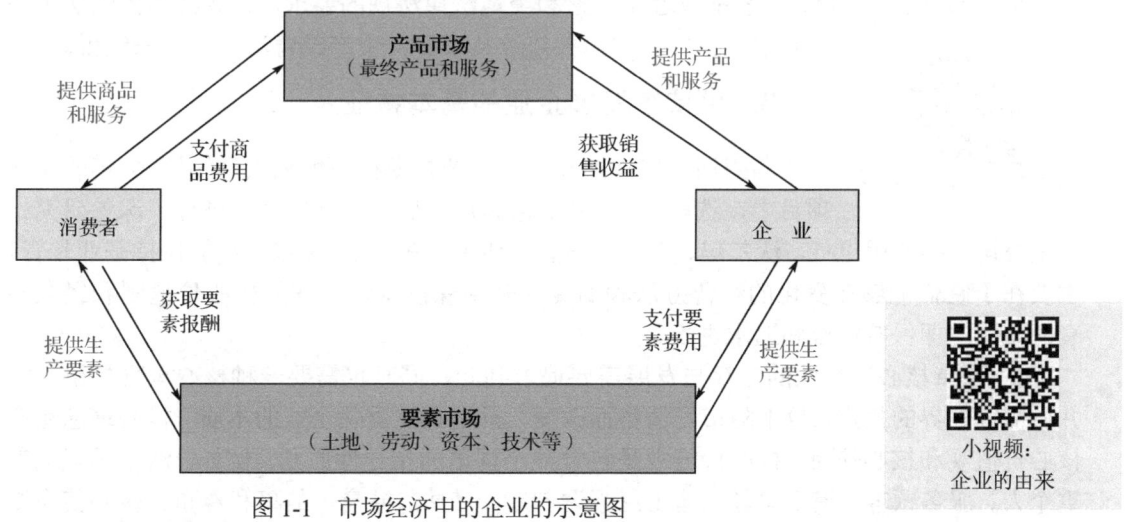

图 1-1　市场经济中的企业的示意图

2. 企业的基本特征

（1）组织性

企业不同于个人、家庭，它是一种有名称、有组织机构、有规章制度的正式组织，是由企业所有者和员工主要通过契约关系组合而成的一种开放的社会组织。

（2）经济性

企业作为一种社会组织，不同于行政、政党、社团和教科文卫体等组织，它本质上是经济组织，是直接从事经济活动的实体，以经济活动为中心，实行全面的经济核算，追求并致力于不断提高经济效益。企业首先支付对价获取土地、劳动、资本和技术等生产要素，经过生产加工，而后向产品市场提供商品和服务，获取销售收益。

（3）营利性

营利性是企业的本质特征。企业是一种营利性机构，其目标是创造利润。为了获取利润，企业必须具有效率。企业的效率包括制度效率和经营效率。制度效率是由土地、资本、劳动力和技术等生产要素投入生产活动中的集合方式决定的；经营效率是由计划、组织、领导和控制这些管理方式决定的。合理的制度和有效的经营可以使企业获得较好的效益，并长期持续地发展。

（4）社会性

企业的社会性是指企业在创造利润并且对股东和员工承担法律责任的同时，还要承担对消费者、环境和社会的责任。它要求企业必须超越把利润作为唯一目标的传统理念，强调在生产过程中对人的价值的关注，强调对环境、消费者、社会的贡献。因此，企业的效益包括经济效益和社会效益两个方面。

（5）独立性

企业是一种在法律和经济上都具有独立性的组织，它依法独立享有民事权利，独立承担民事义务、民事责任。它与其他自然人、法人在法律地位上完全平等。

（6）合法性

企业的设立、运行、解散都应遵循国家和当地法律法规的要求。企业必须依照法定条件和法定程序成立，并依法从事日常生产经营活动，依法纳税。

小视频：企业社会责任

3. 可持续发展企业的基本特征

詹姆斯·柯林斯和杰里·波拉斯在斯坦福大学为期 6 年的研究项目中，选取了 18 家卓越非凡、长盛不衰的公司进行了深入研究，这些公司包括通用电气、沃尔玛、默克、惠普、迪士尼等。这 18 家公司能保持基业长青，主要在于它们能够在变化的经营方法和商业谋略中保持永恒不变的核心价值观和经久不衰的使命，即保持核心和追求进步。

① 保持核心。企业的生存与发展需要追求利润，同时也需要一种核心理念指引，它并不需要外界的肯定，也不随市场情势而改变，只是真实反映企业的本质。核心理念包含核心价值观和核心使命。核心价值观是包含几个词语的指导性原则，例如，沃尔玛强调尊重个人、服务顾客、追求卓越，迪士尼强调创新、品质、共享、故事和尊重；核心使命则体现一家企业之所以存在的动机，它超越了赚钱这种狭隘目标，不仅仅是对产品和目标顾客的描述，更多反映的是人们对企业事业的重视程度和为哪些利益群体做出贡献，例如，迪士尼的核心使命是带给千万百人快乐，沃尔玛存在的目的是向顾客提供物有所值的东西从而用较低的价格和较多的选择改善他们的生活。

② 追求进步。企业以真实的核心理念为基础，将抽象的理念化为具体事项和制度并

融入组织结构,贯彻于组织上下,从而使企业的战略和战术都能够一贯围绕核心理念行动。面对不断变化的市场环境,企业只有不断创新经营方法和商业谋略,才能长期立足,否则坚持核心理念的企业也会在竞争残酷的市场上落伍。例如,连续 15 年霸占全球手机市场份额第一的诺基亚,在智能手机来临时,没有及时跟上产品创新而跌下神坛;百年影像业巨头柯达公司亦是,在数字成像技术的冲击和激烈的价格竞争下,拒绝创新和转型,2012 年提交破产保护申请。企业要时刻保持有可能被超越的警醒,要具备永不满足的心态,要长期保持活力并做好长期投资,包括研发投资、人力资本投资、管理方法等。

因此,一方面,核心理念是企业追求进步的驱动力,会促使企业经营战略不断创新;另一方面,企业需要通过不断刺激、改革、进步和改善,强化核心理念,从而适应变化的市场环境,保持基业长青。

1.1.3 分组案例分析

复星医药:青蒿琥酯享誉非洲,让中国好药走向世界

在科技发达的 21 世纪,非洲大陆上还肆虐着一种严重威胁人类生命的传染病——疟疾。全球约有半数人口面临疟疾风险,90%的病例出现在撒哈拉以南非洲国家和地区。而这一切因为青蒿素的发现和青蒿琥酯的发明发生了巨大改变,非洲的疟疾患者看到了希望。

20 世纪六七十年代,以屠呦呦为代表的中国药学家、科学家从青蒿中提取了能够杀灭疟原虫的青蒿素。1977 年,桂林南药(前身:桂林制药厂)在青蒿素的基础上成功化学合成了青蒿琥酯,青蒿素系列药品中一个自主研发的新品种诞生了。1987 年,青蒿琥酯获得中华人民共和国卫生部(现为中华人民共和国国家卫生健康委员会)颁发的 001 号新药证书,这是中华人民共和国成立以来的首张一类新药证书;注射用青蒿琥酯(Artesun®)获得 002 号新药证书。

2004 年,复星医药看到了这款新药的国际战略价值,通过对桂林南药完成改制重组,开启了青蒿琥酯系列产品的创新和国际化之路。复星医药在非洲建立营销团队,从零开始,将中国新药注射用青蒿琥酯带到非洲,向这片土地播撒健康和希望。复星医药的目标是把高品质的、可负担的抗疟药带给非洲人民,与非洲人民携手战胜疟疾,共建一个无疟疾世界。2010 年 10 月,注射用青蒿琥酯通过世界卫生组织(WHO)的产品预认证,开启了该药品快速扩大临床运用的新篇章。2017 年,复星医药并购西非法语区第三大药品分销公司 Tridem Pharma,进一步提升药品在非洲的可及性。截至 2018 年,复星医药向全球疟疾流行地区供应了超过 1 亿支注射用青蒿琥酯,救治了 2000 多万名重症疟疾患者。复星医药的抗疟药产品覆盖了疟疾的预防、日常治疗和重症患者的抢救用药,代表着中国乃至全球在疟疾治疗领域的研发和生产的顶尖实力。

复星医药始终坚持将抗击疟疾视为企业社会责任的一部分,也深知疟疾的"防"与"治"同样重要。复星医药通过在非洲地区开展针对医务人员的 eCME 多媒体在线医学培训项目,提升当地医疗水平;开展针对非洲社区的儿童疟疾预防知识科普项目,帮助提升非洲当地民众的疟疾防范意识,降低疟疾发病率。此外,复星医药十余年来积极配合中国政府的援非抗疟工作,已承办 9 届"发展中国家疟疾防治研修班"和 9 届"发展

中国家药品质量管理研修班"，涉及30多个国家和地区，完成42批次的商务部物资（抗疟药）援外项目。

复星国际联席总裁、复星医药董事长陈启宇表示："医药健康是复星的重要产业之一，复星医药在抗疟、抗结核等领域拥有优质的创新产品和技术。我们将坚持'可负担的创新'理念，继续围绕医药健康产业，深耕非洲，为非洲人民的健康和幸福生活做出贡献，这也是复星医药作为中国企业所承担的世界责任。"

请分析：复星医药如何将社会责任融入企业发展？

任务 2　企业的类型

1.2.1　任务导入

"兄弟班"的摩擦

老张与一班好友合股组成一个小公司，大家所出的股本一样。公司的运作需要各股东的悉力参与，大家付出时间、心力来打理公司的事务。

有些股东非常投入，早到迟退，凡事多走一步，做事认真及拼搏，周日都返回公司工作。但有些股东则迟到早退，做事懒散，对公司的事务并不热心，时常开会缺席，凡事不愿负责。

"兄弟班"于是发生摩擦，有人抱怨这种合作对勤奋的人很不公平，建议拆伙。

问题：

（1）身为股东的张三应该如何处理公司这种人情的问题？

（2）你认为合伙企业在运作过程中最应该注意的是什么？

（3）除了合伙企业，企业还有哪些类型？

1.2.2　相关知识

使用的标准不同，则企业的类型也是会有所不同的。一般说来，划分企业的类型时有以下几种常见的标准。

1. 按财产组织制度划分

（1）个人独资企业

个人独资企业是指由一名自然人单独出资，财产为出资者个人所有，出资人独立从事企业经营管理，并以其个人财产对企业债务承担无限责任的经营实体。

（2）合伙企业

合伙企业是指两个或两个以上的合伙人为了经营共同的事业，订立合伙协议，共同出资、共同经营、共享收益、共担风险的营利性组织。合伙企业分为普通合伙企业和有限合伙企业。普通合伙企业由普通合伙人组成，合伙人对合伙企业债务承担无限连带责任。有限合伙企业由普通合伙人和有限合伙人组成：普通合伙人执行合伙事务，对外代表合伙企业，对合伙债务承担无限连带责任；有限合伙人一般不参与合伙企业的具体经营管理，按出资比例分享利润和分担损失，以其认缴的出资额为限对合伙企业债务承担责任。

（3）公司

公司是指股东依法以投资方式设立，以营利为目的，以其认缴的出资额或认购的股份为限对公司承担有限责任，公司以其全部独立法人财产对公司债务承担责任的企业法人。我国的公司目前主要以有限责任公司和股份有限公司为主要形式。

有限责任公司是指股东通过出资而组成的公司，股东对公司债务以自己的出资额为限承担有限责任。设立有限责任公司应当具备下列条件：

① 股东条件。《中华人民共和国公司法》（以下简称《公司法》）规定有限责任公司由 50 名以下股东出资设立，允许设立一人公司。

② 财产条件。《公司法》于 2013 年修订时，取消了对有限责任公司和股份有限公司最低注册资本的要求，也取消了对缴纳出资的法定期限要求。有限责任公司的注册资本为在公司登记机关登记的全体股东认缴的出资额。

③ 组织条件。有公司名称，建立符合有限责任公司要求的组织机构；有公司住所；股东共同制定公司章程。公司章程应当载明下列事项：公司名称和住所；经营范围；注册资本；股东的姓名或名称；股东的出资方式、出资额和出资时间；公司的机构及其产生办法、职权、议事规则；公司的法定代表人；股东会会议认为需要规定的其他事项。

股份有限公司是指全部资本分成等额，股东以其认购的股份为限对公司承担责任。设立股份有限公司应当具备下列条件：

① 发起人条件。发起人为 2 人以上、200 人以下，其中须有半数以上的发起人在中国境内有住所。发起人承担公司筹办事务。

② 财产条件。采取发起设立方式设立的，注册资本为在公司登记机关登记的全体发起人认购的股本总额，在发起人认购的股份缴足前，不得向他人募集股份；采取募集方式设立的，注册资本为在公司登记机关登记的实收股本总额，发起人认购的股份不得少于公司股份总数的 35%。

③ 出资条件。股东可以用货币出资，也可以用实物、知识产权、土地使用权等可以用货币估价并可以依法转让的非货币财产作价出资，但不得以劳务、信用、自然人姓名、商誉、特许经营权或设定担保的财产等作价出资。

④ 组织条件。有公司名称，建立符合股份有限公司要求的组织机构；有公司住所；由发起人制定公司章程，采用募集设立方式设立的必须经创立大会决议通过。

现代公司的典型形态就是所有权和经营权相分离的股份公司，这对于加速资本的集中化和社会化、促进社会经济的发展有着十分重要的作用。对于现代企业的经营者来说，股份公司是一种高级的企业组织形式，特别适合于大型企业。因此，股份公司是现代市场经济国家中作用大、地位重要的公司类型。

2. 按企业所有制性质划分

（1）国有企业

国有企业是指国务院和地方人民政府分别代表国家履行出资人职责的国有独资企业、国有独资公司以及国有资本控股公司。它由国家对其资本拥有所有权或者控制权，政府的意志和利益决定了国有企业的行为。国有同时具有商业性和公益性的特点，商业性体现为追求国有资产的保值和增值；公益性体现为国有企业的设立通常是为了实现国家调节经济的目标，起着调和国民经济各个方面发展的作用。

（2）集体企业

集体企业即集体所有制企业，是指生产资料和产品由劳动群众集体占有的企业。它是通过对个体经济进行社会主义改造而产生的，或者是由劳动群众根据自愿、互利原则联合组成的。集体企业最大的特点是全体成员是这一个企业的财产的共同所有者和经营者，成员根据自己对集体企业的贡献来分配经营成果。

（3）私营企业

私营企业是指由自然人投资设立或由自然人控股，以雇佣劳动为基础的营利性经济组织。私营企业包括具备法人资格的私营有限责任公司和私营股份有限公司，以及不具备法人资格的个人独资企业和私营合伙企业。

（4）三资企业

三资企业即在中国境内设立的中外合资经营企业、中外合作经营企业、外商独资经营企业这三类外商投资企业。它是指由一个或一个以上的国外投资方与中国投资方共同经营或独立经营，实行独立核算、自负盈亏的经济实体。

3. 按社会分工角度划分

（1）农业企业

现代农业企业是以植物、动物和微生物为生产对象，以土地为基本生产资料，利用现代化的生产工具，通过人工培育和养殖动植物来从事生产经营活动的企业。它包括从事农作物栽培业、林业、畜牧业、渔业和副业等行业的企业。现代农业企业已经摆脱了传统农业企业"靠天吃饭"的特点，通过现代科学技术的应用，其生产受自然条件影响越来越小，生产周期不断缩短，季节性和地区性也不断减弱，形成了生产技术科学化、企业运行生态化、生产经营社会化等现代化特点。

我国农业企业占基础地位，是国民经济赖以存在并进一步发展的基础，很大程度上决定着工业企业及其他企业的发展规模和速度。

（2）工业企业

工业企业是直接从事工业性生产经营活动的企业。它包括从事采矿业，制造业，电力、热力、燃气及水的生产和供应业，建筑业等行业的企业。工业企业类型发展变化很快，每一种新的劳动工具、工艺、材料、能源的出现都可能推动产生一个新的工业企业类型；而生产性或非生产性的社会需求一旦变化，与之相适应的工业企业就可能迅速出现。

工业企业的特点：采用机器或机器体系的专业化分工协作生产；生产经营社会化；管理内容日趋复杂；占国民经济的主导地位。

（3）服务业企业

服务业企业是以增值为目的，提供服务产品的企业。它涵盖广泛的经营范围。服务业企业包括交通运输、仓储和邮政企业，信息传输、计算机服务和软件企业，金融企业，房地产企业，租赁服务企业，住宿和餐饮企业，居民服务和其他服务企业等。

小视频：企业类型的其他划分标准

由于服务业企业多数直接为消费者服务，各地自然条件和社会条件的不同，以及经济和文化发展的差别，导致服务业企业有较强的地方性。

1.2.3 分组案例分析

王云安：古茗奶茶王国缔造者

从 2010 年 4 月开第一家奶茶店，截至 2019 年 2 月，古茗全国连锁门店已经超过 2000 家，一跃成为行业佼佼者。古茗奶茶的创始人之一王云安在圈内习惯被称为"老王"，但是老王并不老，生于 1986 年，浙江台州温岭人，大学毕业后就开始了创业生涯，短短几年时间创建了自己的"奶茶王国"。

在浙江理工大学就读的老王，学的是材料科学与工程专业，却不安于此专业。大学里老王就开始做生意，攒下创业资本，毕业后回到温岭大溪，寻找创业机会。在喝过大城市的奶茶后，老王深深想念茶香浓郁、口感细腻的奶茶。原本准备加盟一家奶茶品牌，但在考察后，老王和合伙人还是决定开一家自己的品牌店。"只要交钱就能加盟，能不能赚钱全靠自己。"老王认为，这是不负责任的态度。

老王的第一家古茗奶茶店开在大溪德明路上，取名"古茗"。"古"就是老，"茗"就是茶。老王认为，中国茶文化源远流长，他想把它发扬光大。但因没有配方，老王就靠自己的味觉一杯杯开发新品类。一次尝 100 毫升，一天尝几十次，老王说自己每天的胃都被奶茶撑满了，渐渐地奶茶在口感上与他在大城市喝过的奶茶有得一拼了。然而在第一年，店铺一天营业额都不到 100 元，处于亏损状态。

有一天，老王看到麦当劳的经营之道，看完后突然醒悟。他说，当他把自己当作生意人时，总是精打细算、能省则省。而当他把自己当作顾客时，他就不再仅仅关心成本和利润，而更多地考虑感受——店面干不干净，奶茶好不好喝，店员是否亲切。一系列动作后，产品定位逐渐清晰，奶茶生意从原来的一天几十杯发展到一天三四百杯，一天营业额达 2000 多元。

生意好了，按照当时流行的做法，老王想招加盟商。古茗的第一个加盟商是老王想尽办法留下来的，加盟店的装修几乎由老王包办，他还要手把手指导店主。接着古茗开始裂变扩张。2017 年年初加盟店有 600 多家，年底就达到 1200 多家。然而，老王却在此时放慢了扩张速度，推出了规范加盟商的制度。"兼职的不要，投资的不要。"规模大了，他更要对品牌、对加盟商负责。现在的古茗，每个月能接到 3000 个左右的咨询电话，而在面试、选址、培训、交钱等一系列流程后，能成功转换成门店的不超过 30 家。

在经营了这么多年的奶茶生意后，老王也有了困惑。2017年，网红奶茶井喷式出现，"1点点""喜茶"等风靡一时。老王有点焦虑，觉得自己埋头苦干了7年，自己的名气却不如人家一夜爆红拥有的名气。但后来经过思索，老王更坚定了自己的生存之道。三、四线城市的市场那么大，都没开拓完，何必去竞争激烈的一、二线城市呢。

目前，古茗的战略版图主要在浙闽。加盟门店的原料都是由古茗专门物流配送的。古茗在浙江的台州、杭州以及福建都有自己的仓库，门店分布也是以仓库为中心向外辐射的，若要扩张就要先完善仓储，老王说一步一步稳稳地走才最重要。

请分析：

（1）古茗奶茶王国是经过哪几个阶段产生的？

（2）古茗奶茶成功的关键因素是什么？

1.2.4　实践活动安排

情景1任务2实践活动安排如表1-1所示。

表1-1　情景1任务2实践活动安排

活动1	如何进行企业登记、个体登记
活动目标	通过访问本地行政审批服务网，了解申报各种类型企业的申报材料、审批流程、审批依据、收费标准和承办时限，加深课堂学习的印象，增强学生的职业技能
活动内容	1. 找到本地行政审批服务网，并查得本地行政审批的地址。 2. 了解本地行政审批中心的窗口布局，查得本地市场监督管理局的位置和窗口电话号码。 3. 了解如何进行网上预审和网上申报
活动组织	1. 在计算机房进行教学活动，要求每个学生访问本地行政审批服务网。 2. 将学生分成几个小组，完成活动内容后在班级组织一次交流，每个组推荐一名成员进行汇报
活动考核	1. 要求每组学生选一种企业类型，写出申报报告或小结。 2. 教师评阅后，根据所交材料与交流中的表现进行评估打分

任务3　法人治理结构

1.3.1　任务导入

完善的法人治理结构助力企业发展

著名的奥驰亚集团能长期在市场中保持很强的竞争力，与其治理结构的规范化密不可分。作为上市公司，奥驰亚集团具有一套完整的法人治理结构，按美国的法律，设置了股

东会、董事会和管理层相互制衡、协调运转的治理结构。

（1）股东会

股东会为非常设机构，一般每年召开一次会议，以投票的方式决定公司重大事项。股东会决定的事项主要有：修改公司章程；决定是否发行新股和改变股权结构；对公司更名等重大事项做出决定；批准负责监督和审查公司财务的独立会计师；批准由董事会提出的公司高级主管的薪酬计划；对一些股东提出的建议进行表决；选举董事会成员等。

（2）董事会

董事会至少由9名成员组成，董事通过股东大会选举产生，任期一年，可以连选连任。根据公司章程，董事会主要负责制定公司整体性政策和发展战略，对公司重大事项做出决策，监督公司管理层运作等。董事会不处理日常事务，不需要采取集中办公的方式维持运转，董事会成员主要通过各种文件和报告来了解公司的运行情况，决策在董事会会议上做出。此外，董事会下设审计委员会、薪酬委员会、行政委员会、财务委员会、提名及公司治理委员会、公共事务及社会责任委员会6个专业委员会，协助董事会处理某一领域的具体事项。

（3）管理层

管理层由12名成员组成，董事会主席兼任首席执行官。集团总部的管理职责主要定位于战略管理、资产与财务管理和公共业务管理。其中，战略管理主要是制订公司整体发展规划，包括年度规划和跨年度规划；资产与财务管理主要包括企业并购、债券发行、资金预算、利润分配等；公共业务管理主要侧重于人力资源建设、公共事务、品牌建设等方面。

奥驰亚集团实行母子公司管理体制。在各自的业务范围内，子公司拥有较大的自主权；除资产经营公司外，其他子公司一般都设有制造中心、营销中心和其他职能部门。集团总部对各子公司的管理控制主要通过规划、预算、投资、人事和财务监督等方式实现。

俗话说："没有规矩，不成方圆。"对于像奥驰亚集团这样的跨国公司来说，成功的原因可以归纳出很多，但完善的法人治理结构无疑是它们能够一路披荆斩棘、发展壮大的基础。

问题：

（1）有规矩就一定成方圆吗？为什么？

（2）公司制度的核心是什么？怎样才能使公司更有效地运作？

1.3.2 相关知识

法人治理结构又被称为公司治理（Corporate Governance），是现代企业制度中最重要的组织架构。狭义的公司治理主要是指公司内部股东、董事、监事及经理层之间的关系，广义的公司治理还包括与利益相关者（如员工等）之间的关系。

公司作为法人，即作为由法律赋予了人格的团体人、实体人，需要有相适应的组织体制和管理机构，使之具有决策能力与管理能力，行使权利、承担责任。这种体制和管理机构被称为公司法人治理结构，也可以称为公司内部管理体制。这种结构使公司法人能有效地活动起来，因而很重要，是公司制度的核心。

1. 公司法人治理结构的组成

公司法人治理结构，按照《公司法》的规定，由4个部分组成：

① 股东会或者股东大会。股东会由公司全体股东组成，是股东行使其权力的机构。股东会是公司的最高权力机构，享有对公司的重大事务的决策权。

② 董事会。董事会由经公司股东会选举产生的董事组成，是代表公司并行使经营决策权的常设机构，是公司的决策机构。股份有限公司董事会成员为5至19人，有限责任公司董事会成员为3至13人。

③ 经理。经理由董事会聘任，是负责公司日常经营管理活动的公司常设业务执行机构。

④ 监事会。监事会由依法产生的监事组成，对董事和经理的经营管理行为及公司财务发挥监督作用，是公司的监督机构。一般情况下，监事会成员不得少于3人，应当包括股东代表和适当比例的职工代表，其中职工代表比例不得低于 1 / 3。规模较小的有限责任公司可以设一至两名监事，不设立监事会。

公司法人治理结构的4个组成部分都是依法设置的，它们的产生和组成、行使的职权、行事的规则等在《公司法》中进行了具体规定。因此，公司法人治理结构是以法律为基础，按照公司本质属性的要求形成的。

小练习：公司法人
治理结构

2. 公司法人治理结构的建立原则

公司法人治理结构的建立应当遵循的原则如下。

① 法定原则：公司法人治理结构关系到公司投资者、决策者、经营者、监督者的基本权利和义务，凡是法律有规定的，应当遵守法律规定。

② 职责明确原则：公司法人治理结构的各组成部分应当有明确的分工，在这个基础上各司其职、各负其责，避免职责不清、分工不明而导致的混乱影响各部分正常职责的行使，以致妨碍整体功能的发挥。

③ 协调运转原则：公司法人治理结构的各组成部分是密切地结合在一起运行的，只有相互协调、相互配合，才能有效率地运转，有成效地治理公司。

④ 有效制衡原则：公司法人治理结构的各部分之间不仅要协调配合，还要有效地实现制衡，包括不同层级机构之间的制衡和不同利益主体之间的制衡。

小视频：现代企业基本
制度规范

3. 西方公司治理结构的模式

西方公司治理结构的模式是我国现代公司法人治理"三权分立-制衡"结构模式形成的实践基础。

西方公司经过近400年的发展，公司治理方面制度健全，对我国立法极具借鉴意义。各国的法哲学、历史传统、政治制度及其他条件不同，各国的公司治理结构因而各不相同，大体上有3种模式：

① 日本模式。该模式下公司治理结构是由股东大会、董事会、经理、监察人组成的。股东大会决定董事、监察人的人选。特点是经营阶层（董事会、经理）决策的独立性强，

基本不受股东直接影响，但易致内部人控制，因此，设监察人制度以抗衡。

② 美国模式。该模式的治理结构由股东大会、董事会和高层经营人员（首席执行官）组成的执行机构、公共会计师三部分组成。董事会是公司的法定代表机构和最高决策机构，董事会主席不是法定代表人。特点是股权十分分散，一般股东与公司的关系比较淡化；经理层有较强的独立性，但仍要受到股东强有力的制约。公共会计师由股东大会任命，对董事会、首席执行官的行为进行审核、监督，对管理层的控制权进行监督。

③ 德国模式。该模式下公司运营时，股东、董事会阶层和职工共同决定公司重大政策、目标和战略；监事会对董事会成员有任免权，决定公司的经营方针、投资方案等，监事会作用大；员工参与性强。特点是关注股东与利益相关者的共同利益。

3 种模式各有其优点和缺点。三者都体现了决策权、经营控制权、监督权三种权力的配置，只不过是权力配置的方式、分权的组织形式与侧重点以及权力行使方式不同而已。3 种模式保护的利益也不尽相同，在德国模式中对员工利益的保护比在日本模式、美国模式中更为强烈。尽管我国公司治理起步晚，但起点高。上述 3 种模式为我国现代公司法人治理提供了实践经验，在关注股东利益的同时，利益相关者（董事、经理、监事、员工、债权人等）的利益也提到了议事日程。我国《公司法》在借鉴上述 3 种模式的经验的基础上，也确立了：由股东组成的股东大会行使决策权；由经股东大会选举产生的董事所组成的董事会及其聘任的经理行使经营控制权；为了抗衡管理层的控制权，为了关注股东及职工的利益，由股东和职工组成监事会，共同行使对董事会和经理层的监督权。3 种权力在配置过程中处于同等重要的地位，这样形成我国独特的现代公司治理的"三权分立-制衡"结构模式。

1.3.3　分组案例分析

正泰集团的三次股权稀释之路

1991 年，南存辉从妻兄黄李益处融资 15 万美元成立中美合资温州正泰电器有限公司，生产低压电器开关。在这一家族企业中，南存辉持有 60% 的股份，家族成员持有剩余的 40% 股份。凭着家族式的股权结构和优势，正泰在 1993 年销售收入超过 5000 万元人民币，成为当时温州市低压电器开关行业中的佼佼者。

第一次股权稀释：社会资本稀释家族股权

温州柳市镇是中国低压电器开关之乡。在当年的温州，像正泰这样的企业有几十家，大家都没有什么技术含量，主要就是做 OEM（原始设备制造商）和产品的模仿，此时南存辉走了一条整合并购之路。

1994 年年初，38 家柳市镇的企业给正泰贴牌生产，正泰收取 1% 的品牌费和少许的管理费，并直接对加盟的 38 家企业进行股权改造。通过出让正泰的股份，控股、参股或者投资其他企业，正泰以品牌为纽带，以股权为手段，完成了对 38 家企业的兼并联合。正泰整合了大量的社会资本，股东一下子增加到 40 多个，而南存辉个人的股份也下降到 40%

左右，公司净资产从大约 400 万元人民币飙升至 5000 万元人民币，南存辉个人财富也增加了近 20 倍。

第二次股权稀释：知识资本稀释家族股权

南存辉的整合并购促进了正泰的快速发展，但在 1996 年，正泰出现了重组后遗症，就是创业元老和新进股东之间的矛盾。如何将这些创业元老留住，并且更多、更好地吸纳和利用外来优秀人才？

以南存辉为首的南氏家族在考虑多方利益主体的情况下，毅然决定弱化南氏家族的股权绝对数，吸收新的非家族股东。1996 年，南存辉提出了"股权配送，要素入股"的股权激励方案——针对管理岗位、技术研发岗位和销售岗位的管理人员及核心骨干员工实施股权激励，对方只要满足一定的业绩考核就能得到股权。

此次股权激励到 1998 年做完，一大批管理和技术人员开始成为股东，南存辉的股份比例降至 28%，正泰从一个家族企业变成了一个由创业者相对控股的公司，解决了公司的重组问题，正泰的生产力得到巨大的释放。2001 年，正泰工业总产值实现 61.77 亿元人民币，销售收入为 60.55 亿元人民币。

第三次股权稀释：所有权与经营权相分离

正泰的股东都具有双重身份：既是所有者，又是经营者。收入也来源于两个方面：既打工挣钱，又在年底获得利润分红。由于股东有 100 多个，自己少干点，无非工资奖金收入少一些，且大部分收入来源于利润分红，多干和少干后拿的都差不多，股东工作出现懈怠。

这时候，南存辉推出了严格的绩效考核和岗位聘任制度：不管是大股东还是小股东，不管是家族成员还是创业元老，如果考核不合格都要从现有岗位退下来，退下来的只是管理者身份，而所有者身份是保留的。2003 年，对新引进的管理层和核心骨干员工按照职业经理人的待遇给予岗位激励股。

通过这次组织变革，正泰实现了企业所有权与经营权的分离。在正泰高层经营领导层中多数已不再是家族成员，集团各子公司的老总也几乎是族外人员。这是正泰发展历程中最深刻的一场战略变革，体现了南存辉等人的胸襟和胆量，也体现了南存辉对族外人员的充分信任。

请分析：

（1）正泰集团三次股权稀释的目的分别是什么？

（2）从正泰集团的股权稀释之路，分析家族企业治理结构的利弊。

1.3.4 实践活动安排

情景 1 任务 3 实践活动安排如表 1-2 所示。

表 1-2　情景 1 任务 3 实践活动安排

活动 2	模拟开一家小店
活动目标	通过模拟开一家小店，使学生提前考虑投资、选址、经营等管理过程中的总体控制问题，培养学生的统筹策划、对组织和工作目标进行有效控制的能力
活动内容	你决定通过合伙在社区开一家小店（饭店、便利店、饰品店、文具店、服装店等），总投资为 35 万元，请你思考下列几个问题： （1）你将给企业确定怎样的组织目标？ （2）你认为小店的主要竞争对手是谁？它将有什么竞争优势？ （3）你计划如何配置与使用企业资源？ （4）你能列出一份工作计划吗？ （5）你认为在小店管理过程中什么要素是最重要的？
活动组织	1. 在全班同学中找合伙人，组成创业团队。 2. 将思考问题写下来，召开交流会，同学们发表自己的观点，主要表达如何管理自己的小店
活动考核	1. 要求每位同学将选址优势、投资项目优势以报告的形式写下来，字数不少于 1500 字。 2. 教师结合学生的报告，给出学生实践活动成绩

任务 4　企业环境分析

1.4.1　任务导入

5G 时代下，产业面临新一轮的洗牌

现在的我们处于第三代互联网的时代。第一代互联网实现了计算机和计算机的联网；第二代互联网——移动互联网，实现了人与人的连接；如今，第三代互联网——物联网（Internet of Things，IoT），使世界上的任何两个东西都可以联网，即万物互联。那么在第三代互联网条件下，特别是随着 5G 商用步伐的加快，产业会面临怎样新一轮的洗牌？企业又能抓住怎样的商业机会？

从互联网时代的发展过程来看，硅谷风险投资人吴军认为，相关技术类的公司会有很大的发挥优势。第一代互联网发展阶段，受益者首先是微软和英特尔，其次是惠普、戴尔、联想、宏碁等设备商；第二代互联网发展阶段，受益者是谷歌、ARM 以及小米、华为、三星等手机厂商；到目前第三代互联网发展阶段，做 5G 芯片的公司、能做出相关 IoT 设备的公司将成为产业的主角。

从市场发展规模看，近两年在全球互联网产业的营业额中，谷歌一家的营业额将近占到 1 / 3，再加上腾讯、阿里巴巴、Facebook、亚马逊等科技巨头，一共占了大概 80% 的营业额。但是同时期的全世界通信市场，包括电信制造商、运营商等，在收入上比互联网

大了一个数量级。互联网和通信网络的融合，可以让互联网公司寻找新成长点，让通信公司找到新的增值服务。

从行业发展机会看，产业互联网的发展，需要通过 5G 等前沿技术去改造和智能化，推动产业升级。5G 的落地应用主要体现在两个维度：一方面，智慧城市会被激活；另一方面，过去我们看不到的一些商业服务会出现，推进智慧产业的发展，如智能汽车、智慧医疗、智慧农业等。这些方方面面都能促进人类可以更好地了解自己，人们可以对自己的生活有更合理的安排与调整。

问题：

（1）当前，企业面临怎样的外部环境？

（2）在 5G 时代条件下，企业能抓住怎样的商业机遇？

1.4.2　相关知识

1. 企业环境的概念及其分类

企业环境是指存在于一个组织内部和外部的、影响组织业绩的各种力量和条件因素的总和。任何一家企业都是在一定的宏观环境下开展经营活动的，以求得自身的生存和发展。因此，如同自然界的生物必须遵循"适者生存"的自然法则一样，企业必须注重对宏观环境的研究，努力争取使外部市场环境与企业内部条件和营销策略互相适应，从而增强企业应变能力，实现企业目标。

企业主要根据两大类因素制定战略决策：一类是外部环境因素，它是企业不能控制但必须适应的外部力量，包括宏观环境和产业环境，在为企业的生存和发展带来机会的同时也带来威胁；另一类是企业内部环境因素，它是企业能够控制的或根据企业的经营目标灵活运用的因素，包括企业所拥有的资源和能力、经营状况、组织结构和企业文化，主要体现为企业在竞争中的优势和劣势。

"欲使江河奔腾是办不到的，最好的办法就是学会能把握方向的游泳。"企业的经营过程，实际上是不断在其内部条件、外部环境及其经营目标三者之间寻求动态平衡的过程。

2. 宏观环境因素

宏观环境对企业的生产经营活动产生间接的影响。宏观环境因素涉及面广，一般而言可以概括为 4 类：政治和法律因素；经济因素；社会和文化因素；技术因素。这 4 类因素的英文第一个字母组合起来是 PEST，所以宏观环境分析也被称为 PEST 分析。

（1）政治和法律因素

政治和法律因素是指那些制约和影响企业的政治要素和法律系统及其运行状态。政治因素包括国家或地区的政治制度、政治形势以及执政党路线、方针、政策等；法律因素包括国家或地区制定的法律、法规、法令以及国家或地区的执法机构等。政治和法律因素是保障企业生产经营活动的基本条件。国家的政策、法规对企业的生产经营活动具有控制、调节作用，同一个政策或法规可能给不同的企业带来不同的机会或威胁。

（2）经济因素

经济因素是指影响企业生存和发展的社会经济状况及国家的经济政策，包括其所在国家或地区的经济制度、经济结构、经济发展水平、宏观经济政策、当前经济状况等。利率、通货膨胀率、可支配收入、股市指数和经济周期是一些可以用来反映经济环境的指标。与政治和法律因素相比，经济因素对企业生产经营的影响更直接、更具体，它主要是通过对各类企业所需要的各种资源的获得方式、价格水准的影响和对市场需求结构的作用来影响各类组织的生存和发展的。

（3）社会和文化因素

社会和文化因素主要包括企业所在国家或地区的人口、社会流动性、消费心理、生活方式变化、传统风俗习惯以及人们的价值观等。这些因素会对企业开展业务、进行营销促销和管理内部资源等产生重要影响。

（4）技术因素

技术因素包括企业所在国家或地区的科技体制、科技政策、技术水平和技术发展动向等。在科学技术迅速发展变化的今天，技术因素对企业的影响可能是创造性的，也可能是破坏性的，企业必须预见这些新技术带来的变化，在企业经营上制定相应的决策，以获得竞争优势。

小视频：案例分析《再见了，银行卡！》

3. 产业环境因素

迈克尔·波特（Michael Porter）在《竞争战略》一书中，从产业组织理论的角度，提出了产业结构分析的基本框架——5 种竞争力分析，即波特五力分析模型（Michael Porter's Five Forces Model），如图 1-2 所示。波特认为，在每一个产业中都存在 5 种基本竞争力量，即供应商的讨价还价能力、购买者的讨价还价能力、潜在竞争者进入的能力、替代品的替代能力、行业内竞争者现在的竞争能力。

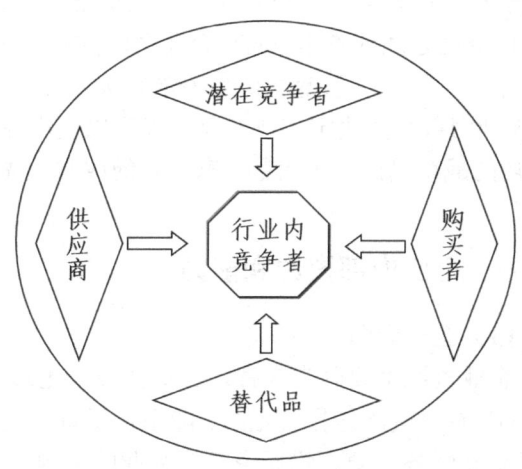

图 1-2　波特五力分析模型

（1）供应商的讨价还价能力

企业的资源供应商主要通过提高生产要素的价格和降低生产要素的质量，来影响行业中现有企业的盈利能力与产品竞争力。当少数几家供应商控制资源、产品差异化程度较高、能够实现前向一体化时，供应商的讨价还价能力就大大增强。

（2）购买者的讨价还价能力

购买者主要通过压价与要求提供较高质量的产品或服务，来影响行业中现有企业的盈利能力。当购买者的购买力集中、企业所售产品是无差异的、购买者能够后向一体化、购买者能充分掌握市场需求和价格信息时，购买者的讨价还价能力就会增强。

（3）潜在竞争者进入的能力

潜在竞争者在给行业带来新生产能力、新资源的同时，希望在已被现有企业瓜分完毕的市场中赢得一席之地，这就有可能与现有企业发生原材料与市场份额的竞争，最终导致行业中现有企业盈利水平降低，严重的话还有可能危及这些企业的生存。潜在竞争者威胁的严重程度取决于两方面的因素：进入新领域的障碍大小与预期现有企业对潜在竞争者的反应情况。

（4）替代品的替代能力

两个处于不同行业中的企业，可能由于所生产的产品互为替代品，从而在它们之间产生竞争行为。这种源自替代品的竞争会以各种形式影响行业中现有企业的竞争战略。第一，现有企业产品售价以及获利潜力的提高，将由于存在着能被用户方便接受的替代品而受到限制；第二，由于替代品生产者的侵入，现有企业必须提高产品质量，或者通过降低成本来降低售价，或者使其产品具有特色，否则其销量与利润增长的目标就有可能受挫；第三，源自替代品生产者的竞争强度，受产品买主转换成本高低的影响。总之，替代品价格越低、质量越好、用户转换成本越低，其所能产生的竞争压力就越大。

（5）行业内竞争者现在的竞争能力

大部分行业中的企业，相互之间的利益都是紧密联系在一起的，企业的目标在于使得自己能获得相对于竞争对手的优势，所以在实施中就必然产生冲突与对抗现象，这些冲突与对抗就构成了现有企业之间的竞争。现有企业之间的竞争常常表现在价格、广告、产品介绍、售后服务等方面，其竞争强度与许多因素有关。

在一个产业中，这 5 种力量共同决定产业竞争的强度以及产业利润率。这 5 种竞争力量的抗争蕴含着 3 类成功的战略思想，那就是大家熟知的成本领先战略、差异化战略、集中化战略。

小知识：成功关键
因素分析

4. 企业内部资源和能力

（1）企业资源

企业资源主要分为 3 种：有形资源、无形资源和人力资源。

① 有形资源是指可见的、能用货币直接度量的资源，主要包括物质资源和财务资源。物质资源有企业的土地、厂房、生产设备、原材料等，财务资源是企业能用来投资或生产的资金。

② 无形资源是指企业长期积累的、没有实物形态的甚至无法用货币精确度量的资源，通常包括品牌、商誉、技术、专利、商标及组织经验等。无形资产一般难以被竞争对手了解、购买、模仿或替代，因此无形资产是一种重要的企业核心竞争力的来源。

③ 人力资源是指组织成员向组织提供的技能、知识以及推理和决策能力。大量研究表明，那些能够有效开发和利用人力资源的企业比那些忽视人力资源的企业发展得更好、更快。

在分析一个企业所拥有的资源时，必须知道哪些资源是有价值的、是可以使企业获得竞争优势的。其主要的判断标准有资源的稀缺性、资源的不可模仿性、资源的不可替代性和资源的持久性。

（2）企业能力

企业能力来源于企业各种资源的有效组合和配置，主要由研发能力、生产能力、营销能力、财务能力、组织管理能力组成。在分析企业能力时，需要辨别哪些是企业的核心能力，即企业在经营活动中能够比竞争对手做得更好的能力，它能够使企业持续获得竞争优势。企业能力应同时满足以下 3 个关键测试才可以被看作核心能力：它对顾客是否有价值？它与竞争对手相比是否有优势？它是否很难被模仿或复制？

5. 企业文化

小知识：企业内部
价值链分析

（1）企业文化及其构成

企业文化是一种在实际从事经济活动的组织之中形成的组织文化，是在一定的历史条件下企业及其员工在生产经营和变革的实践中逐渐形成的共同思想、作风、价值观念和行为准则，是一种具有企业个性的信念和行为方式。

就企业文化的结构层次来看，可分为 4 个层次，用从内到外的 4 个同心圆来表示，如图 1-3 所示。核心的一个圆圈是深层的精神文化，主要指的是企业员工共同的意识活动，包括生产经营哲学、以人为本的价值观念、美学意识、管理思维方式等，它位于企业文化的最深层，是企业文化的源泉；其次是中层的制度文化，包括企业中的习俗、习惯和礼仪，以及成文的或约定俗成的制度等；再次是浅层的行为文化；最外层的一圈是表层的物质文化。

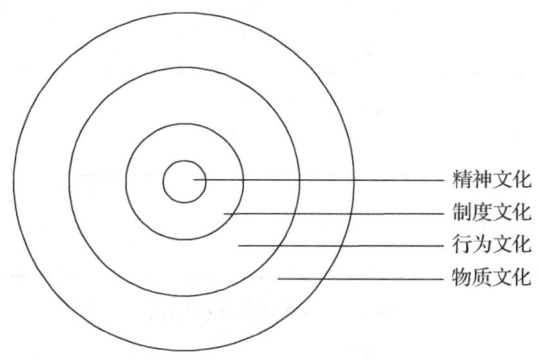

精神文化
制度文化
行为文化
物质文化

图 1-3　企业文化的结构层次

企业的物质文化、行为文化、制度文化、精神文化是密不可分的，它们相互影响、相互作用，共同构成企业文化的完整体系。

（2）企业文化的作用

① 导向作用。企业文化是以精神和心理形态存在于企业中的，这些精神和心理形态的内容体现为：价值观念，如效率、公平、民主、秩序等观念；情感和信念，如对企业的忠诚和对企业未来的信心；道德规范，如职业道德、人与人相处的道德要求等。它们不仅使企业成员具有精神和心理的寄托与支持，为其提供工作的动力，激发其工作的积极性和创造性，而且自发地引导企业成员的行为，使企业具有明确的价值导向。

② 凝聚作用。企业若想取得非凡的成功，都应该建立健康良好的企业文化，以此作为企业发展的黏合剂。健康良好的企业文化是在充分尊重个人价值、承认个人利益的前提下，通过培育企业成员的责任感和归属感而建立起来的文化氛围。企业的核心价值观得到了成员广泛的认可和强烈的认同，这种认可和认同会在企业内部创造一种很强的行为控制氛围，从而引导和塑造员工的态度与行为，使个人的行为、思想、感情、信念等与整个组织有机结合起来，形成一种无形的凝聚力。企业文化正是因为具有这种自我凝聚的能力，才构成企业生存的内在动力。

③ 激励作用。企业文化通过价值观的宣传以及英雄人物的树立，使企业成员行有目标、学有榜样，从而激励企业成员产生符合组织要求的积极行为。

④ 约束作用。这是与激励作用相对应的一种作用。价值观以及体现价值观的英雄人物在告诉企业成员何种行为符合企业需要的同时，也向他们表明什么样的行为是企业不希望出现的，企业成员也会因此自觉调整自己的行为，使之符合企业的要求，形成自我约束。

6. SWOT 分析

（1）SWOT 分析的含义

SWOT 分析是一种综合考虑企业内部和外部环境的各种因素，进行系统评价，从而选择最佳经营战略的方法。S（Strengths）表示企业内部环境的优势，W（Weaknesses）表示企业内部环境的劣势，O（Opportunities）表示企业外部环境的机会，T（Threats）表示企业外部环境的威胁。SWOT 分析矩阵如图 1-4 所示。

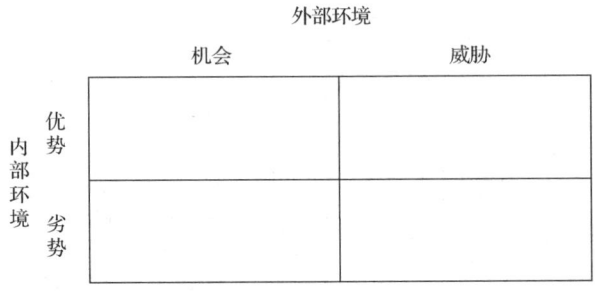

图 1-4　SWOT 分析矩阵

企业内部环境的优势和劣势是相对于竞争对手而言的，一般表现在企业资金、技术、产品、市场、管理技能等方面。企业外部环境的机会是指环境中对企业有利的因素，如政

策的支持、高新技术的应用、良好的客户关系和供应者关系。企业外部环境的威胁是指环境中对企业不利的因素，如新竞争对手的出现、市场增长缓慢、购买者和供应者讨价还价能力增强。表1-3列举了企业内部和外部环境的相关因素。

表1-3　企业内部和外部环境因素

企 业 内 部	
优势（S）	劣势（W）
企业自身能力	企业现存的薄弱环节
企业独有的能力	没有明确的战略方向
充足的资金来源	每况愈下的竞争地位
纯熟的竞争技巧	过时的销售促进方法
市场领先者地位的取得和认可	利润低于同行业的平均值
达到规模经营	管理深度和管理才能的缺乏
与强大的竞争压力的隔绝程度	影响到战略的不良经营记录
技术方面的专利	内部经营问题的困扰
成本方面的优势	面对竞争压力的脆弱性
竞争方面的优势	过于狭窄的产品线
产品创新能力	企业品牌对消费者浅淡的印象
经过考验的管理能力与管理水平	低于市场水平的营销能力与技巧
其他	没有能力根据企业战略变化筹措一定量的资金
	其他
企 业 外 部	
机会（O）	威胁（T）
面向新增的消费者群体的服务	新的竞争对手的加入
进入新的市场或者新的细分市场	替代性产品销售增长
扩充产品线以满足更大范围的消费者需求	不利于企业发展的政策
相关产品的多样化	日益增长的竞争压力
增加产品的附加部分	顾客及供应商讨价还价能力的增强
产品垂直一体化	顾客需求与爱好方面的变化
转向更优战略的能力	对企业不利的人口因素的变化
市场销售率的高增长	缓慢的市场销售的增长
其他	其他

　　进行SWOT分析时，至少应考虑表1-3所列的4组因素。当然，不同的生产经营企业在具体分析时，选择的项目是可以不同的。生产经营企业的决策者在分析时，往往把那些认为对企业具有战略意义的因素包含到如表1-3所示的表格中，而且把那些认为影响较大的因素放在表格的顶部，以引起企业主管的高度注意，这是完全正确的，也是应该这样做的。

　　（2）SWOT分析的应用

　　SWOT分析中核心的部分是评价企业的优势和劣势、判断企业所面临的机会和威胁并做出决策，即在企业现有的内部和外部环境下，如何最优地运用自己的资源和能力，并考虑建立企业未来的资源。

从图1-5可以看出，处于区域Ⅰ的企业具有良好的内部优势和外部机会，应采取增长型战略，如开发市场、增长产量。处于区域Ⅱ的企业面临巨大的外部机会，但受到内部劣势的限制，应采取扭转型战略，充分利用机会来消除劣势。处于区域Ⅲ的企业在内部存在劣势，在外部面临威胁，应采取防御型战略，进行业务调整，规避威胁和劣势。处于区域Ⅳ的企业在内部具有一定的优势，但在外部存在威胁，应采取多元化战略，利用自己的优势，在多样化经营上寻求长期发展的机会，或进一步增强自身竞争优势，来应对竞争对手的威胁。

	外部环境	
	机会	威胁
内部环境 优势	增长型战略（SO） （Ⅰ）	多元化战略（ST） （Ⅳ）
内部环境 劣势	扭转型战略（WO） （Ⅱ）	防御型战略（WT） （Ⅲ）

图 1-5　SWOT 分析的应用

另外，运用 SWOT 分析，不仅可以分析本企业的实力与薄弱环节，还可以分析主要竞争对手。通过对企业和主要竞争对手在人力、物力、财力以及管理能力等方面的比较，做出企业的实力与薄弱环节的对照表，结合对机会与威胁的分析，最后确定企业的生产经营战略。

1.4.3　分组案例分析

京东如何扭转战局

2019 年是京东颇为不顺的一年，组织调整、管理层动荡、裁员风波、"996"工作制与快递员薪酬调整等各种负面消息接踵而来，加上股价在资本市场上的表现也不理想，这些让京东饱受负面舆论批评，恶劣的外部舆论环境一度让不少京东员工也怀疑"京东是不是真的不行了"，甚至京东商城内部在闭门战略会也承认这是京东发展史上的"至暗时刻"，必须进行改变。

除了负面的外部舆论环境，京东一方面承受全球范围去杠杆、降负债的大背景影响和中美贸易摩擦的波及，另一方面面临着一众竞争对手的"集体围剿"，它们都希望趁京东"风雨飘摇"之时，在京东的"6·18"主场给其以重击。但让这些竞争对手失望的是，京东在 2019 年"6·18"电商大战中大获全胜，累计下单金额达 2015 亿元人民币，同比 2018 年增加近三成，圆满完成销售目标。"6·18"大战的胜果也直接体现在公司的财务业绩上：财报显示，京东集团 2019 年第二季度净收入同比 2018 年大增 22.9%，达到 1503 亿元人民币。

中国零售企业的竞争，本质上是用户的交易场景之争。近些年，随着中国经济的发展以及人们收入水平的持续提高，中国中高收入群体的规模也越来越大，人们消费能力的提升是不可逆转的大趋势，越来越多的消费者强调时间宝贵，对商品价格不那么敏感，对商品的品牌、品质与品位有了较高的需求。这些消费者没有时间与精力在电商平台的海量商品中去精挑细选与比价，也不去拼单平台上砍价与拼团，他们希望有这样一个平台：其商品有品质保证，配送及时，售后有保障。

而京东凭借 16 年的积累沉淀，拥有领先的电商技术、一流的互联网产品体验、丰富的商品品类、强大的采销能力与自有仓储物流体系，以及极致的用户服务意识与服务能力。在整个互联网零售链条上的稳定的系统性能力，让京东依然是日益庞大的中高收入用户群体产生交易需求时的优选平台之一。

京东主要采取了加大技术投入、下沉低线市场、零售基础设施能力一体化开放等战略措施，致力于市场份额的进一步扩大。2017 年年初，京东创始人刘强东对外首次提出要将过去一切归零，从"科技零售"转向"零售科技"，并声称"未来一切的核心是技术、技术、技术"，并坚定地进行技术投入。仅 2019 年上半年，京东就从 25 所全球知名院校为高技术型部门引入了大量关键人才。

过去一、二线市场一直是京东的优势市场，但近些年一、二线市场的增长开始放缓，京东开始将低线市场作为获取新用户、打开新战略空间的主要方向。为了获取下沉市场，京东采取了线上、线下双管齐下的策略。截至 2019 年 6 月 30 日，京东过去 12 个月的活跃用户数增长至 3.213 亿人，较上一季度环比增长了 1080 万人，其中将近七成来自低线城市。

京东还将其一体化的零售基础设施能力面向社会开放，以服务更多合作伙伴。首先，在上游供应商合作领域，京东凭借在大数据和消费者洞察领域的深厚积累，与品牌和制造商合作，帮助其推出为消费者量身定制的产品。在 2019 年第二季度，京东就先后与 TCL、雀巢等知名品牌合作，通过 C2M（消费者对工厂）的反向定制系统推出大量更符合消费者需求的产品。其次，在营销领域，2019 年 4 月，京东正式对外发布了"京东营销 360"平台。该平台基于人工智能、大数据营销和广告技术而打造，能够为品牌商提供覆盖全购物流程的完整营销解决方案，帮助品牌商提升营销效能。最后，物流服务是京东集团对外开放力度最大的领域。目前，京东物流对外服务的产品包括 3 部分：供应链业务、快递业务、供应链智能平台。其中，为商家和零售商提供仓库与物流解决方案的供应链业务是核心的对外开放收入来源，而人们熟悉的物流 C 端业务在京东物流整个体系中其实只是冰山一角。

请分析：

（1）针对京东 2019 年所处的内部和外部环境进行 SWOT 分析。

（2）京东如何走出"至暗时刻"而扭转战局？

1.4.4 实践活动安排

情景 1 任务 4 实践活动安排如表 1-4 所示。

表 1-4 情景 1 任务 4 实践活动安排

活动 3	分析当地某百强企业的企业文化特色
活动目标	1. 巩固和强化学生对企业文化理论知识的理解及认识。 2. 锻炼并提高学生的独立思考能力、知识转化能力，以及发现、分析和解决问题的能力。 3. 具有初步的企业文化分析与设计能力
内容与要求	1. 由 5～8 个同学形成一个小组，全面调查一家当地百强企业的生产经营及管理的整体状况。 2. 运用企业文化的相关知识，分析该企业的企业文化特色及不足之处。 3. 从企业文化的构成来为该企业提出塑造企业文化的具体方案
成果与检测	1. 每个小组在集体讨论研究之后写出一份分析报告。 2. 在班级组织一次交流，每个组推荐两名成员谈谈管理的理论依据，并由一位代表提出该企业的企业文化建设方案。 3. 由教师和学生对各组所交材料与交流中的表现进行评估打分

【能力培养图】

学习型任务
1. 理解企业的概念及其基本特征
2. 了解企业组织形式按不同标准划分的各种类型
3. 理解法人治理结构的概念、组成以及模式
4. 理解企业文化的含义、构成和特征
5. 了解企业环境的分类和内容及环境分析的内容

职业行动能力训练项目
1. 如何进行企业登记、个体登记
2. 模拟开一家小店
3. 分析当地某百强企业的企业文化特色

活动

案例

1. 苹果公司供应商责任进展报告：人类、地球、进步
2. 复星医药：青蒿琥酯享誉非洲，让中国好药走向世界
3. "兄弟班"的摩擦
4. 王云安：古茗奶茶王国缔造者
5. 完善的法人治理结构助力企业发展
6. 正泰集团的三次股权稀释之路
7. 5G时代下，产业面临新一轮的洗牌
8. 京东如何扭转战局

职业行动能力
1. 能进行企业登记的网上预评和网上申报
2. 能对现代企业内部的权力进行适当安排，形成科学法人治理结构
3. 能给某企业的企业文化塑造提出建议
4. 能对企业所面临的环境进行PEST分析
5. 能针对企业的内部和外部环境进行SWOT分析

借鉴实践经验
1. 企业生存的41个致命伤
2. 报喜鸟大裁员
3. 文化和产业并举铸成红蜻蜓的辉煌

坚持拓展阅读
《基业长青》
《从优秀到卓越》
《中小企业的自我诊治方法》
《隐规则：企业中的真实对局》

掌握相关理论
波特五力分析模型

运用管理方法
PEST分析
内部和外部环境综合分析（SWOT分析）

【拓展阅读】

1. 趣味阅读

马云的趣味段子

（1）七只缸，四个盖

"当你有七只缸，但只有四个盖的时候，你准备怎么办？"

任何组织都是要调整的。战略发生变化的时候，组织就要调整，然后想清楚什么要、什么不要、什么是优先级。我们所有公司都会碰上这个问题：想干的事情太多，人才不够。组织往往是弥补人才不够的关键点。

人才不够，组织补；组织不够，人才补。这两个之间是要互相补的。但是要补就意味着要受伤，最好是人才、组织完美配合。

阿里巴巴集团对淘宝网的组织变革是我们重大的组织变革。是合起来打，还是分出来打？原来支付宝在淘宝网里面，拆出来；天猫、淘宝网本来在一起，拆出来。原因是什么？第一个是对手变化了，第二个是环境变化了，第三个是很重要的问题——我们的人才不够。当你有七只缸却只有四个盖的时候，你准备怎么办？来回转？

错！砸掉两只缸。当有些业务实在来不及，你的人手不够，优秀的人又留不住的时候，就像你有七只缸、四个盖，全部弄得一塌糊涂。干脆敲掉两只缸，即关停并转化掉一些业务，就变成一只缸没有盖，你只有这样才能将事业做起来。

要舍才能得，可有可无、可以合的地方一定要合，要分的时候一定要分。像李云龙下去招兵买马，势头不错，分；势头不行，收。收了以后马上合起来，安排团队人才进行轮岗。

一个对什么都负责的人，就可能负不了责任，我希望大家记住这个。

（2）望远镜

"不能给每一个士兵发一个望远镜。"

人才梯队的建设是极其关键的。首先，你招来的人要有很大的愿景和使命，原则上是理想主义的。对有理想的人，你慢慢改造他是可以的；但对一个没有想法并且浑浑噩噩的人，你很难把他变成有理想的人。能力是可以培养和提升的，人的能力是会进步的，但是对有些东西，你最好一开始就具备。

阿里巴巴集团的管理人才分腿部、腰部、头部三级，细分为 M1 到 M10。M10 就我一个人，M9 一级基本上也是像蔡崇信这种级别的。

M1 到 M3 是腿部，我们称之为经理。其责任就是管理执行，他的主要责任是训练基层员工，确保当天、当周、当季度的执行和落实。一个人如果腿不强，腰就不直；腰不直，人就站不直；站不直就容易气脉不通、脑子不清醒。腿强则腰会直，腰直则站得直，人站直了以后大脑就会清醒。

M4 到 M5 是腰部，我们称之为总监。总监是考虑协调和导演的，他要把几个部门都凑在一起，应具备一种协调资源的能力，主要负责 6 个月"战役"的准备。

M6 及以上是头部，副总裁一级原则上负责 1～3 年的"战略"，从这一级开始要有"战略"意识。

所以，腿部管理人才是"战术"级的，负责本季度以内的"战术"执行；腰部管理人才是"战役"级的，负责半年到一年的项目协调与组织建设；头部管理人才是"战略"级的，负责1~3年的"战略"制定与执行。

而CEO（首席执行官）这一级，原则上首先要考虑使命、愿景、文化、社会安全等问题，其次才考虑业务安全，要思考3年、5年乃至10年的事情。每一层要求的能力是不一样的，但是CEO必须是从一线"打"上来的。

这就跟部队打仗一样：少给基层讲战略，不能给每个士兵发一个望远镜；营长、连长才有可能有望远镜，既要看前线，还要理解军长的意图。

我还要跟大家讲，"战略"不是人人都要懂的。请记住，"战略"绝不是让每个员工都明白的；如果每个员工都明白，麻烦就很大了，那天天公司里面吵成一团。"战略"是一层一层"打"上来的，到一定层级的人才能讲究"战略"，士兵和团长、营长、军长是有差异的。

（3）三兄弟牵牛

"谁能把牛牵回来？"

如果一场暴风雨快来了，你们应该做什么样的准备？我在两个场合上讲了下面这个故事。

老爸跟三个儿子讲："下午暴风雨很快就要来，但是在十千米以外的村里面，我有一头牛，你们得帮我牵回来。"老大说没问题，穿戴整齐，穿好雨衣鞋套后走了出去。老二撑了一把巨大无比的雨伞，也走了。老三啥也没有，也走了。傍晚老大是被担架抬着回来的，老二是一瘸一拐地回来的，而老三这个啥也没有的人倒把牛给牵了回来。

老爸问发生了什么事。老大说我装备精良，对这个风雨我是可以扛一扛的，就冲了出去；老二认为我身体素质挺好，天天训练，还有一把雨伞，我认为没有问题，结果脚扭了；老三说我啥也没有，只能找一个山洞躲一下，等风暴过去以后，我把牛牵了回来。

没有人可以扛住巨大的风暴，你一定会受损，这跟你有多好的装备、身体素质有多强没有什么关系。在碰上巨大的风浪时，要学会躲。

我经常讲，跟昆仑决中的打架一样，如果我是70kg级的，对方是120kg级的，我们打起来，我这个70kg级的一定打不过，只能躲来躲去，哪怕观众说"你怎么那么差，跟他干啊"。观众永远希望你硬拼，你是不能硬拼的。咱就逃来逃去，难听难看怕什么，只有电影中才可以以小搏大。

一个优秀的拳手懂得的是什么？我上次碰见某位世界拳王。我说，你是怎么赢的，是不是靠抗击打能力特别强？他说，有再强的抗击打能力，又能撑得住几下，是靠躲过；其实你要打另外一个人，打了半天，没有打到他身上，你自己先慌掉了，那么即使他站在那里，你也打不到他。

企业最重要的是躲过灾难，其次才是抓住机遇。我们每个人要想清楚，假如遇到风浪，怎么能够活下去，然后内部怎么调整。没机会无所谓，职业拳手很少出手但出手必赢，打

空拳是消耗体能。

企业也一样，大家一定要非常清楚，当未来整个金融、经济、政策各方面都面临巨大挑战的时候，自己的策略是什么。不要以为你带了好的装备就能活过去，不要以为你身体素质好就能躲过去。

（4）砌砖

"工作没有意义，是你给它意义。"

花有什么意义？你把一枝花送给女朋友就很好，浪漫，花就变得有意义了。

我们公司就是要让天下没有难做的生意——我们公司就是要有这样的愿景和价值观。我们公司今天就是要创造一亿个就业岗位，这是第一天你来的时候我告诉过你的；我没有骗过你，但是要实现这个目标，那就得很努力。

工作中有乐趣，也有使命感。你发现你要把人们哄走，晚上赶紧回家、赶紧走。这样公司就做出来有味道，就变成好公司了。

如果你发现你的员工天天抱怨工作，第一要反思你的KPI（关键绩效指标）设置、你的组织设置、你的愿景是不是对的；第二要反思他做的工作是不是他喜欢的，这个工作是否有意义。如果这个工作是有意义、喜欢的工作，他并不觉得多么累；不是你要求他，是他自己感觉；但是我们要把这个环境建好。

（5）奶酪店和点心店

"我无比感动，他们过得非常好、非常舒适。"

"企业如人"这四个字大家一定要记住，放在根里面记住。企业就是一个人，一个人一定要想清楚自己的使命是什么。我们经常讲使命，使命决定了我们每个企业从成立的第一天起能走多久、能做多大、能做多好。就像一个人一样，企业到底能活多长、活多好、活多精彩等都跟DNA（脱氧核糖核酸）有关系。

马云我要是身高有一米九五，长得帅点，肌肉发达一点，那就好了。但是父母给我的肌体不是这样的，这是DNA决定的，所幸企业是可以在前面做决定的。

我曾经在日本的街上看到一个小店门口挂了一块牌，说本店152周年店庆。我跑进去一看，面积大概在15～20平方米，一个老头和一个老太太在做糕点。

他说，我们家做的糕点是提供给日本王宫的。我说，你们干嘛不搞大一点？他说，干嘛搞大，我们几代人都在这里，特别安逸，特别快乐、舒服。我说，你们家孩子呢？他说，我们家孩子在京都大学读书，毕业以后回来也得继续把这个店搞下去。我无比感动，他们过得非常好、非常舒适。

另外一个经典的故事，就是星巴克的创始人舒尔茨跟我讲的故事。他有一次去伦敦，伦敦最贵的一条街非常繁华，在这寸金之地，他看见有一个人开了一个很小的门脸在卖奶酪。奶酪就跟盐和酱油一样，在那么贵的地方开奶酪店就跟现在在北京贵的地方开了一个酱油店一样。

他跑进去看，他想问问这里怎么付房租，结果看见一个老头在那儿唱着歌切奶酪。舒尔茨问老头："你这个店付不付得起房租？"老头说："你先买二十块钱奶酪，我再告诉你。"买了二十块钱的奶酪后，他问老头："你这个店到底付不付得起房租？"

老头说："年轻人，你出来，我跟你讲讲。你看，这头到那头都是我们家的。我们几代都在这儿卖奶酪，对其他生意都没有兴趣也不会做，就买个门脸，卖了奶酪，又买个门脸，结果边上所有店都租了我的门脸，我依旧卖奶酪，我觉得无比快乐。"

只有你热爱，只有你坚持，你才知道自己不碰什么，你才会确实把公司做出味道。这是真实的故事。我要想，要想清楚自己到底要什么、不要什么。如果你真正有明确的使命感，有真正的愿景，有真正的价值观，我告诉大家，你的公司还是会有麻烦，会倒霉，会痛苦，会有各种各样你想象不到的困难。但是有了这些东西，当碰上这些困难的时候，你的心态、心结、心境是不一样的，你的员工会跟你同舟共济。如果没有这些东西，全乱了套了。

（资料来源：湖畔大学公众号，2019.10.08。有删节）

2. 推荐书籍

请登录华信教育资源网（www.hxedu.com.cn），在本书相关资源中免费下载推荐书籍清单。

【过程考核】

一、单选题

1. 企业的本质特征是（　　）。
    A. 营利性　　　　B. 经济性　　　　C. 社会性　　　　D. 独立性
2. 股份有限公司最主要的优点是（　　）。
    A. 迅速募集巨额资本　　　　　　　　B. 所有权与经营权相分离
    C. 股东的责任有限　　　　　　　　　D. 无大风险
3. 公司的监督机构是（　　）。
    A. 股东大会　　　B. 董事会　　　C. 监事会　　　　D. 管理层
4. （　　）是影响企业战略决策的首要外部条件。
    A. 经济因素　　　B. 技术因素　　　C. 政治和法律因素　D. 社会和文化因素
5. （　　）不在波特五力分析模型之中。
    A. 购买者　　　　B. 供应商　　　　C. 潜在竞争者　　　D. 政府
6. 在市场竞争的过程中，现有厂家相对于新进入者具有先入者优势（亦所谓"在位优势"）。请分析，以下哪项因素不属于老厂家相对于新进入者的在位优势？（　　）
    A. 拥有熟练的工人和管理人员　　　　B. 产品差异优势
    C. 进货渠道和分销网络优势　　　　　D. 专利优势
7. （　　）属于企业的基本活动。
    A. 采购管理　　　　　　　　　　　　B. 售后服务
    C. 企业基础设施建设　　　　　　　　D. 技术开发
8. 在企业文化中处于核心地位的是（　　）。
    A. 价值观　　　　B. 行为规范　　　C. 规章制度　　　D. 道德伦理

9. 下列选项中，（ ）不属于 SWOT 分析中的企业劣势。

    A．没有明确的战略方向

    B．过于狭窄的产品线

    C．新的竞争对手的加入

    D．低于市场水平的营销能力与技巧

10. 在 SWOT 分析图中，位于区域 II 的企业应采取（ ）战略。

    A．扭转型   B．增长型   C．防御型   D．多元化

二、判断题

1. 企业外部环境可分为宏观环境和产业环境。 （ ）

2. 企业的本质特征是营利性。 （ ）

3. 当购买者的购买力集中且购买产品无差异时，购买者的讨价还价能力较强。

    （ ）

4. 合伙企业的股东对债务承担有限责任。 （ ）

5. 股份有限公司的股东大会是权力机构。 （ ）

三、简答题

1. 比较有限责任公司和股份有限公司的异同。

2. 简述公司法人治理结构的组成。

3. 运用波特五力分析模型，分析某企业的产业环境。

4. 简述企业文化的概念和层次构成。

5. 简述 SWOT 分析。

情景 2 管理与管理者

【职业行动能力】

1. 能把效率与效果有机结合，实现管理目标
2. 能划分企业管理的基本职能
3. 能承担管理者的人际关系的任务、信息传递的任务、决策制定的任务
4. 能区分有效的管理者与成功的管理者的工作强调重点
5. 能基本具备履行管理职能所需的相应技能

【学习型任务】

1. 理解管理的定义和性质
2. 了解管理的基本问题和管理的职能
3. 了解管理的基本任务
4. 了解管理者的不同分类和工作任务
5. 理解管理者应具备的技能

【关键概念】

管理、管理的二重性、企业的社会责任、技术技能、人际技能、概念技能

【相关理论】

管理职能理论、管理者角色理论

【管理方法】

传统管理、日常沟通、人力资源管理、网络联系

任务 1　管理的概念

2.1.1　任务导入

如何分粥

有 7 个人曾经住在一起，每天分一大桶粥。要命的是，粥每天都不够分。

一开始，指定一人负责分粥事宜。很快，大家发现，这个人为自己分的粥最多、最好。于是推选出一个道德高尚的人出来分粥。强权就会产生腐败，大家开始挖空心思去讨好他，搞得整个小团体乌烟瘴气。显然这个方法不行。

随后，指定一个人分粥和一个人监督。起初比较公平，但后来分粥的人与监督的人从权力制约走向权力合作，于是只有这两个人能吃饱。这种方法也失败了。

谁也信不过，干脆大家轮流主持分粥，每人一天。虽然看起来平等了，但是每人在一周中只有 1 天吃得饱，其余 6 天都吃不饱，而且每天粥还有剩的。这种方法造成资源浪费。

接着，7 人民主选举了一个 3 人分粥委员会和一个 4 人监督委员会，实行集体领导。公平是做到了，但是，监督委员会经常提出各种议案，分粥委员会据理力争，等分完粥时，粥早就凉了。此方法效率太低。

最后，大家想出来一个方法——每个人轮流值日分粥，但分粥的那个人要最后一个领粥。令人惊奇的是，结果 7 只碗里的粥每次都是一样多，就像用科学仪器量过一样。因为，每个主持分粥的人都认识到，如果每只碗里的粥不相同，他无疑将拿到那份最少的。

问题：在这个分粥故事中，你有何启示？

2.1.2　相关知识

1. 对管理的认识

管理是人类社会特有的一种社会实践活动，是人类共同劳动的产物，也是共同劳动得以进行的必要条件。人类进行的管理实践已有超过 6000 年的历史：素以世界奇迹著称的埃及金字塔、巴比伦古城和中国万里长城，以其宏伟的建筑规模证明了人类的管理能力与组织能力；罗马帝国的兴盛，提供了许多管理方面的经验，在很大程度上归功于其有效的组织，其中最主要的是如何将分权与集权恰当地结合起来；我国宋真宗在位时期，一个叫丁谓的大臣提出的"一举三得"方案，集中反映了公元十一世纪中国管理思想的先进水平，等等。

在漫长而重复的管理活动中，管理思想逐步形成，在史籍和各种古代的著作中也可见到有关管理思想的论述。随着社会生产力的发展，人们把各种管理思想加以归纳总结，形成了管理理论。人们运用管理理论去指导管理实践，以期取得效果，并在管理实践中修正和完善管理理论。

人类社会的活动是不断丰富、不断发展的，相应地，管理也是不断发展、日趋完善的。管理实践、管理思想、管理理论三者的关系如图 2-1 所示。

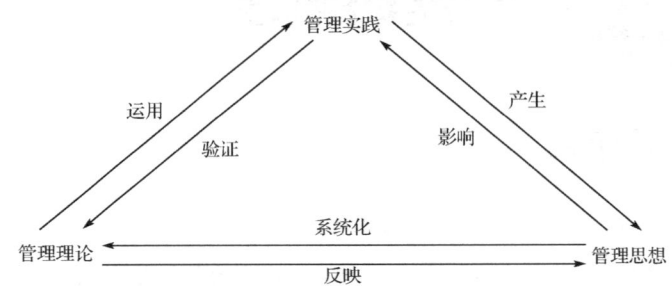

图 2-1　管理实践、管理思想、管理理论三者的关系

从字面上理解，管理有管辖、处理、管人、理事等意义，即对一定范围的人员及事务进行安排和处理。总统管理国家，将军管理军队，校长管理学校，厂长管理工厂，经理管理公司，这里的"管理"是狭义的管理；家庭主妇要管理家务，儿童要管理自己的零用钱，每个人都要管理自己的事务等，这里的"管理"是广义的管理。在管理过程中存在着许多问题，如信息不对称的问题、代理成本的问题、监督成本的问题、激励失效的问题等。应该运用多种手段解决管理问题，如通过科学的管理降低信息不对称性，通过竞争减少代理成本等。因此，企业中竞争机制是不可少的，竞争使代理成本逼近真实成本。

管理的基本矛盾是有限的资源与互相竞争的多种目标之间的矛盾。任何一个组织都必须拥有一定的资源，主要有物质资源、财务资源、信息资源、人力资源几个方面。管理作为对组织内有限资源进行有效整合的活动，贯穿于组织资源配置的全过程。图 2-2 为管理活动与资源配置过程示意图。

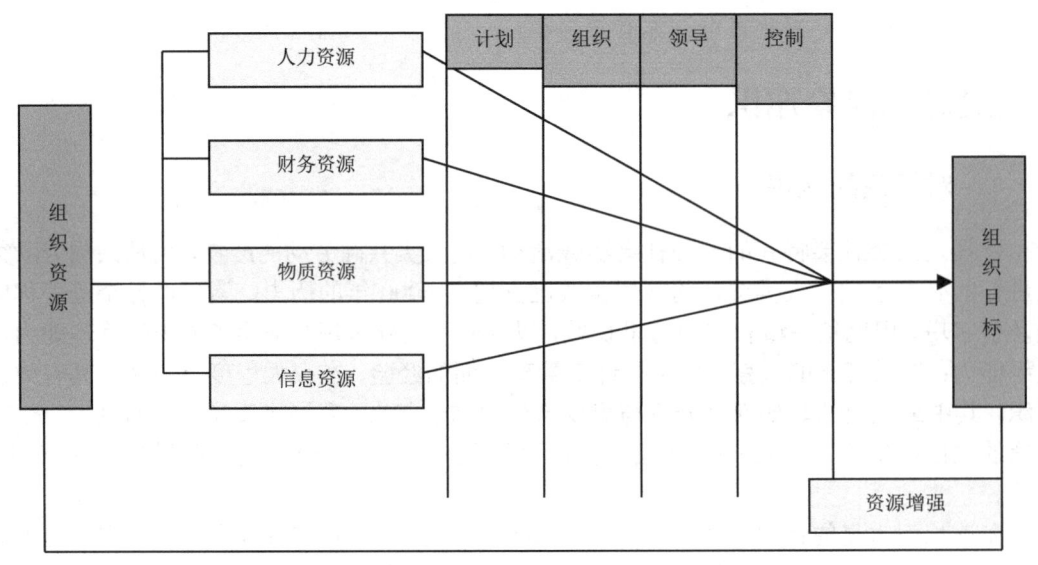

图 2-2　管理活动与资源配置过程示意图

每个组织所拥有的资源尽管在数量、质量、种类上都不尽相同，但一定是有限的，甚至是匮乏的，而人们所要追求的目标则是多种多样的。有限的资源如何在互相竞争的多种目标间合理分配，就是资源配置问题。所谓资源配置是指对有限的不同类型的资源进行不同的配比，充分、有效地利用有限的资源，使之发挥最大的效用，实现组织的既定目标与要求。

2. 管理是什么

关于管理的定义至今仍未得到公认和统一，但仍有许多中外学者从不同的角度出发对管理进行了不同的解释。

〔美〕泰勒：管理就是确切地知道你要别人去干什么，并使他用最好的方法去干。

〔法〕法约尔：管理就是实行计划、组织、指挥、协调和控制。

〔美〕孔茨：管理就是设计一种良好的环境，使人在群体里高效率地完成既定目标。

〔美〕西蒙：决策是管理的心脏，管理就是由一系列的决策组成的，更确切地说，管理就是决策。

〔美〕德鲁克：归根结底，管理就是一种实践，其本质不在于"知"而在于"行"，其验证不在于逻辑而在于成果。所以，管理的唯一权威就是成就。

〔中〕邢以群：管理就是人们综合运用人力资源和其他资源以有效地实现目标的过程。

〔中〕芮明杰：管理是对组织的资源进行有效整合以达成组织既定目标与责任的动态创造性活动。

编者认为，管理就是在特定的环境下，对组织所拥有的资源进行有效的计划、决策、组织、领导和控制，以实现既定的组织目标的过程。这一定义包含以下三个方面的内容：

第一，管理活动是在特定的组织内部和外部环境约束下进行的，任何组织都存在于一定的内部和外部环境之中，并受到环境的约束。

第二，管理工作要通过有效利用组织的各种资源来实现组织目标。组织管理的有效性集中体现在它是否使组织以最少的资源投入取得最大的成果产出。在实现组织目标的过程中，要关心效率，更要关心效果。效率和效果是两个不同的概念，效率涉及的是活动的方式，它是与资源利用相关的，有高低之分而无好坏之别；效果则涉及活动的目标和结果，不仅有高低之分，而且可以在好坏两个方面上表现出明显的差别。好效果是做正确的事，高效率则是正确地做事。有效的管理就是：做好对的事（Do the right things and do the things right.）。

第三，管理最终要落实到计划、组织、领导和控制等一系列管理职能上。管理职能是管理者开展管理工作的手段和方法，也是管理工作区别于一般作业活动的重要标志。这些管理职能是每个管理者都必须做的事情，不为社会制度、组织规模和管理者的喜好所左右。

图 2-3 为管理活动示意图。

营利性组织需要管理，非营利性组织同样需要管理。对于不同类型的组织，由于其作业活动的目标和内容存在一些差异，因而管理的具体内容和方法也不尽相同。但从管理的基本职能、基本方法等方面来看，各种不同类型的组织具有相似性和共通性。

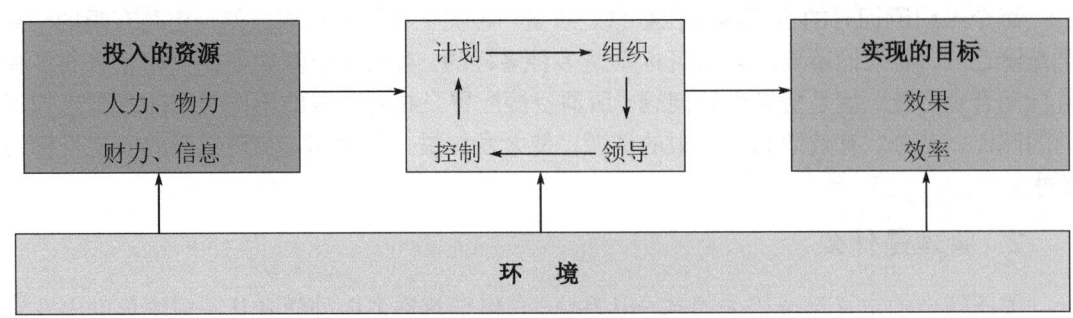

图 2-3　管理活动示意图

有效管理首先要求做正确的事，其次是以比较经济的方法做事，最后还要快乐地做事。因此，科学的管理=方向正确+运作高效+心情舒畅。

3. 管理是为了什么

（1）管理有助于企业战略目标的实现

尽管一些企业还没有清晰、明确的发展战略规划，但是几乎所有企业老板都经常进行战略构想。将"构想"转化为"规划"有利于提升企业的凝聚力。但如何实现企业战略目标无疑是一个更重要的问题。提升企业管理水平，有利于提高企业的风险控制能力和市场应变能力，有利于阶段性经营目标的实现，最终有助于企业战略目标的实现，促进企业持续、快速地发展。

（2）管理有利于实现企业价值最大化

提高企业管理水平有利于企业整合资源，实现企业资源价值最大化；有利于企业品牌建设，实现企业品牌价值最大化；有利于提高投资效益，实现股东价值最大化；有利于扩大员工的成长和发展空间，实现员工价值最大化；有利于改善企业公共形象，实现企业社会价值最大化——因而，有利于实现企业价值最大化。

（3）管理有利于提高工作效率

日常工作中，许多企业存在大量的扯皮推诿、争权夺利的现象，其根本原因就是职责不清晰、接口不明确、制度不严谨。试想，如果每一个岗位的工作人员都清楚地知道自己做什么、每项工作的5W2H（为什么、做什么、何人做、何时、何地、如何、多少），如果管理制度和业务规程的每一个环节都规定得充分、适宜、严谨，这些问题就不会存在，工作效率一定能得到提高。

小视频：管理的 4 个基本问题

2.1.3　分组案例分析

美团：深耕本地生活服务领域，实现平台的正循环效应

美团，2011 年 5 月 6 日成立的一家团购网站，有着"吃喝玩乐全都有"和"美团一次美一次"的服务宣传宗旨。在过去接近 10 年时间里，美团一直在本地生活服务领域深

耕，并持续进行能力迭代与进化，借助 B 端商户与 C 端用户两个核心的要素构建了其他企业无法复制的系统性能力，实现了美团平台的正循环效应。

在商户侧，首先，美团围绕让用户"吃得更好"这个领域，不仅实现了对全国大多数餐厅的覆盖，还实现了到餐厅吃、送餐到家以及送原材料到家的全覆盖方式；在"生活更好"领域，美团不断扩展服务边界，涵盖了旅游、住宿、出行、电影、丽人、结婚、亲子、教育培训等近 200 项本地生活服务，覆盖约 590 万商家。而之所以实现如此多的服务领域与如此大规模的商家覆盖，是因为美团具有领先的线下运营能力，用了近 10 年的时间，一个个行业、一个个城市、一个个商家地去突破。

另外，美团深入行业商家了解需求痛点，不仅为其提供营销服务，还通过餐饮管理系统、配送开放平台、快驴、收银、贷款等一系列业务，为商家提供 IT（信息技术）系统、物流、供应链、金融等以科技为核心的服务，帮助这些 B 端商家提升经营业绩与经营效率，让它们对美团平台形成了很强的黏性。

在用户侧，美团拥有美团 App、美团外卖 App 与大众点评 App 三个专业性的生活服务类 App。这些 App 在全国 4 亿多用户心目中建立了牢固的用户认知、用户信任与消费习惯。这种信任与消费习惯一方面是源于美团在供给端近 200 项和约 590 万商家的丰富服务，另一方面是源于美团围绕"高品质、高效率、高科技"与"低价格、低成本、低毛利"的"三高三低"原则"十年磨一剑"，最终给消费者带来体验上的综合性优势。

例如，美团 App 与大众点评 App 积累了大量的用户评论信息，让消费者可以便捷地找到优质的服务；近 400 万骑手的大规模同城配送网络支撑了美团外卖的高效配送；超万人技术团队开发的"美团超脑"会根据餐厅做好菜品的大概时间、最近骑手位置、客户送餐地址等一系列参数，用 0.55 毫秒，计算最优路径，既让顾客的等待时间最少，也让骑手的骑行路途最短，这让美团专送的平均用时要比对手快 7~8 分钟，正是这 7~8 分钟让很多消费者将美团作为自己的首选外卖平台。

更多更优质的商家服务会吸引更多的用户与更高频率的交易，更多的用户与更高频率的交易会给商家带来更好的经营业绩，更好的经营业绩会让商家对美团平台产生更大的黏性，最终形成平台的正循环效应。

请分析：美团在本地生活服务领域如何整合资源，从而形成平台的正循环效应？

任务 2　管理的性质与职能

2.2.1　任务导入

一碗牛肉面的思考

老吴跟朋友在路边一个不起眼的小店里吃面，由于客人不多，他们就顺便和老板聊了会儿。谈及如今的生意，老板感慨颇多。他曾经辉煌过，于兰州拉面最红的时候在闹市口开了一家拉面馆。日进斗金啊！后来却不做了。老吴疑惑地问他为什么。

"现在的人可精明呢！"老板说，"我当时雇了个会做拉面的师傅，但在工资上总也谈不拢。开始的时候为了调动他的积极性，我们是按销售量分成的，一碗面给他5毛钱的提成。经过一段时间，他发现，客人越多，他的收入也越多。这样一来，他就在每个碗里放超量的牛肉来吸引回头客。一碗面才4块钱，本来就靠个薄利多销；他每碗多放几片牛肉，我还赚哪门子钱啊！"

"后来看看这样不行，钱全被他赚去了！就换了种分配方式，给他每月发固定工资，工资给高点也无所谓，这样他不至于多加牛肉了吧？因为客多客少和他的收入没关系。但你猜怎么着？"老板有点激动了，"他在每个碗里都少放许多牛肉，把客人都赶走了！顾客不满意，回头客就少，生意肯定就清淡。他大师傅才不管你赚不赚钱呢，他拿固定的工钱，巴不得你天天没客人才清闲呢！"

问题：

（1）老板对拉面师傅的管理存在什么问题？

（2）请你为老板如何改进管理出谋划策。

2.2.2 相关知识

1. 管理的性质

（1）管理的二重性

任何社会生产都是在一定的生产关系下进行的。由于生产过程具有两重性，既是物质资料的再生产，又是生产关系的再生产。因此，对生产过程进行管理也存在二重性。管理的二重性，是指管理具有与生产力相联系的自然属性和与生产关系相联系的社会属性。

管理的自然属性是共同属性。它指管理是由许多人进行协作劳动而产生的，是有效组织共同劳动所必需的。任何社会、任何企业，其生产力是否发达，都取决于它所拥有的各种经济资源是否得到有效利用，取决于从事社会劳动的人的积极性是否得到充分发挥，而这二者都有赖于管理。管理所具有的合理组织生产力的自然属性，不因生产关系和社会制度的变化而变化。

管理的社会属性是特殊属性。它指管理体现着生产资料所有者指挥劳动、监督劳动的意志。任何管理活动都是在特定的社会生产关系条件下进行的，通过管理可以调节和维护社会生产关系，然而在不同的社会制度条件下，谁来管理、如何管理都会不同，这也使得管理活动具有不同的性质。因此，管理所具有的社会属性受到生产关系和社会制度的影响和制约。

（2）管理的科学性和艺术性

管理既是一门科学，又是一门艺术，它是科学性和艺术性的统一。

无论什么性质的管理都必须遵循各种客观规律，这是其科学性的一面。管理的科学性

是将管理作为一个活动过程,其间存在着一系列的基本客观规律,由反映管理过程的概念、原理、原则和方法构成科学体系。这些规律和原则是在总结大量管理实践的基础上形成的,是管理实践的理论升华,反过来又指导实践,帮助管理人员从经验中汲取精华,找出在不同情况下的基本因果关系,并运用这些知识去解决新问题。实践一再证明,管理是有规律可循的,管理知识是可以通过学习和传授而得到的。企业管理者只有通过学习和训练,掌握系统的管理理论和方法,才能使管理从感性认识上升到理性认识。

管理实践中,一定要根据具体情况,"随机应变"地处理问题。这就是管理的艺术性。艺术性的高低直接影响管理的效果。管理的对象和环境复杂多变,管理理论的应用具有很强的灵活性和技艺性。管理者只有根据不同的管理对象和不断变化的内外环境,创造性地将管理知识和具体管理活动相结合,才能进行有效的管理。强调应变性、灵活性的管理思想充分体现了管理工作的艺术性特点。

管理的科学性与艺术性并不是互相排斥的,而是互相补充的。不注重科学性,只强调艺术性,这种艺术性将会表现为随意性;不注重艺术性,管理科学将会是僵硬的教条。既要讲求科学、按规律办事,又要在实践中讲求艺术性,这是管理的一个重要特征。

2. 管理的职能

在管理学的发展史上,不同学者对企业管理的基本职能给出了不同的描述,比较流行的观点是划分出 4 项基本职能:计划、组织、领导、控制。随着管理理论研究的深化和客观环境对管理工作要求的变化,人们对管理职能有了进一步的认识,对原有的 4 项职能的某些方面进行突出强调,从中分离出新的职能,其中比较引人注目并得到广泛重视的是决策职能和创新职能。

（1）计划职能

这是企业管理的首要职能,它对未来事件进行预测,以提出行动方案。计划工作为事物的未来发展规定方向和进程,重点要解决好两个基本问题:一是目标的确定问题,如果目标选择得不对,那么计划再周密、再具体也枉费心机,这是计划的关键;二是进程的

小知识:管理的创新职能

时序,即"先做什么""后做什么""可以同时做什么"均不能错位,这是计划的准则。管理的计划职能就是要选择组织的整体目标和各部门的目标,决定实现这些目标的行动方案,从而为管理活动提供基本依据。

（2）组织职能

组织职能涉及完成计划所需的组织结构、规章制度、人财物的配备等。它有两个基本要求:一是按目标要求设置机构、明确岗位、配备人员、规定权限、赋予职责,并建立统一的组织系统;二是按实现目标的计划和进程,合理地组织人力、物力和财力,并保证它们在数量和质量上相互匹配,以取得最佳的经济效益和社会效益。

（3）领导职能

每一个组织都是由人力资源有机结合而成的,人是组织活动中唯一具有能动性的因素。管理的领导职能是指导和协调组织中的成员（包括管理者激励下属,指导他们的活动,

选择有效的沟通渠道，解决组织成员之间的冲突等），从而使组织中的全体成员以高昂的士气、饱满的热情投身组织活动。

（4）控制职能

控制是促使组织的活动按照计划中的要求而开展的过程。控制职能是按照既定的目标、计划和标准，对组织活动各方面的实际情况进行检查和考察，发现差距，分析原因，采取措施予以纠正，使工作能按原计划进行；或根据客观情况的变化，对计划进行适当的调整，使其更符合实际。控制必须具备三个基本条件：一是有明确的执行标准，如数量、定额、指标、规章制度、政策等；二是及时获得发生偏差的信息，如报表、简报、原始记录、口头汇报等；三是有纠正偏差的有效措施。缺少任何一个条件，管理活动便会失去控制。

控制职能与计划职能密不可分。计划是控制的前提，为控制提供目标和标准，没有计划就不存在控制；控制是实现计划的手段，如果没有控制工作，那么事先拟订的计划是不会自动实现的。控制活动为计划的实现提供保证。

企业管理的上述职能是相互关联、不可分割的一个整体。通过计划职能，明确组织的目标与方向；通过组织职能，建立实现目标的手段；通过领导职能，把个人的工作与所要达到的集体目标协调一致；通过控制职能，检查计划的实施情况，保证计划的实现。管理的这几个职能的综合运用，归根结底是为了实现组织的目标，如图 2-4 所示。

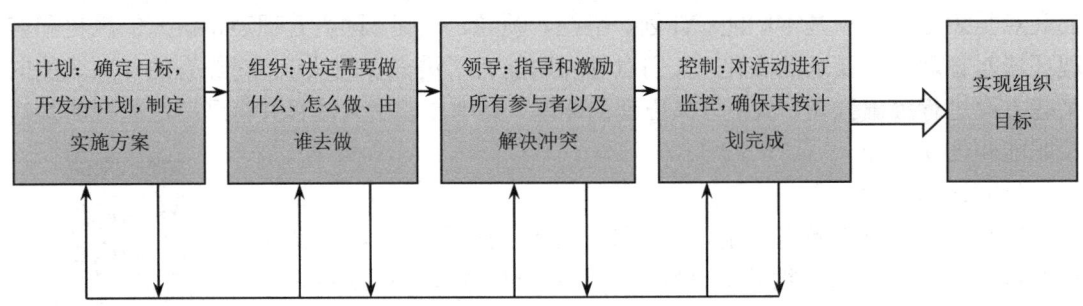

图 2-4　管理职能示意图

3．管理的基本任务

小练习：区分管理的职能

（1）经济效益

企业管理必须重视经济效益。只有当管理产生了经济成果，才能证明管理的存在价值。企业管理如果未能产生经济成果，该企业的管理就是失败的；如果不能提供消费者所希望的并且愿意付出代价的货物和劳务，企业的管理也算是失败的；如果不能改进或者至少维持企业经济资源的获得能力，它仍算是失败的。因此，管理上的每一项决策、每一个行动以至于每一条协议都必须首先考虑经济效益。

（2）员工的成就

人是企业真正重要的资源。要注意到人力资源与其他物质性资源的不同。人具有特殊的生理和心理特征，具有独立的人格和公民权，管理工作绝不能忽视人在这些方面的需求。

因此，要从各个不同角度去设想、考虑，以满足员工对责任、参与、激励、报酬、领导、地位等方面的需求。

（3）社会责任

企业的社会责任是指企业在追求自身利益时，应考虑社会的整体利益以及他人的利益，并承担相应的社会义务，表现为企业对社会的适应和参与。主要包括两个方面：一是有效发挥经济作用的基本责任，如产品、就业机会、经济增长；二是对变化着的社会价值观和新出现的、仍未确定的职责（如环境保护、卫生保健、帮助解决城市建设、消除贫困、公益事业等方面）发挥经济作用。

以上 3 项任务各有其重要作用。当然，经济效益是首要的，它是企业存在的目的。但是，如果对工作人员的管理不当，企业将无企业绩效可言；如果企业的社会影响不佳，企业也会失去社会的支持，陷入被动局面。

2.2.3 分组案例分析

唐校长的委屈

唐强最近被任命为天虹中学校长。唐强尽管才 35 岁，但从教已有 12 年，取得过许多教学成果，他组织的数学竞赛班在每年市中学生数学竞赛中总能拿到几个好名次。他工作努力，认真负责，干起事来有一股不做好不罢休的劲儿，同事们都称其为"拼命三郎"。两年前上级部门还特地送他去国外进修中等教育，在中等教育系统中被选送出国进修是件十分稀罕和光荣的事。

唐强上任之后不久提出他的发展思路：

① 天虹中学在未来若干年中要发展成为全市最好的重点中学，再争取在若干年后成为全国一流的重点中学。

② 最好的重点中学要有高的升学率，要培养优秀的高中毕业生，要有一流的教学设施。

③ 一流的中学要有一流的师资，要引进特级教师，要引进优秀的高级教师，要吸引博士、硕士来天虹任教。

④ 要出一流的教学成果，不断地改革课程体系，改进教学方法，设立第二课堂。

⑤ 提高教师待遇，增强凝聚力。

唐强的发展规划使天虹中学的全体教职员工很激动。因为天虹中学尽管原来基础不错，但近年来也时不时发生教师流失、升学率下降、学生家长不满增加的情况，特别是内部消息说天虹中学的市重点中学的位置可能有变，因为市里开始采用重点中学非终身制的改革措施，以激励学校相互竞争、积极向上。新校长提出的这一宏伟目标确实道出了全体教职员工的心声。

时间过得很快，转眼一年已经过去。一年中，唐校长为推进他所提出的发展思路，茶不思、饭不想，全身心扑在学校的工作上，人也瘦了不少，但学校的面貌却变化不大。昨天副校长王怡亭向他提交了调离天虹中学的报告，唐强颇为震惊和气愤，心想这不是存心拆我的台嘛，现在学校"创一流"正处于关键时刻。于是唐强决定与王副校长好好谈一谈："老王，是不是我的工作方法有问题，哪里得罪了你或哪里有失误，所以你想离开天虹中学？如果是这样，我向你道歉！"

"没有，没有，唐校长，是我自己要走。新单位也是一所中学，我并不离开教育战线，不是为了工资待遇。"王副校长急忙辩解。

"那么，为什么呢？天虹中学'创一流'正需要你这样熟悉教学管理的老校长。"唐强不解地说。

"唐校长，说实话，对于你提出的学校'创一流'的想法，我一直很佩服，也真想跟着你大干一场，"王怡亭喝了一口茶水，继续说，"可是一年下来，我发现我已无用武之地了，我自己感觉我虽年纪比你大近15岁，但仍不属于能接受新观念的人。"

唐强觉得不可理解：王副校长所负责的教学、后勤方面正是"创一流"非常重要的领域，怎么说"无用武之地"呢？王怡亭看了唐强一眼，继续说："我所说的'无用武之地'，是指教学、后勤等工作实际上都是唐校长你亲自在做、在推进，我可有可无。"

"是吗？我可没有任何排挤你的意思。我是着急，看着教学上不去、学校硬件设施上不去、创收上不去而心里急啊。"唐强感到很委屈，自己为学校努力，却有不少人不理解，"创一流"真难啊。

王副校长终于走了。唐强任命了一位新的副校长替代王副校长的职位。

请分析：

（1）唐校长所提出的发展思路是不是天虹中学的组织目标？

（2）王副校长要离开天虹中学的原因是什么？说明了什么？

（3）管理一个学校和管理一个企业有什么相似之处和不同之处？

（4）唐校长的管理方式有什么不对吗？

2.2.4 实践活动安排

情景2任务2实践活动安排如表2-1所示。

表2-1 情景2任务2实践活动安排

活动4	访问某一个工商企业或一位管理者
活动目标	通过访问某一个工商企业或一位管理者，培养学生关注企业、了解企业和学习管理学的兴趣，以及参加社会实践活动的主动性、积极性
活动内容	1. 要求学生了解该企业的某一项基本业务职能，如计划管理、生产管理、技术管理、营销管理、物资设备管理、财务管理、行政管理、人事管理、后勤管理等。 2. 向该管理者了解他的职位、工作职能、胜任该职务所必需的管理技能的情况
活动组织	1. 把全班同学分成两大组，第一组学生去访问企业，第二组了解管理者。 2. 第一组学生以5～7人为一个小组，分别走访某一个工商企业。 3. 第二组学生以3～5人为一个小组，分别走访某一位管理者

续表

活动4	访问某一个工商企业或一位管理者
活动考核	1．要求每位学生写出访问报告或小结。 2．要求学生填写实训报告，其内容包括：①实训项目；②实训目的；③实训内容；④本人承担任务及完成情况；⑤实训小结。 3．教师评阅后写出实训评语，实训小组或全班展开交流

任务 **3** 管理者

2.3.1 任务导入

松下幸之助的名言

日本松下电器的创始人松下幸之助曾有一段名言："当你仅有100人时，你必须站在第一线，即使你叫喊，他们也听你的。但如果发展到有1000人，你就不可能留在第一线，而是身居其中。当企业扩至有10 000名职工时，你就必须退到后面，并对职工们表示敬意和谢意。"

对于这段话，有人认为，企业规模扩大之后，管理者的地位逐渐上升，高层管理者无须事必躬亲；也有人认为，企业规模的扩大是全体同人共同努力的结果，对此，老板应心存感激，而且，管理规模越大，管理者越需注意自己对下属的态度；还有人认为，企业规模扩大之后，管理的复杂性随之提升，管理者也应有所分工。

问题：对于这段名言，你是怎么理解的？

2.3.2 相关知识

1. 管理者的类型

（1）按层次分类

组织的管理层次通常呈现为金字塔式，如图2-5所示，即决策层的管理者少，执行层的管理者多一些，操作层的管理者更多。决策层的管理者有时又被称为高层管理者，执行层的管理者被称为中层管理者，操作层的管理者则被称为基层管理者。

高层管理者——"挥手"。高层管理者是指对整个组织的管理负有全面责任的人。他们的主要职责：制定组织的总目标、总战略，掌握组织的"大政方针"，评价整个组织的绩效。高层管理者在与组织外界的交往中往往代表组织，并以"官方"的身份出现。

中层管理者——"插腰"。中层管理者通常是指处于高层管理者和基层管理者之间的一个或若干个中间层次的管理人员。他们的主要职责：贯彻执行高层管理者所制定的重大决策，监督和协调基层管理者的工作。与高层管理者相比，中层管理者特别注意日常的管理工作。

基层管理者——"监工"。基层管理者亦称第一线管理人员，也就是组织中处于最低层次的管理者，他们所管辖的仅仅是作业人员，而不涉及其他管理者。他们的主要职责：给作业人员分派具体工作任务，直接指挥和监督现场作业活动，保证各项任务的有效完成。

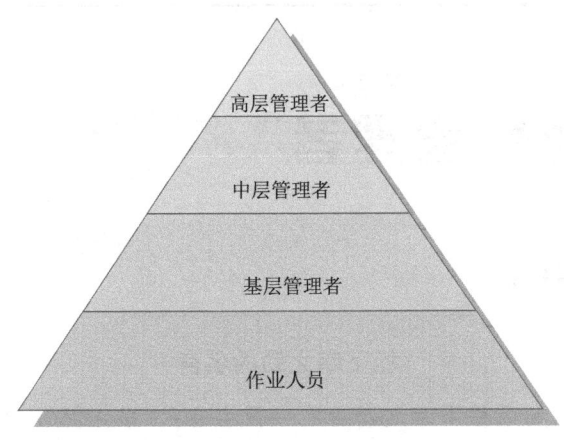

图 2-5　组织的管理层次

不论管理者处在哪一层次，其工作内容都涉及计划、组织、领导和控制几个方面，但不同层次的管理者行使各项管理职能的程度和重点是有所不同的。不同层次管理者的管理职能时间分布如表 2-2 所示。高层管理者用在计划、组织和控制职能上的时间要比基层管理者多，而基层管理者用在领导职能上的时间要比高层管理者多。即使是对于同一管理职能，不同层次管理者所从事的具体管理工作的内涵也并不完全相同。例如，就计划工作而言，高层管理者关心组织整体的长期战略规划，中层管理者偏重于中期、内部的管理性计划，基层管理者则侧重于短期的业务和作业计划。

表 2-2　不同层次管理者的管理职能时间分布

管　理　者	管理职能活动时间分布（%）			
	计　　划	组　　织	领　　导	控　　制
高层管理者	28	36	22	14
中层管理者	18	33	36	13
基层管理者	15	24	51	10

（2）按领域分类

如图 2-6 所示，管理者按其所从事管理工作的领域及专业不同，可以划分为以下两类。

① 综合管理者，即负责管理整个组织或组织中某个事业部的全部活动的管理者。小型企业可能只有一个综合管理者——总经理，他要统管该企业包括研发、生产、营销、人事、财务等在内的全部活动；大型企业可能按产品类别或按地区设立事业部，此时，该企业的综合管理者包括总经理和每个事业部经理，每个事业部经理都要统管该事业部中包括研发、生产、营销、人事、财务等在内的全部活动。

② 专业管理者，即仅仅负责管理组织中某一类活动的管理者，如研发部门管理者、生产部门管理者、营销部门管理者、人事部门管理者、财务部门管理者等。现代企业随着其规模的不断扩大和环境的日益复杂多变，需要越来越多的专业管理者，专业管理者的地位也将变得越来越重要。

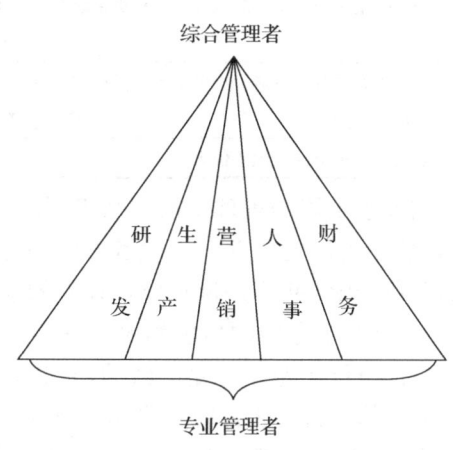

图 2-6 管理者的领域分类

2. 管理者的角色认知

管理主体就是管理者，管理者的角色实际上是对一般的管理者在组织体系内从事各种活动时的立场、行为表现等的一种特性归纳。著名管理学家亨利·明茨伯格（Henry Mintzberg）经过长期研究认为，管理者扮演着 10 种不同的但又高度相关的角色。这 10 种角色可以进一步按 3 个方面划分：人际关系、信息传递和决策制定，如表 2-3 所示。明茨伯格对管理的研究更多地着眼于对管理者的基本而直接的观察和跟踪，以确定管理者在组织中所扮演的角色。

表 2-3 明茨伯格的管理者角色理论

	角 色	描 述	特 征 活 动
人际关系方面	1. 挂名首脑	是象征性的首脑，必须履行许多法律性的或社会性的例行义务	迎接来访者，签署法律文件
	2. 领导者	负责激励和动员下属，负责人员配备、培训和交往	实际上从事所有的有下级参与的活动
	3. 联络者	维护自行发展起来的外部接触和联系网络，向人们提供帮助和信息	发感谢信，从事外部委员会工作，从事其他有外部人员参加的活动
信息传递方面	4. 监听者	寻求和获取各种特定的信息（其中许多是即时的），以便透彻地了解组织与环境	阅读期刊和报告，保持私人接触，作为组织内容和外部信息的神经中枢
	5. 传播者	将从外部人员和下级那里获得的信息传递给组织的其他成员——有些是关于事实的信息，有些是解释和综合组织中有影响的人物的各种价值观点	举行信息交流会，用打电话等方式传达信息
	6. 发言人	向外界发布有关组织的计划、政策、行动结果等信息；是组织所在产业方面的专家	举行董事会，向媒体发布信息

续表

角 色	描 述	特 征 活 动
决策制定方面 7. 企业家	寻求组织和环境中的机会，制定"改进方案"以发起变革，监督这些方案的策划	制定战略，检查会议决策执行情况，开发新项目
8. 混乱驾驭者	当组织面临重大的、意外的混乱时，负责采取补救措施	组织应对混乱和危机的战略制定和检查会议
9. 资源分配者	负责分配组织的各种资源——事实上负责批准所有重要的组织决策	调度、询问、授权，从事涉及预算的各种活动，安排下级的工作
10. 谈判者	在主要的谈判中担任组织的代表	参与工会，进行合同谈判

组织中的管理者可能分别处于不同的管理层次，从事不同层次不同岗位的管理工作，故他们在组织运行对 10 种角色在扮演的频率、程度等方面均是不同的。高层管理者最重要的角色是决策制定方面的角色，当然并不是说高层管理者的信息传递方面和人际关系方面的角色不重要、可以忽视，而是 3 个方面的角色相比而言，决策制定方面的角色最重要。中层管理者在 3 个方面的角色的分配上基本上是一致的，这也是中层管理者既承上启下又独当一面的特点所决定的。至于基层管理者，他主要调动下属成员进行团队合作，故而人际关系的处理对其而言尤为重要，所以角色分配时应以人际关系方面的角色为主。管理者的角色分配如图 2-7 所示。

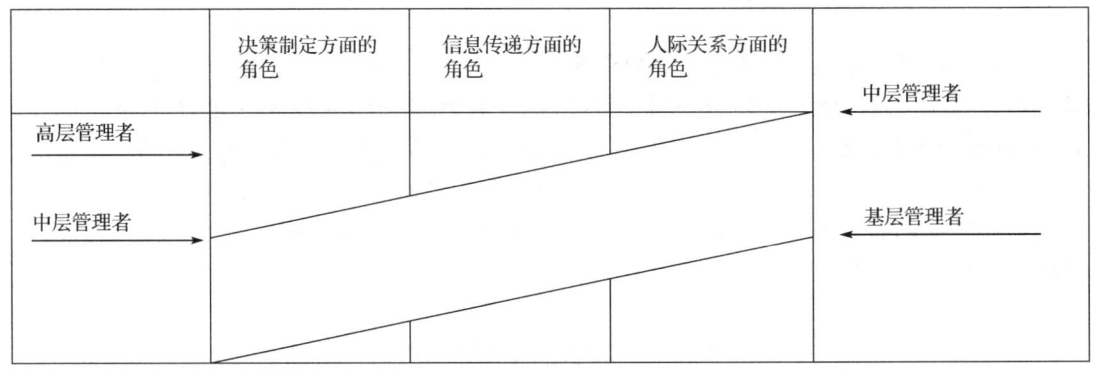

图 2-7　管理者的角色分配

3. 管理者的技能要求

（1）技术技能

技术技能是指使用某一专业领域内有关的工作程序、技术和知识完成组织任务的能力。对于一个管理者来说，其技术技能往往是双重的。例如，一名负责一个研究项目的经理本身可能就是该研究领域的技术专家，具有很强的研究与开发能力；但作为一名管理者，他又必须掌握和运用各种管理技术，如决策技术、计划技术、评价技术等。技术技能对基础管理者来说是最重要的，因为他们直接与一线的普通员工打交道，直接接触到具体的技术问题，需要为本部门的员工提供技术指导和帮助。一个基层管理者不具备较强的专业技术能力是很难胜任工作的。而技术技能对高层管理者的重要性则相对小一些，因为他们较少直接接触日常的具体工作。获得技术技能较为容易，通常可以通过高等学校的专业教育

或组织内部的在职培训达到这一目的。

（2）人际技能

人际技能是指与处理人事关系有关的技能，即理解、激励他人并与他人共事的能力。首先，管理者必须学会与下属人员沟通并影响下属的行为。其次，管理者还要与上级和同级人员打交道，与组织外部的利益相关者打交道。人际技能对每一层次的管理者都是非常重要的，因为各层次的管理者都必须与上下左右进行有效的沟通、相互配合，共同实现组织的目标。

（3）概念技能

概念技能是指综观全局、认清为什么要做某事的能力，也就是洞察企业与环境相互影响之间复杂性的能力。具体包括：理解事物的相互关联性从而找出关键影响因素的能力，确定和协调各方面关系的能力，权衡不同方案优劣和内在风险的能力，等等。处于较低层次的管理者，主要需要的是技术技能与人际技能；处于较高层次的管理者，更多地需要人际技能和概念技能；处于最高层次的管理者，尤其需要较强的概念技能。

管理者的管理层次与技能要求如图 2-8 所示。

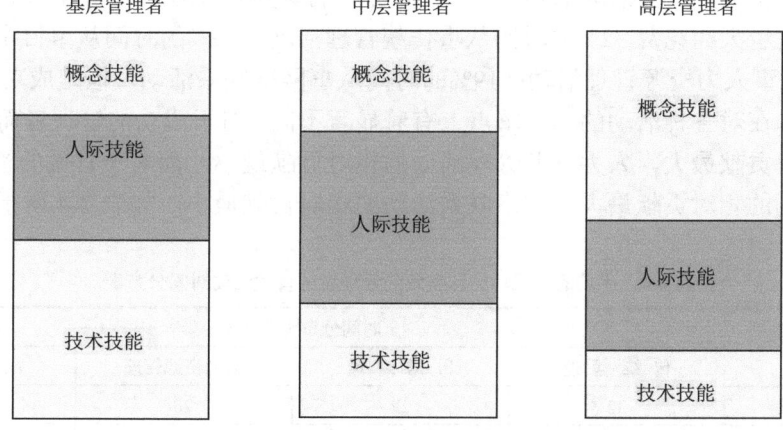

图 2-8　管理者的管理层次与技能要求

4. 有效的管理者与成功的管理者

这里所提到的"有效的管理者"和"成功的管理者"是指美国组织行为学专家弗雷德·鲁森斯（Fred Luthans）在其著作《组织行为学》中所描述的两种管理者。有效的管理者是指拥有优秀并忠实的下属以及高绩效团队的管理者。这样的管理者满足两个标准：一是使工作在量和质上都达到很高的绩效标准；二是使其下属有满意感和奉献精神。成功的管理者是指在组织中相对快速地获得提升的管理者，对这类管理者的界定只有一个标准——晋升的速度。

那么，在组织中提升得最快的管理者与在组织中成绩最佳的管理者从事的是同样的活动吗？弗雷德·鲁森斯和他的同事们通过对多个层面多个类型（包括零售商店、医院、政府部门、报社、公司

小练习：区分管理层次
与管理技能

小视频：管理者的素质

总部、金融机构、制造业等）的管理者的研究发现，这些管理者都从事以下4种活动。

① 传统管理：计划、决策和控制。观察到的行为：指定目标，明确实现目标所要完成的任务，分配任务及资源，安排时间表等；明确问题所在，处理日常危机，决定做什么、如何做；考察工作，监控绩效数据，开展预防性维护工作等。

② 日常沟通：交流常规信息和处理案头文件。观察到的行为：回答常规程序性问题，接收和分派重要信息，传达会议精神，通过电话接收或者发出日常信息，阅读并处理文件、报告等，起草报告、备忘录等，以及开展一般的案头工作。

③ 人力资源管理：激励、奖惩、处理冲突、人员配备和培训。观察到的行为：正式的奖金安排，传达赞赏之意，给予奖励，倾听建议，提供团队支持，给予负性的绩效反馈，制定工作描述，面试应聘者，为空职安排人员，澄清工作角色，培训，指导等（制定规章制度并依此进行奖惩不可能被观察到，所以这一范畴没有考虑）。

④ 网络联系：社会化活动和与外界交往。观察到的行为：与工作无关的闲谈，插科打诨，议论流言蜚语，抱怨、发牢骚，参加政治活动以及搞搞小花招，应对外部相关单位，参加外部会议、公益活动等。

通过进一步研究这些活动的相对频率（对248名真实管理者进行研究），发现："平均"意义上的管理者大约花费32%的时间从事传统管理活动；29%的时间从事日常沟通活动；20%的时间从事人力资源管理活动；19%的时间从事网络联系活动。但是成功的管理者和有效的管理者在对各种活动的强调重点上有着显著不同：对于成功的管理者而言，网络联系活动的相对贡献最大，人力资源管理活动的相对贡献最小；而对于有效的管理者而言，日常沟通活动的相对贡献最大，网络联系活动的相对贡献最小，如表2-4所示。

表2-4 平均的、成功的和有效的管理者的管理活动时间分布表

管 理 者	时间分布比率（%）			
	传 统 管 理	日 常 沟 通	人力资源管理	网 络 联 系
平均的管理者	32	29	20	19
成功的管理者	13	28	11	48
有效的管理者	19	44	26	11

小知识：时间管理的四象限法

虽然研究样本是西方管理者，但是人的管理行为有其共同的规律性，并且经观察考证后我们可以确认我国管理者从事的活动的确也是这4种活动，所以这一研究结果也适用于我国管理者。尽管环境变化，管理活动相应地受到影响，全球化影响了视野，高级信息技术影响了沟通的途径和速度以及其他领域，然而这些已经被确认的活动本身仍然会是相关的和有效的。

2.3.3 分组案例分析

在家得宝公司玩"硬球"

家得宝公司CEO罗伯特·纳德利（Robert Nardelli）正在努力领导公司实现激进的转

向：回归基础。当许多公司正在转向以共识作为协作和决策的基础的时候，纳德利却要让家得宝变得更加集权化；当许多公司正在致力于消除管理层级、减少对正式组织等级的依赖时，纳德利却主张军队式的纪律和服从；当许多企业正在强调进步等政策时，纳德利却在奖励严格执行计划。

纳德利式的组织过去被称为"命令-控制式组织"。这一组织形式在 20 世纪 50 和 60 年代的经济扩张时期十分流行，但到了 20 世纪 70 年代，严格依赖组织层级进行管理和高度集权的决策方式已经走向衰落。全球化、员工多元化、快速的技术变革，再加上管理顾问的介入，企业管理者的注意力逐渐转向了更软性的主题，例如企业文化和员工授权。

纳德利重拾命令与控制模式，是为了克服过去分权模式下店面经理自主权过大所导致的种种问题。家得宝的创始人马库斯和布兰克希望在企业中鼓励创新和主动性，但是这家公司的发展"实在是太快了，有点脱缰"，南加利福尼亚州大学企业管理教授劳勒这样评价。

斯托克和拉舍诺在畅销书《硬球战略：强势竞争，王者之道》中指出："（软性主题）的确是非常重要的，问题在于它们往往被看成是孤立的活动，就好像光靠这些就已经构成战略了。如果战略不能创造出持续的竞争优势，不论在顾客关怀和员工激励方面做得多么好，都不能令公司取得成功和长期繁荣……硬球公司的活力在于它们直指事物的核心。"这本书还特别列出家得宝的例子来说明什么是硬球公司。

纳德利的原则很简单。首先，在职能部门（如采购和信息技术部门）实行集权以提高控制和协作水平，还可以通过大宗采购降低成本。其次，减轻扩张所带来的资金压力。再次，仔细计量所有的投入和产出，而不是依赖直觉进行决策，而在此之前，公司的创始人正是这样做的。最后，坚决让不合格的经理下岗。自 2001 年任职以来，纳德利已经替换了 98% 的高级经理。

削减成本并不是纳德利关心的唯一问题。他还推动公司强力介入面向建筑承包商的批发业务。相对于零售业务，批发业务的销售利润较低，同时专业客户对服务与品质也更挑剔。但是，这一产业目前还处于相对零散的状态，家得宝作为第一家大规模的竞争企业可以获得先发优势。纳德利还扩展了家得宝所提供的服务，这也是一个竞争相对较弱的领域。同时，企业开始尝试自己进行产品测试和产品开发，而"软"主题也并没有被置之不理。已经通过面试的求职者还要参加一项角色扮演练习，只有顶尖的执行者和处理问题的能手才能通过考试。

自 2002 年以来，家得宝的销售已经增长了 30%，但股价下降了 20%，顾客满意度也比主要竞争对手 Lowe's 低。一位前任经理认为，纳德利只是在考核客户服务，而不懂得如何激发员工改进客户服务。"操作程序无懈可击，只是没有了灵魂。"人们说纳德利把一家灵活的、焕发着企业家精神的企业变成了一座"工厂"，这位 CEO 必须找到方法来回击对他的批评。

纳德利很清楚自己的措施在行业中被认为是倒行逆施，但他相信差异化的战略威力。不能指望依靠那些人人都在用的战略来获得优势。战胜对手必然需要不同寻常的甚至是叛逆的战略。

请分析：

（1）请从本案例中举出纳德利进行计划、组织、领导和控制的例子。

（2）纳德利扮演了哪些管理角色？他运用了哪些管理技能？

（3）在你看来，纳德利更重视管理的科学性还是艺术性？他的方法是否存在一些问题？

2.3.4　实践活动安排

情景 2 任务 3 实践活动安排如表 2-5 所示。

表 2-5　情景 2 任务 3 实践活动安排

活动 5	名家讲坛：余世维《职业经理人常犯的 11 种错误》
活动目标	观看余世维的《职业经理人常犯的 11 种错误》，加深学生对管理者素质的认知
活动安排	播放余世维的《职业经理人常犯的 11 种错误》25 分钟
活动考核	1. 在班级组织一次交流与讨论。 2. 教师根据交流与讨论中的参与表现给予平时分

【能力培养图】

学习型任务
1. 理解管理的定义和性质
2. 了解管理的基本问题和管理的职能
3. 了解管理的基本任务
4. 了解管理者的不同分类和工作任务
5. 理解管理者应具备的技能

职业行动能力训练项目
1. 访问某一个工商企业或一位管理者
2. 名家讲坛：余世维《职业经理人常犯的11种错误》

活动

案例
1. 如何分粥
2. 美团：深耕本地生活服务领域，实现平台的正循环效应
3. 一碗牛肉面的思考
4. 唐校长的委屈
5. 松下幸之助的名言
6. 在家得宝公司玩"硬球"

职业行动能力
1. 能把效率与效果有机结合，实现管理目标
2. 能划分企业管理的基本职能
3. 能承担管理者的人际关系的任务、信息传递的任务、决策制定的任务
4. 能区分有效的管理者与成功的管理者的工作强调重点
5. 能基本具备履行管理职能所需的相应技能

借鉴实践经验
1. 如何做一名出色的部门经理
2. 全新的企业管理理念
3. 余世维先生在中国人寿的《成功经理人》讲座实录

坚持拓展阅读
《管理是什么：10大管理关键领域的核心思想和方法》
《细节决定成败》
《思维决定一切》
《成功的灰色》

掌握相关理论
管理职能理论
管理者角色理论

运用管理方法
传统管理
日常沟通
人力资源管理
网络联系

【拓展阅读】

1. 趣味阅读

独特灵感创造趣味管理

麦当劳：把所有经理的椅子靠背锯掉

麦当劳快餐店创始人雷·克罗克是美国社会极有影响的企业家之一。

他不喜欢整天坐在办公室里，他将大部分工作时间都用在"走动管理"上，即到各公司、各部门走走、看看、听听、问问。麦当劳公司曾有一段时间面临严重亏损的危机，克罗克发现其中一个重要原因是公司各职能部门的经理有严重的官僚主义，习惯靠在舒适的椅背上指手画脚，把许多宝贵时间耗费在抽烟和闲聊上。于是克罗克想出一个"奇招"——将所有经理的椅子靠背锯掉，并立即落实。开始很多人骂克罗克是个疯子，不久大家开始领悟他的一番苦心。他们纷纷走出办公室，深入基层，开展"走动管理"。经理们及时了解情况，现场解决问题，终于使公司扭亏为盈。

肯德基：用"特别顾客"监督分店

美国肯德基国际公司的子公司遍布全球。然而，肯德基国际公司在万里之外，又怎么能相信下属能循规蹈矩呢？一次，上海肯德基有限公司收到了3份总公司寄来的鉴定书，对其外滩快餐厅的工作质量分3次鉴定评分，分数分别为83、85、88分。公司的外方经理都为之瞠目结舌，这3个分数是怎么评定出来的？原来，肯德基国际公司雇佣、培训了一批人，让他们佯装顾客潜入店内进行检查评分。

这些"特别顾客"来无影、去无踪，这就使快餐厅的经理、雇员时时感到某种压力，丝毫不敢疏忽。

美国惠普公司："敞开式大房间"办公室

美国惠普公司创造了一种独特的"周游式管理办法"，鼓励部门负责人深入基层、直接接触广大职工。为达到此目的，惠普公司的办公室布局采用美国少见的"敞开式大房间"布局，即全体人员都在一间敞厅中办公，各部门只以矮屏分隔，除少量会议室、会客室外，无论哪级领导都不设单独的办公室，同时不称职衔，即使对董事长也直呼其名。这样有利于上下左右通气，创造无拘束和合作的气氛。

日本太阳工业公司：会议成本分析制度

日本太阳公司为提高开会效率，实行会议成本分析制度。

每次开会时，总是把一个醒目的会议成本分配表贴在黑板上。

成本的算法：会议成本＝每小时平均工资的3倍×2×开会人数×会议时间（小时）。公式中每小时平均工资之所以乘以3，是因为劳动产值高于平均工资；乘以2是因为参加会议要中断经常性工作，所以损失要以2倍来计算。因此，参加会议的人越多，成本越高。有了成本分析，大家开会的态度就会慎重，会议效果也十分明显。

美国汽车公司：总裁桌上不同颜色的公文夹

美国汽车公司总裁莫端要求秘书将呈递给他的文件放入各种颜色的公文夹：红色的为特急；绿色的要立即批阅；橘色的代表这是今天必须注意的文件；黄色的则表示必须在一

周内批阅的文件；白色的在周末时须批阅；黑色的则是必须由他签名的文件。

比奇飞机公司：劳动生产率会议制度

为了扭转劳动生产率日益下降的趋势，美国比奇飞机公司自20世纪80年代中期逐渐建立了劳动生产率会议制度。公司从9000名职工中选出300名作为出席劳动生产率会议的代表。

当某一职工想提一项合理化建议时，他就可以去找任何一名代表，并与该代表共同填写建议表。当这个建议被提交到劳动生产率会议后，由领班、一名会议代表和一名劳动生产率会议的干部所组成的小组负责对这项建议进行评价。如果这个小组中的两个人认为该建议能提高劳动生产率并切实可行，则提议职工可得到一笔初审合格奖金。接着由劳动生产率会议对上述建议进行复审，复审通过后，立即按该建议产生效果的大小给提议职工颁发奖金。这项制度给公司带来了巨大效益。

德国 MBB 公司：灵活上下班制度

在德国的航空和宇航企业 MBB 公司可以看到这样一种情景：上下班的时候，职工们把自己的身份卡放入电子计算器，电子计算器马上就显示到当时为止该职工在本星期已经工作了多少小时。原来该公司实行了灵活上下班制度。公司对职工的劳动只考核其成果，不规定具体时间，只要在所要求的期间内按质量完成工作任务就照付薪金，并按工作质量发放奖金。由于工作时间有了一定的机动性，职工不但免受交通拥挤之苦，而且可以根据工作任务和个人情况与企业共同商定上下班时间。这样，职工感到个人的权益得到尊重，因而产生责任感，提高了工作热情。同时，企业也受益。

韩国精密机械株式会社：一日厂长制

韩国精密机械株式会社实行了这一独特的管理制度，即让职工轮流当"厂长"、管理厂务。"一日厂长"和真正的厂长一样，拥有处理公务的权力。当"一日厂长"对工人有批评意见时，要详细记录在工作日记上，并让各部门的员工收阅。各部门、各车间的主管得依据批评意见随时修正自己的工作。这个工厂实行一日厂长制后，大部分职工都当过"厂长"，工厂的向心力增强。工厂管理成效显著，开展的第一年就节约生产成本300多万美元。

法国斯太利公司："工人自我管理"

该企业根据生产经营的要求和轮换班次的需要，把全厂职工以15人一组分成16个小组，每组选出两位组长。一位组长专抓生产线上的问题，另一位组长负责培训、召开讨论会和做生产记录。厂方只制定总生产进度和要求，小组自行安排组内人员工作。小组还有权决定组内招工和对组员的奖惩。该厂实行"工人自我管理"后，生产力激增，成本低于其他工厂。

美国通用电气公司："全员决策"制度

美国通用电气公司是一家集团公司，1981年杰克·威尔士接任总裁后，认为公司管理得太多，而领导得太少，"工人们对自己的工作比老板清楚得多，经理们最好不要横加干涉"。为此，他实行了"全员决策"制度，使那些平时没有机会互相交流的职工、中层管理人员都能出席决策讨论会。"全员决策"的开展，打击了公司中的官僚主义，减少了烦琐程序。

实行了"全员决策"后，公司在经济不景气的情况下取得巨大发展。他本人被誉为全美的优秀企业家之一。

2. 推荐书籍

请登录华信教育资源网（www.hxedu.com.cn），在本书相关资源中免费下载推荐书籍清单。

【过程考核】

一、单选题

1. 关于管理的应用范围，人们的认识不同，你认为下列哪个说法最好？（   ）

    A．只适用于营利性企业   B．普遍适用于各类组织

    C．只适用于非营利性组织   D．只适用于某一组织

2. 企业管理者可以分成基层、中层、高层三种，高层管理者主要负责制定（   ）。

    A．日常程序性决策   B．长远全局性决策

    C．局部程序性决策   D．短期操作性决策

3. 一个组织的最高管理人员尤其需要具备较强的（   ）。

    A．技术技能   B．人际技能   C．概念技能   D．A 和 B

4. 现代企业管理的首要职能是（   ）。

    A．计划   B．组织   C．领导   D．控制

5. 管理的二重性是指（   ）。

    A．艺术性与科学性   B．基础性与边缘性

    C．自然属性与社会属性   D．普遍性与重要性

6. 某技术专家，原来从事专业工作，业务专精，绩效显著，近来被提拔到所在科室负责人的岗位。随着工作性质的转变，他今后应当注意把自己的工作内容调整到：（   ）。

    A．放弃技术工作，全力以赴地抓好管理和领导工作

    B．重点仍为技术工作，以自身的榜样带动下级

    C．以抓管理工作为主，同时参与部分技术工作，以增强与下级的沟通和理解

    D．在抓好技术工作的同时，做好管理工作

7. 某服装集团是靠接受一笔外国商人的格子牛仔裤生意起家的，当时许多厂家因为利润太低而不愿意生产，该集团的首脑却决定以此作为企业发展的起点。它说明：（   ）。

    A．一个企业应该独树一帜地接受人家愿意接受的生意

    B．选择好第一笔生意对企业的发展有重大意义

    C．在许多情况下，市场机遇可能比利润更为重要

    D．这种决策只能在企业刚刚起步时才可采用

8. 卡尔森以前只有宾馆管理经验而无航运业管理经验，但在他被聘为美国的泛美航空公司的总裁后，短短 3 年，就使这家亏本企业成为高赢利企业。你认为下述 4 条说法中哪一条有明显错误？（   ）

    A．最高管理者不一定需要专业知识，只要善于学习、勤于思考就够了

B．成功的管理经验具有一定的普适性，所以可以成功移植

C．成功管理的关键是人，只要做好人的管理，就可能取得成功

D．这仅仅是一种巧合，只说明卡尔森有特别强的环境适应能力

9．某 S 公司仅派两名管理人员到某亏损洗衣机厂，帮助加强管理，真正把好产品质量关，并允许该厂使用 S 公司自己的商标生产和销售洗衣机。一年下来，该厂扭亏为盈。这一情况表明：（　　）。

A．品牌对于现代企业的经营非常重要，创出了品牌就有了一切

B．先进企业帮助落后企业时，只要协助加强质量管理就能取得成功

C．质量越高，企业产品的竞争力就越强，企业的经营效益也就会越好

D．该亏损洗衣机厂的基础还是不错的，否则就很难在一年内扭亏为盈

10．最早提出管理职能的管理学家是（　　）。

A．法约尔　　　　B．泰勒　　　　C．韦伯

11．一家公司出台了"带薪休假时间一律不得超过一星期"的规定，这一规定遭到多数职工的集体反对，他们向公司经理提交一份全体署名的陈情书，要求废止这一规定。事实上，这个规定就是为了不给员工取巧的机会而制定的。你认为经理应该如何处理这一事件？（　　）

A．这是大多数人的意见，应该接受职工们的请求，立即废止这一规定

B．声明：如果上班状况有改进的话，将很乐意奖励这次事件的发起人

C．为了避免将来的麻烦，设法调查这次事件的发起人

D．坚决执行规定，对继续反对者予以开除

12．某公司销售部经理制订了一项新销售计划。为了使计划得到有效执行，他设想了下列方法。你认为哪一种方法作用最大？（　　）

A．把计划向大家进行详细说明，希望大家全力支持

B．跟推销员们一起工作，共同完成销售计划

C．规定：对推销成绩优良的 10%的人员给予加薪，对成绩不良的 5%的人员予以解雇

D．对推销员进行培训

13．某公司赋予某一层次 3 个部门的主管的一个权力是每笔支出不超过 500 元的审批权，每个年度批准的支出不超过 5 万元。类似这种下级主管被赋予一定的决策权限，上级没把下级活动的"手脚"捆住，只在较大的问题发生或问题的解决不在下级处理权限范围之内的时候才介入处理的管理方式，被称为（　　）。

A．走动管理　　B．参与管理　　C．例外管理　　D．动态管理

14．新港造船厂有两位车间主任，他们上班提前到岗，下班后工人都走了，他们还逐一熄灯、关门。起早贪黑，活儿没少干，但任职的管理工作不够理想。厂长王业震将他们免职，有人提出异议，王厂长却说："这样的同志可以当组长、工长甚至劳动模范，却不能当称职的车间主任。"这说明：（　　）。

A．管理者的精力是有限的，一般不应兼任作业工作

B．对中、高层管理者，更需强调考核其概念技能

  C．王厂长对领导干部要求过高，求全责备

  D．两位主任被撤职，可能是缺乏技术技能与人际技能

  15．美国爱迪生通用电气公司由于在 19 世纪末及时开发和应用爱迪生发明的电灯技术，在短短几年内，就彻底战胜了生产煤气灯、电弧灯的企业，取得了极大的成功，很快就成为电力、电信方面的庞大垄断性企业集团。而德国西门子公司由于没有及时采用这一新技术而一度受挫。可爱迪生反对交流电技术，看不到交流电技术的巨大潜力和发展前景，未及时转向采用交流电的技术系统，这导致他晚年在交流、直流之战中惨败。因此，美国爱迪生通用电气公司中的"爱迪生" 3 个字不见了，被合并、改名为美国通用电气公司。假如你是一位 CEO，你认为不正确的看法是：（ ）。

  A．新技术不断发展、变幻莫测，这对企业组织决策能力提出了更高的要求

  B．管理者应该不怕风险，具有乐观主义者的态度，这样就可化险为夷

  C．新技术的采用虽然可能带来极大的收益，但风险也很大，并非一件易事

  D．管理者应该具有胆识和远见，善于洞察机遇，并能正确估量风险，做出及时、正确的决策

  16．美国管理学家彼得·德鲁克说过，如果你理解管理理论，但不具备管理技术和管理工具的运用能力，你还不是一个有效的管理者；反过来，如果你具备管理技术和能力，而不掌握管理理论，那么充其量你只是一个技术员。这句话说明：（ ）。

  A．有效的管理者应该注重管理技术与管理工具的运用能力，而不是仅注重管理理论

  B．是否掌握管理理论对管理工作者的有效性来说无足轻重

  C．关键是掌握管理理论，这是成为有效的管理者的前提

  D．有效的管理者应该既掌握管理理论，又具备管理技术与管理工具的运用能力

二、判断题

1．管理是任何组织集体劳动所必需的活动，因此任何社会的管理性质是相同的。

（ ）

2．管理是一种创造性劳动，所以它没有基本规律。（ ）

3．企业管理的各项基本职能在空间上是可以并存的。（ ）

4．人类社会的各个方面都存在管理。（ ）

5．企业管理的根本任务是经济效益。（ ）

6．企业中的第一线工作人员是基层管理者。（ ）

7．技术技能的重要程度随着管理层次的上升而下降。（ ）

三、简答题

1．怎样理解管理的含义？

2．简述管理的 4 项基本职能。

3．管理者应该具备哪几方面的管理技能？

4．管理者的工作是怎样随着他在企业中的等级变化而变化的？

5．有人说，管理是万能的。你同意这个观点吗？

情景3 管理理论的发展

【职业行动能力】

1. 能查阅有关管理思想与实践管理方法的文献资料
2. 能针对管理中的不同的人性假设，运用相应的管理方式和要求
3. 能从不同的管理理论得到启发，并能将其应用于实际
4. 能用科学发展的观点看待现代管理思想的演变
5. 能让儒家的"仁"、道家的"无为"、法家的"法治"发挥古为今用的价值

【学习型任务】

1. 理解各种古典管理理论
2. 理解各种行为科学理论
3. 理解管理中的人性假设相应的管理理论
4. 了解管理理论丛林、系统管理理论、权变管理理论等现代管理理论
5. 了解现代管理思想的新发展
6. 了解中国古代管理思想的精髓

【关键概念】

差别计件工资制、非正式组织、企业流程再造（BPR）、学习型组织

【相关理论】

科学管理理论、一般管理理论、古典组织理论、需求层次理论、双因素理论、人性假设理论

【管理方法】

例外管理、流程再造、标杆管理

任务 1 古典管理理论

3.1.1 任务导入

"996"现象引发的争议

2016 年 9 月 1 日，有消息称，58 同城将实行全员"996"工作制（早 9 点到晚 9 点，一周工作 6 天），且没有任何的补贴。9 月 2 日，58 同城官方回应称，"996"是为了应对 9、10 月业务高峰阶段，以更好地服务集团客户及平台用户，而每年的同时期都会有常规性的动员；并表示，集团并不会强制要求所有人按照"996"的规定来安排工作。

2019 年 1 月下旬，一家名为杭州有赞科技的公司在年会上宣布，今后将实行"996"工作制，即：每天早上 9 点半到岗，一直工作到晚上 9 点；遇到紧急项目时，每周工作 6 天，每天工作时间可能更久。除了要求员工每天工作 10 多个小时，有参与年会者爆料，该公司高管发言时曾提出员工如果无法将工作和家庭妥善平衡，可以选择离婚。

在此以前，来自济南浪潮集团内部的"奋进者选拔"要求员工：必须每周自愿工作 6 天且每天工作 12 小时，自愿放弃所有带薪年假，自愿进行非指令性加班。不仅如此，"奋进者"还要在春节、国庆等节假日无条件加班，随叫随到。

2019 年 3 月 27 日，一个名为"996.ICU"的项目在 GitHub 上传开。程序员们通过"996.ICU"揭露互联网公司，抵制互联网公司的"996"工作制。"996.ICU"的发起人呼吁程序员们进行揭露，将实行超长工作制度的公司的名字写在"996 公司名单"中。在一周之内，华为、阿里巴巴集团、蚂蚁金服、京东、58 同城、苏宁、拼多多、大疆……一个个互联网头部公司先后上榜。这个名单还在不断加长，多益网络、马上金融、游族等中小型公司的名字也陆续出现。

问题："996"现象在管理中运用了什么管理理论？这种管理理论在公司的具体运用中在哪些方面应该引起管理者的关注？

小视频：联合邮包服务公司案例

3.1.2 相关知识

"科学管理"是随着资本主义从自由竞争阶段向垄断阶段过渡而逐渐形成的。提出这一理论的代表人物是美国的泰勒，其于 1911 年发表的《科学管理原理》一书是资本主义企业管理学最早的代表性著作。

1. 泰勒的科学管理理论

弗雷德里克·温斯洛·泰勒（Frederick Winslow Taylor，1856～1915）是美国古典管理学家，也是科学管理的主要倡导人，被尊称为"科学管理之父"。泰勒出生于美国费城，

18 岁进费城一家工厂学习制模及机工手艺。4 年后，他到费城的米德维尔钢铁厂。泰勒发现该工厂的工作效率极其低下，普遍存在"磨洋工"的问题。泰勒认为，只要管理部门能适当地确定工资，提供适当的激励，便能减少怠工、克服"磨洋工"现象，但问题的真正困难是如何切实为每项工作规定一个完全公正的标准，即怎样确定"合理的工作量"。当时的管理层不懂得用科学方法来进行管理，不懂得工作程序、劳动节奏和疲劳因素对劳动生产率的影响；工人则缺少训练，没有正确的操作方法和合适的工具。这些都大大影响了生产效率的提高。于是泰勒开始进行劳动时间和操作方法的研究，这为他以后创建科学管理理论奠定了坚实的基础。

此后，泰勒结合他多年从事机械生产的经验开始进行了艰苦的探索，他的探索主要反映在他的 3 个有名的实验：搬运生铁的实验、铲具实验、金属切削实验。这些实验将他的科学管理理论深深地扎根在科学实验的基础上，使之成为一门真正的科学。

1901 年以后，他将大部分时间用于写作、讲演、宣传他的科学管理理论，为该理论在美国和其他国家的传播做贡献。1906 年，他出任美国机械工程师协会主席。1915 年 3 月 21 日，他于费城去世，被西方资产阶级称为"科学管理之父"。他对推动管理学发展无疑是卓有成就的，他在《科学管理原理》一书中提出的很多理论观点仍是值得推崇的，比如：

（1）工时的科学利用

通过对工人工时消耗的研究，规定完成合理操作的标准时间，定出劳动的时间定额。

（2）实行差别计件工资制

所谓差别计件工资制，就是"对同一种工作设有两个不同的工资率；对那些用较短的时间完成工作、工作质量较高的工人，就按一个较高的工资率计算工资；对那些用时较长、工作质量较差的工人，则按一个较低的工资率计算工资"。这种工资制度可以很好地发挥员工的积极性，有利于提高劳动生产率，使员工多劳多得，并且更加公平。泰勒的差别计件工资制包括以下 3 个方面的内容：

① 设立专门制定定额的部门。这个部门的主要任务是通过对计件和工时的研究，进行科学的测量和计算，制定出一个标准制度，以确定合理的劳动定额和恰当的工资率，从而改变过去那种以估计和经验为依据的方法。

② 制定差别工资率。差别工资率即按照工人是否完成定额而采用不同的工资率。如果工人能够保质保量地完成定额，工厂就按高的工资率付酬，以资鼓励；如果工人的生产没有达到定额，工厂就将全部工作量按低的工资率付给，并给以警告，工人如不改进就要被解雇。例如，某项工作的定额是 20 件，每件完成给 1 元，该项工作完成定额则工资率为 125%，未完成定额则工资率为 80%。那么，如果完成定额，就可得工资 20×1×125%=25（元）；如未完成定额，例如哪怕完成了 19 件，也只能得工资 19×1×80%=15.2（元）。

实行差别计件工资制的结果是，虽然工厂要对工人付出较高的平均日工资，但是能因此而取得更高的经济效益。然而，对于工人来说，实行差别计件工资制却意味着资本家对他们的剥削加深。

③ 工资支付的对象是工人，而不是职位和工种。也就是说，对每个人的工资，尽可能地按他的技能和工作所付出的劳动来计算，而不是按他的职位来计算。其目的是克服工人"磨洋工"现象，同时也是调动工人的积极性。要对每个人在准时上班、出勤率、诚实、快

捷、技能及准确程度方面进行系统的和细微的记录，然后根据这些记录不断调整他的工资。

（3）明确划分计划职能与作业职能

计划职能人员负责研究、计划、调查、控制以及对操作者进行指导。逐步发展管理人员的专业化。

（4）工作方法的标准化

通过分析、研究工人的操作，选用最合适的劳动工具，集中先进的、合理的操作动作，省去多余的、不合理的操作动作，制定出各种工作的标准操作法。按标准操作法对工人进行训练，以代替师傅带徒弟的传统工人培训办法。

（5）能力与工作相适应

为了提高劳动生产率，必须为工作挑选"一流的工人"。科学地挑选工人，并进行培训和教育，使之成长。而在过去，则是由工人任意挑选自己的工作，并根据各自的可能性进行自我培训。

（6）工人和资方两方面必须进行一场"精神革命"

资方和工人之间在工作和职责上几乎是均分的，资方把自己比工人更胜任的那部分工作承揽下来；而在过去，几乎所有的工作和大部分的职责都被推到了工人的身上。

总结科学管理理论，我们可以看到，泰勒认为科学管理的根本目的是谋求最高劳动生产率，最高的工作效率是雇主和雇员达到共同富裕的基础，要达到最高的工作效率的重要手段是用科学化的、标准化的管理方法代替经验管理。泰勒认为最佳的管理方法是任务管理法，即广义上对通常所采用的最佳管理模式可以这样下定义："在这种管理体制下，工人们将发挥最大限度的积极性；作为回报，则从他们的雇主那里取得某些特殊的刺激"。这种管理模式被称为"积极性加刺激性"的管理，或称任务管理。

尽管泰勒试图强调管理者和员工之间建立合作关系的重要性，但其冷酷无情的理性化科学管理思想仍存在以下缺点：A. 片面性，仅限于生产管理，没推广到社会管理；B. 对人的认识缺乏科学认识，仅限于金钱手段，所调动的不是工人本身的积极性和创造性，而是被动地以事物为中心进行管理，没考虑到人。

2. 法约尔的一般管理理论

亨利·法约尔（Henri Fayol，1841～1925），在管理职能和管理原则

方面做出了重大贡献。他的一般管理理论是西方古典思想的重要代表，后来成为管理过程学派（该学派将法约尔尊奉为开山祖师）的理论基础，也是以后各种管理理论和管理实践的重要依据，对管理理论的发展和企业管理的历程均有着深刻的影响。因此，继泰勒的"科学管理"之后，"一般管理"也被誉为管理史上的第二座丰碑。

1916 年法约尔在法国发表了他的代表作《工业管理和一般管理》，这是他对自己数十年来在事业上取得惊人成就的总结。1918～1925 年，法约尔退休以后，虽年逾古稀，但精力不衰，仍致力于普及自己的管理理论工作。这一时期，他担负两项主要工作。第一项是创办一个管理研究所。第二项工作就是试图说服政府注意管理原理，发表了《国家在管理上的无能》等重要文章，并在各处尽力宣传"管理的重要性"。

法约尔的著述很多，1916 年出版的《工业管理和一般管理》是其代表作，标志着一般管理理论的形成。其主要内容如下：

（1）从企业经营活动中提炼出管理活动

法约尔区别了经营和管理，认为这是两个不同的概念，管理包括在经营之中。通过对企业全部活动的分析，他将管理活动从经营职能（包括技术、商业、财务、安全和会计五大职能）中提炼出来，使其成为经营的第六项职能。他进一步得出了普遍意义上的管理定义，即"管理是普遍的一种单独活动，有自己的一套知识体系，由各种职能构成，是管理者通过完成各种职能来实现目标的一个过程"。企业经营与管理的关系如图 3-1 所示。

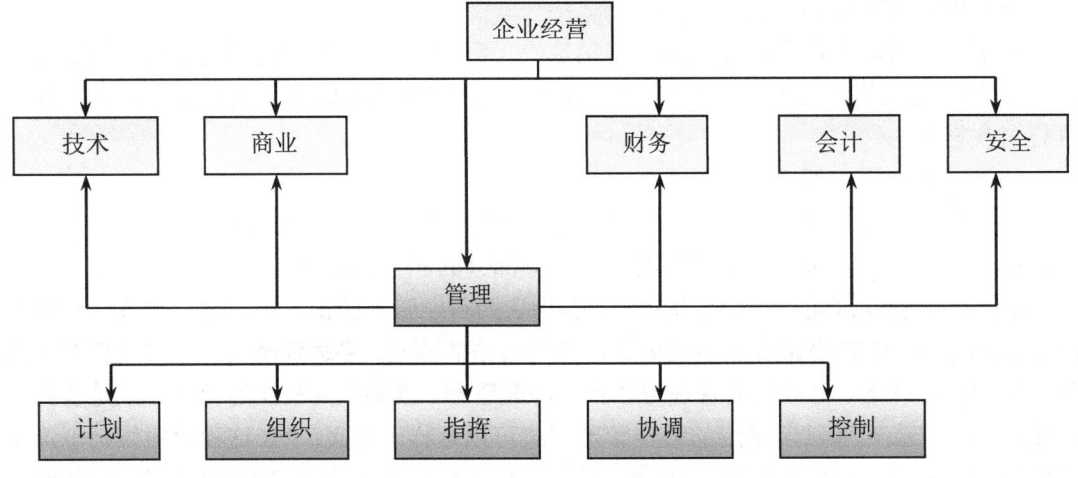

图 3-1　企业经营与管理的关系

（2）提出五大管理职能

法约尔将管理活动分为计划、组织、指挥、协调和控制五大管理职能，并进行了相应的分析和讨论，并且提出管理的五大职能并不是企业管理者个人的责任，它同企业经营的其他五大活动一样是一种分配于领导人与整个组织成员之间的工作。他同时提出，管理必须善于预见未来。法约尔十分重视计划职能，尤其强调制订长期计划，这是他对管理思想的一个杰出贡献。

（3）提出 14 项管理原则

法约尔的理论对企业管理工作向系统化发展产生了重要的影响。法约尔还系统地提炼出管理的 14 项原则，即：劳动分工、权力与责任、纪律、统一指挥、统一领导、个人利益服从整体利益、人员报酬、等级制度、集中、秩序、公平、人员稳定、首创精神、团队精神。

法约尔还特别强调管理教育的重要性，他认为管理理论和原则完全可以通过学习来掌握。每一个管理者都按照他自己的方法、原则和个人的经验行事，但是谁也不曾设法使那些被人们接受的规则和经验变成普遍的管理理论。"缺少管理教育"是由于"没有管理理论"。他作为一个管理的哲理家和国务活动家，在法国和很多其他欧洲国家的管理思想史上留下很深的影响，被尊称为"管理过程之父"。

3. 韦伯的古典组织理论

古典组织理论又叫"传统的组织理论"，主要可分为科学管理理论、行政管理理论和官僚制理论三种学派。官僚制理论的研究者以马克斯·韦伯为代表。

马克斯·韦伯（Max Weber, 1864~1920）是德国的政治学家、经济学家和社会学家，他被公认是现代社会学和公共行政学的重要创始人之一。官僚制理论主要关心的是官僚制组织如何活动，引起其活动的原因，以及其可能对社会产生什么影响。官僚制理论的研究深入到组织内部结构、工作程序、运行过程等重要问题。组织效率仍然是受到关注的问题。韦伯认为，官僚制组织的优点在于"准确，迅速，清楚，纵列观念，连续，审慎，统一，严格服从，减少冲突和物资、人力的浪费"。韦伯的理想型科层制的组织特征如表 3-1 所示。

表 3-1　韦伯的理想型科层制的组织特征

1. 劳动分工	工作应当分解为若干简单的、常规性的和明确定义的任务
2. 职权层级	职务和职位应当依层级组织，每个下级应当接受上级的控制和监督
3. 正式选拔	所有的组织成员都要依据经过培训、教育或正规考试取得的技术资格进行选拔
4. 正式规章制度	为了确保一贯性并规范全体雇员的活动，管理者必须倚重正式的组织规范
5. 非个性化	规则和控制的实施具有统一性，避免掺杂个人感情以及受到个人偏好的影响
6. 职业导向	管理者是专职人员而不是所管辖单位的所有者，管理者领取固定的工资却寻求自身在组织中的职业发展

古典组织理论的特点在于把人看作机器的附属物，强调的是等级、命令和服从，并且用一种封闭模式的观点来对待组织，忽视了人的因素和环境的作用。在古典组织理论盛行期，常见的几种组织结构：直线制、职能制、直线参谋制和直线职能参谋制。

韦伯提出了所谓理想的行政组织体系理论，其核心是组织活动要通过职务或职位而不是通过个人或世袭地位来管理。他的理论是对泰勒和法约尔的理论的一种补充，对后世的管理学家尤其是组织理论学家有重大影响，因而在管理思想发展史上他被称为"组织理论之父"。

3.1.3　实践活动安排

情景 3 任务 1 实践活动安排如表 3-2 所示。

表 3-2　情景 3 任务 1 实践活动安排

活动 6	观看《摩登时代》教学视频片段
活动目标	观看《摩登时代》教学视频片段，理解科学管理的片面性，以及机器时代所带来的恐惧和打击与人们追求幸福之间的矛盾
活动安排	播放曾仕强的《摩登时代》教学视频片段 15 分钟，并在班级内组织一次交流与讨论
活动考核	教师根据交流与讨论中的参与表现给予平时分

任务 2 行为科学理论

3.2.1 任务导入

霍桑实验

1924～1932 年，美国国家研究委员会和西方电气公司合作，由梅奥等人参与策划，进行了一项研究，由于该研究是在西方电气公司的霍桑工厂进行的，因此后人称之为霍桑实验。

霍桑工厂是一个制造电话交换机的工厂，具有较完善的娱乐设施、医疗制度和养老金制度，但工人们仍愤愤不平，生产业绩很不理想。为找出原因，美国国家研究委员会组织研究小组开展实验研究。霍桑实验共分以下 4 个阶段。

1．照明实验

时间是从 1924 年 11 月至 1927 年 4 月。

当时关于生产效率的理论中占统治地位的是劳动医学的观点，该观点认为也许影响工人生产效率的是疲劳和单调感等，于是当时的实验假设便是"提高照明度有助于减少疲劳，使生产效率提高"。可是经过两年多的实验发现，照明度的改变对生产效率并无影响。具体结果：当实验组照明度提高时，实验组和控制组都增产；当实验组照明度降低时，两组依然都增产，甚至当实验组的照明度低至 0.06 烛光时，其产量亦无明显下降；当照明度低至如月光一般、实在看不清时，产量才急剧降下来。研究人员面对此结果感到茫然，失去了信心。

从 1927 年起，以梅奥教授为首的一批哈佛大学心理学工作者将实验工作接管下来，继续进行。

2．福利实验（继电器装配测试室研究）

时间是从 1927 年 4 月至 1929 年 6 月。

实验目的总的来说是查明福利待遇与生产效率的关系。但经过两年多的实验，研究人员发现，福利待遇不管如何改变（包括工资支付办法的改变、优惠措施的增减、休息时间的增减等），都不影响产量的持续上升，甚至工人自己对生产效率提高的原因也说不清楚。

经进一步的分析发现，生产效率提高的主要原因如下：一是参加实验的光荣感，实验开始时 6 名参加实验的女工曾被召进部长办公室谈话，她们认为这是莫大的荣誉，这说明被重视的自豪感对人的积极性有明显的促进作用；二是成员间良好的相互关系。

3．访谈实验

研究者在工厂中开始了访谈计划。此计划的最初想法是要工人就管理层的规划和政策、工头的态度、工作条件等问题进行回答，但这种规定好的访谈计划在进行过程中却超出意料。工人想就工作提纲以外的事情进行交谈，工人认为重要的事情并不是公司或调查者认为意义重大的那些事。访谈者了解到这一点，及时把访谈计划改为：事先不规定内容，每次访谈的平均时间从 30 分钟延长到 1～1.5 个小时，多听少说，详细记录工人的不满和意见。访谈计划持续了两年多。工人的产量大幅提高。

工人们长期以来对工厂的各项管理制度和方法存在许多不满，无处发泄，访谈计划的实行恰恰为他们提供了发泄机会。发泄过后工人心情舒畅，士气提高，使产量得到提高。

4．群体实验（银行电汇室研究）

梅奥等人在这个实验中选择了 14 名男工人在单独的房间里从事绕线、焊接和检验工作，对这个班组实行特殊的工人计件工资制度。

实验者原来设想，实行这项制度会使工人更加努力工作，以便得到更多的报酬。但观察的结果发现，产量只保持在中等水平上，每个工人的日产量都差不多，而且工人并不如实地报告产量。深入的调查发现，这个班组为了维护群体的利益，自发地形成了一些规范。班组工人约定：谁也不能干得太多，突出自己；谁也不能干得太少，影响全组的产量；并且约法三章，不准向管理层告密。如有人违反这些约定，轻则被挖苦谩骂，重则被拳打脚踢。进一步调查发现，工人们之所以维持中等水平的产量，是因为担心产量提高后，管理层会改变现行工人计件工资制度，或者裁减人员而使部分工人失业，或者会使干得慢的伙伴受到惩罚。

这一实验表明，为了维护班组内部的团结，工人可以放弃物质利益的引诱。由此研究人员提出"非正式群体"的概念，认为在正式的组织中存在着自发形成的非正式群体，这种群体有自己的特殊的行为规范，对人的行为起着调节和控制作用，同时加强了内部的协作关系。

问题：霍桑实验得出了哪些重要结论？有什么重要意义？

3.2.2 相关知识

行为科学始于 20 世纪 20 年代末，它是对企业职工在生产中的行为以及这些行为的产生原因进行分析、研究的科学。它涉及职工的需求、动机、内驱力、个性情绪、思想以及人群之间的相互关系

小视频：霍桑实验

等。行为科学分为前期和后期两个阶段。前期着重研究职工在生产中的人群关系，即人际关系学说，最著名的代表人物是梅奥；后期的行为科学理论主要有马斯洛的需求层次理论、赫茨伯格的双因素学说、麦格雷戈的 X-Y 理论、布莱克和莫顿的管理方格理论等。

1．梅奥的人际关系学说

美国的乔治·埃尔顿·梅奥（George Elton Mayo，1880～1949）是人际关系学说最早的代表人物，其代表作《工业文明中的人的问题》发表于 1933 年。

1924 年，梅奥以霍桑实验的结果为依据，提出组织内部的冲突不是天生的而是恶劣

的管理所导致的，并主张一些全新的观点，即：

① 职工是"社会人"。

② 企业中存在着"非正式组织"。

③ 新型的领导能力在于提高职工的满足度。

④ 存在着霍桑效应，对于新环境的好奇与兴趣会导致较佳的业绩，至少在最初阶段是如此。

人际关系学说强调技术的作用，突出了决策，并强调研究人的行为规律，以人为中心，改监督为激励，使劳动者从被动到主动，提高积极性、创造性和参与意识，也逐渐形成了一门新的学科——行为科学。所谓"行为科学"，是强调从社会学、心理学的角度，从人的目的、动机、相互关系和社会环境等方面，研究对企业生产经营活动及其效果的影响的。它认为企业管理若只重视物质技术条件而忽视社会条件的影响，就是片面的。因此必须致力于社会学、心理学的研究，做"人"的工作，处理好人与人的关系，激励人的主动性和创造性，以提高生产率，保证企业取得最高利润。

2. 需求、动机和激励问题的研究

（1）马斯洛的需求层次理论

亚伯拉罕·哈罗德·马斯洛（Abraham Harold Maslow，1908～1970），美国社会心理学家，比较心理学家，人本主义心理学的主要创建者之一，心理学第三势力的领导人。马斯洛的著名论文《人类动机论》最早发表于 1943 年的《心理学评论》。他的动机理论又称需求层次理论，把人的需求按照其重要性和发生的先后次序排列成 5 个层次，如图 3-2 所示。

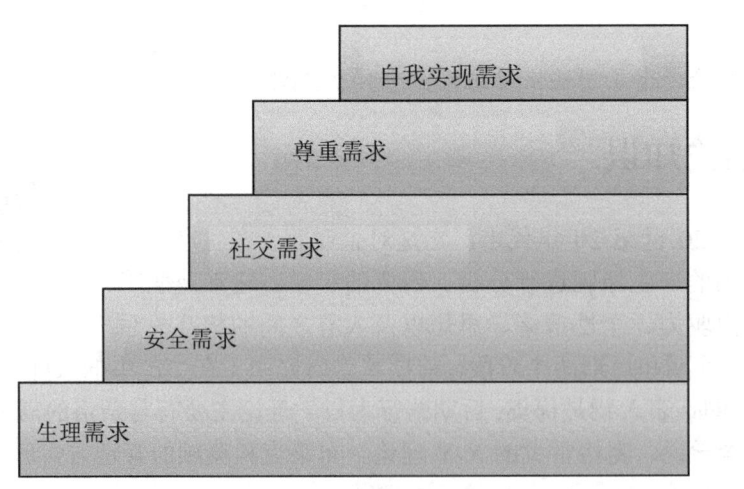

图 3-2 马斯洛的需求层次理论

① 生理需求：是人类的第一层次需求，指能满足个体生存所必需的一切需求，如食物、衣服、性欲等。

② 安全需求：是人类的第二层次需求，指能满足个体免于身体与心理危害恐惧的一

切需求，如收入稳定、强大的治安力量、福利条件好、法制健全等。

③ 社交需求：是人类的第三层次需求，指能满足个体与他人交往的一切需求，如友谊、爱情、归属感等。

④ 尊重需求：是人类的第四层次需求，指能满足他人对自己的认可及自己对自己认可的一切需求，如名誉、地位、尊严、自信、自尊、自豪等。

⑤ 自我实现需求：是人类的最高层次需求，指满足个体把各种潜能都发挥出来的一种需求，如不断追求事业成功、使技术精益求精等。

其中底部的 3 种需求为缺乏型需求，只有在满足了这些需求之后个体才能感到基本上舒适。顶部的两种需求为成长型需求，因为它们主要是为了个体的成长与发展。

马斯洛在一开始的研究中认为各层次的需求之间有以下一些关系。

一般来说，这 5 种需求像阶梯一样，从低到高。低层次的需求获得满足后，就会向高层次的需求发展。对于这 5 种需求，不是每个人都能满足的；对于越是靠近顶部的成长型需求，满足的百分比越低。同一时期，个体可能同时存在多种需求，因为人的行为往往是受多种需求支配的。每一个时期总有一种需求占支配地位。

在后来对需求理论的研究中，人们有些新的发现：缺乏型需求几乎人人都有，而成长型需求并不是所有人都有的，尤其是自我实现需求，相当一部分的人没有；满足需求时不一定从最低层次开始，有时可以从中层或高层开始；有时个体为了满足高层次的需求而牺牲低层次的需求；任何一种需求并不因为满足而消失，高层次需求发展时低层次需求仍然存在，在许多情景中，各层次的需求相互依赖与重叠。

（2）赫茨伯格的双因素理论

弗雷德里克·赫茨伯格（Frederick Herzberg，1923～2000），美国心理学家、管理理论家、行为科学家，双因素理论的创始人。赫茨伯格的双因素理论，和马斯洛的需求层次理论、麦克利兰的成就激励理论一样，重点在于试图说服员工重视某些与工作有关绩效的因素。它是目前极具争论性的激励理论之一，也许这是因为它具有两个独特的方面：首先，这个理论强调一些工作因素能产生满意感，而另外一些则只能防止产生不满意感；其次，对工作的满意感和不满意感并非存在于单一的连续体中。

小视频：马斯洛需求层次理论

赫茨伯格通过考察一群会计师和工程师的工作满意感与生产率的关系，经过半有组织性的采访，他积累了影响这些人员对其工作感情的各种因素的资料，表明了存在两种性质不同的、影响人们工作行为的因素。保健因素与激励因素的激励作用对比如图 3-3 所示。

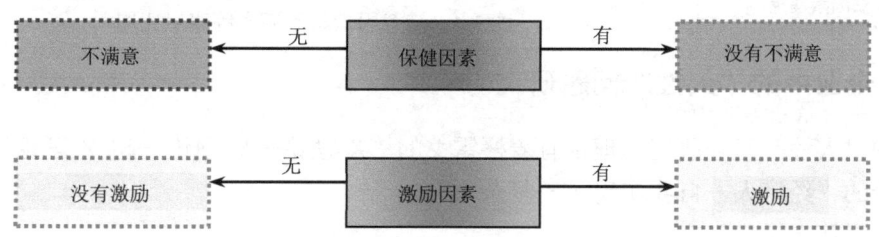

图 3-3　保健因素与激励因素的激励作用对比

第一类因素是保健因素，不能直接起激励职工的作用，但能预防职工产生不满，包括企业政策、监督、薪酬、工作条件以及与主管／同事的关系等。这些因素涉及工作的消极因素，也与工作的氛围和环境有关。也就是说，就工作本身而言，这些因素是外在的；而激励因素是内在的，或者说是与工作相联系的内在因素。

第二类因素是激励因素，能使职工产生满意感，激发职工的积极性，包括工作自身、认可、成就、责任感和发展等。这些因素涉及对工作的积极感情，又和工作本身的内容有关。这些积极感情和个人过去的成就、被人认可以及担负过的责任有关，它们的基础在于工作环境中持久的而不是短暂的成就。

尽管激励因素通常是与个人对工作的积极感情相联系的，但有时也涉及消极感情。而保健因素却几乎与积极感情无关，只会带来精神沮丧、脱离组织、缺勤等结果。如图3-4所示，成就的出现概率在使员工非常满意的工作经历中超过30%，而在使员工非常不满意的工作经历中则少于10%。赫茨伯格的理论认为，满意和不满意并非共存于单一的连续体中，而是截然分开的，这种双重的连续体意味着一个人可以同时感到满意和不满意，它还暗示着工作条件和薪酬等保健因素并不能影响人们对工作的满意程度，而只能影响对工作的不满意程度。

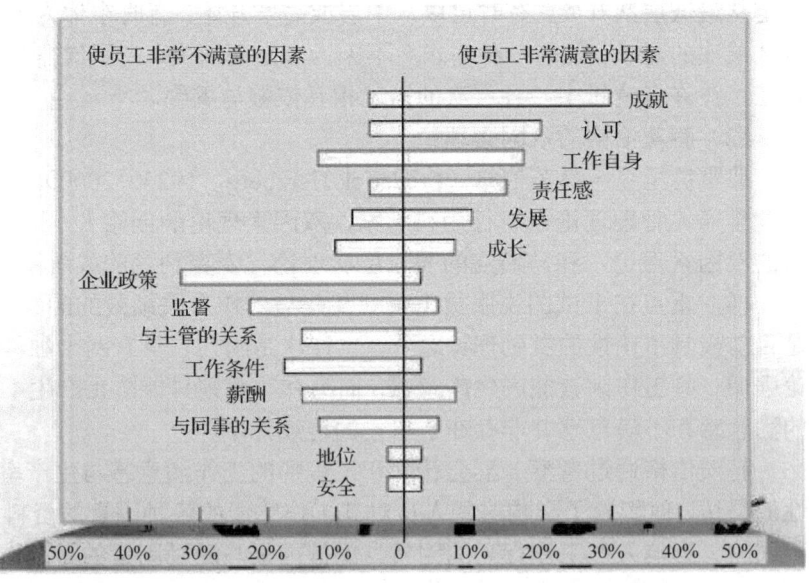

小视频：双因素理论

图3-4　满意因素与不满意因素对比图

3. 企业中的"人性"问题研究

有关"人性"问题研究的理论有麦格雷戈的"X 理论—Y 理论—超 Y 理论"与人性假设理论的"经济人—自我实现人—复杂人"。

（1）经济人

经济人意思为理性经济人，也可称为"实利人"或"唯利人"。这是古典管理理论对

人的看法，即把人当作"经济动物"来看待，认为人的行为动机根源于经济诱因，人的一切行为都是为了最大限度满足自己的私利，工作目的只是获得经济报酬。

麦格雷戈所归纳的 X 理论具有一个特点，是管理者对人性进行了一个假定："人性丑恶，人们基本上厌恶工作，对工作没有热诚，如非必要就会加以逃避。"人类只喜欢享乐，凡事得过且过，尽量逃避责任。所以要使之就范，雇主必须用严密的控制、强迫、惩罚和威逼利诱的手段，例如扣减工资、取消休假等，使雇员能够保证生产水平。X 理论假设人对于工作的基本评价是负面的，即：从本质上来说，人都是不喜欢工作的，并且一有可能就逃避工作；一般人都愿意被人指挥并且希望逃避责任。基于上述假设，X 理论得出了这样的结论，管理人员的职责和相应的管理方式如下：

① 管理人员关心的是如何提高劳动生产率、完成任务，他的主要职能是计划、组织、经营、指引、监督。

② 管理人员主要应用职权、发号施令、使对方服从、让人适应工作和组织的要求，而不考虑在情感上和道义上如何给人以尊重。

③ 强调严密的组织并制定具体的规范和工作制度，如工时定额、技术规程等。

④ 应以金钱报酬来收买员工的效力和服从。

（2）社会人

"社会人"假设的理论基础是人际关系学说，这一学说是由霍桑实验的主持者梅奥提出来的，之后经英国塔维斯托克学院煤矿研究所验证。后者发现，在煤矿采用先进技术后，生产力理应提高，但由于破坏了原来的工人之间的社会组合，生产力反而下降了。后来企业吸收社会科学的知识，重新调整了生产组织，生产力就又上升。这两项研究的共同结论是，人除了物质报酬，还有社会需求，人们要从社会关系中寻找乐趣。影响职工积极性的决定因素并不是物质报酬，而是职工在工作中发展起来的人际关系。

（3）自我实现人

这是心理学家马斯洛提出的假设。所谓自我实现，就是说人需要发挥自己的潜力，表现自己的才能，只有将人的潜力和才能充分地发挥出来，人才会感到满足。"每个人都必须成为自己所希望成为的那种人。"麦格雷戈将其归纳为 Y 理论。Y 理论对人性的假设是正面的，假定人性本善，假设一般人在本质上并不厌恶工作，只要雇主循循善诱，雇员便会热诚工作，在没有严密的监管时也会努力完成生产任务。而且在适当的条件下，一般的人不仅愿意承担责任而且会主动寻求责任感。根据以上假设，相应的管理措施如下：

① 管理职能的重点。在 Y 理论的假设下，管理者的重要任务是创造一个使人得以发挥才能的工作环境，发挥出职工的潜力，并使职工在为实现组织的目标贡献力量时也能达到自己的目标。此时的管理者已不是指挥者、调节者或监督者，而是辅助者，从旁给职工以支持和帮助。

② 激励方式。根据 Y 理论，对人的激励主要是给予来自工作本身的内在激励，让其从事具有挑战性的工作，担负更多的责任，促使其在工作上做出成绩，满足其自我实现的需求。

③ 在管理制度上给予工人更多的自主权，实行自我控制，让工人参与管理和决策，并共同分享权力。

（4）超 Y 理论与"复杂人"

第四种人性假设是"复杂人"，认为一个人在不同的年龄阶段、时间和地点会有不同的表现，所以还应因时、因地而异。1970 年，美国管理心理学家约翰·莫尔斯（John Morse）和杰伊·洛希（Jay Lorsch）根据"复杂人"的假定提出了一种新的管理理论——超 Y 理论。在对 X 理论和 Y 理论进行实验分析比较后，他们提出一种既结合 X 理论和 Y 理论又不同于 X 理论和 Y 理论、主张权宜应变的经营管理理论。实质上是要求将工作、组织、个人、环境等因素进行最佳的配合。该理论认为人们带着许多不同的需求和动机加入组织，但最主要的是实现其胜任感；这种胜任感可以帮助人们去理解任务与组织特点之间的适合度，能激励工作人员在自己的工作中做出有效的工作成绩。根据以上假设，相应的管理措施如下：

① 由于对人们的胜任感有不同的满足方法，所以对管理的要求也不同，有人适用 X 理论管理方式，有人适用 Y 理论管理方式。

② 组织结构、管理层次、职工培训、工作分配、工资报酬和控制水平等都要随着工作性质、工作目标及人员素质等因素而定，以提高绩效。

③ 一个目标达成时，就会产生新的更高的目标，然后进行新的组合，以提高工作效率。

行为科学对管理的影响可以归纳为 4 个方面：由原来的以"事"为中心，发展到以"人"为中心；由原来的对"纪律"的研究，发展到对人的"行为"研究；由原来的"监督"管理，发展到"人性激发"的管理；由原来的"独裁式"管理，发展到让员工"参与"管理。

3.2.3　分组案例分析

有效的指挥

刘辉是一个服装连锁商店的地区部经理。他告诉所有商店经理，每天晚上关门前，手边所有的现金必须就近存入银行的保险库。他反复强调了这一点，说道："公司不想仅仅因为你们平安无事地把现金放在店里过夜而冒一次夜盗之险。"大部分经理认为这个指令合情合理，也不难照办。但有的商店位于市区，晚上去银行并不安全，或者有的商店离银行太远，其经理不总是照刘辉的指示去办。

不出所料，一家市区商店被夜盗，2000 多元的现金不见了。刘辉当面对那个经理说："你被解雇了！你知道这个规定——每天晚上要把现金存入银行保险库，你是故意违反它的。"

那个商店经理反驳："这个规定对我来说太过分了。你原本知道，在我们这个地段晚上已经发生过好几次人们去银行存取现金时遇到半路打劫。我告诉过你，可你根本听不进去。再说，我知道商店已为这次损失上了保险。无论怎么说，你不能为此解雇我。这一规

定又不是书面条文。不得已的话，我把这件事递交公司总裁。"

请分析：

（1）如果你是公司总裁，你会怎么做？

（2）如何评价这位地区部经理的指挥能力？

（3）你认为刘辉相信麦格雷戈的 X 理论还是 Y 理论？

3.2.4 实践活动安排

情景 3 任务 2 实践活动安排如表 3-3 所示。

表 3-3 情景 3 任务 2 实践活动安排

活动 7	查阅有关管理思想与实践方法的文献资料，观看电影《二嫫》
活动目标	通过对有关管理思想的文献资料的查阅，掌握某种管理思想的主要观点及其发展趋向，初步培养学生分析管理思想与实践方法的能力
活动内容	1. 学好文献检索课程，学习查阅文献资料的方法与步骤。 2. 要求学生了解有关管理思想的主要观点。 3. 分析电影中支持二嫫的精神支柱是什么。结合所学的行为科学理论，谈谈有关管理思想的贡献和局限性，以及其对现今的指导意义
活动组织	1. 将全班同学分成若干组，由教师带队，前往图书馆或资料室学习查阅文献资料。 2. 查明某种管理思想的主要观点、主要贡献及局限性。 3. 每组查阅一种管理思想，并掌握查阅资料的方法与步骤。 4. 每位同学写一份查阅资料小结，每组派一位代表在全班交流
活动考核	要求每一位同学写一份小结，每组进行初评，最后由教师批阅

任务 3 现代管理理论

3.3.1 任务导入

联想集团：不一样的管理

在十几年的成长路程中，柳传志将联想的发展归纳为"搭班子、定战略、带队伍"这 9 个字，这一企业管理方法始终贯穿于联想的各个发展阶段、各个业务项目和各支队伍。对这管理的"三要素"，每一个联想员工都耳熟能详。

李凤勤，2000 年 3 月从 LG 公司来到联想科技发展公司任人力资源部聘用主管，在谈到来联想的感受时对记者说："来到联想后心情豁然开朗，找到了主人翁的感觉。联想的人文环境很好，比外企强多了。这里大家发挥的余地都很大，合格的想法都可以得到上司的认同和鼓励，工作起来特别有意思。"

管理是文化的体现，而企业的人才观又是企业管理的核心。在联想的新员工培训手册上写着联想"以人为本"的管理思想：尊重人、理解人、关心人、爱护人、帮助人、造就人；人力资源是企业最重要的战略资源，人力资源是比资金、产品等更重要的资源，确立"联想人"概念，将联想人塑造成中国的乃至世界的人力资源概念系统中的知名品牌；以全体联想人为联想的第一人力资源储备，以全社会的人才为联想的后续人力资源。

这可以称得上是一套人性化、博大的人才管理观，但理想与现实往往会产生距离，而联想也在努力缩小这一距离。从采访中我们发现，联想除拥有一套完善的岗位责任、考评、奖惩和分配等硬邦邦的制度以外，还有一些做法既适合本企业特点又体现了企业文化，从下面的几个侧面或许你可以感受得到。

① 统一工薪。联想集团人力资源副总经理蒋北麟介绍，今年在全集团的统一薪金制中，尝试引入了定量方法，采用了国际职位评估体系作为评估的主要工具，对各个岗位从7个方面、16个纬度进行评估。这种评估是定量的，比如对岗位工作的创新性列出若干个等级，每个等级对应一定的分值。实际操作中，采用了典型岗位的统一评估：各子公司列出各个岗位的排序，人力资源部挑出一些典型的岗位（比如在销售、行政、市场、研发等系列中各选出高、中、低等不同档次的岗位），再对它们进行统一评估框定（这些岗位占总岗位数的10%左右）、定出一个框框，子公司再对非典型岗位（其余约90%）进行分散评估或比照安插（一般不应超出已有的框框）。这样既可保证整个骨架的相对一致性，又可调动子公司干部和员工的积极性，从而较好地完成全集团的统一薪金制定。一般情况，员工的固定工资在总收入中占60%左右。

② 内部流动。每个企业都有或多或少的人员内部流动，但联想的内部流动机会是比较多的。蒋北麟介绍说，每年的机构和人员调整大多基于业务发展的考虑，但也不排除少数情况是针对人进行的，即因人设岗。公司内部的流动对公司的发展大有好处。在流动中，员工可以找到最适合自己也是最有兴趣的岗位，同时发挥自己的潜能。对公司来说，如果一个人在一种岗位干得过久，思想容易僵化，往往会出现"守地盘"的现象。因此联想常常提醒骨干们要能做到否定自己过去的辉煌，这种否定可以是自觉的否定，也可以通过轮岗用别人来否定，以使员工能够发现问题并找出前进的方向。

③ 如何处理不合岗位的员工。联想非常看中在联想干过的员工，即使是一些不适应现有岗位或能力有限的员工，至少这些员工认同联想的目标和文化、熟悉联想、熟悉业务关系，这些也是员工的资源。对待这部分人，联想不是一棍子打死，而是看看能不能通过一些方法在内部解决、消化掉。对于确实不适应岗位而要辞退的员工，一种方式是直接面谈，而更多的情况是给最后一次机会，将这样的员工放到相比以前不重要或待遇稍差的岗位上，如果员工在这个岗位上奋发向上、做出成绩，联想还会重用。

④ "天条"与纪律。进入联想的人都知道联想有几个"天条"：不利用工作之便牟取私利；不收受红包；不从事第二职业；奖金保密。一旦员工触犯"天条"，对不起，谁也救不了你。过去联想就有过在业务上很出色的人触犯"天条"而被惩罚的先例。在联想，规矩一旦确定，就要求完全按"游戏规则"办事，谁也不例外。

⑤ 顺畅的沟通。联想提倡内部合作，而合作离不开沟通。不沟通则不了解彼此的意愿、想法，造成协作障碍，造成推诿、扯皮等，所以，沟通是联想人必须具备的能力。联想电脑公司人力资源部总经理牛红说，公司通过以下多种形式保持顺畅的沟通。在电脑公司的高层领导中，一个月有一次最高层的例会，以保证决策层的沟通，达到思想的一致；一个季度有一次高层沙龙，沙龙没有主题，通常是漫谈，涉及如何提高现有人员的素质等多方面的话题；每周有一次周晨会。在部门层，每两周有一次例会，每月有部门会，每季度有一次总结，随时随地保持大家的沟通。而部门以下的单位，每星期有例会，工作中遇到问题随时沟通。这些都是通过制度规范下来的沟通方式。再有就是"总经理信箱"，个人在工作中遇到困难、碰到不解的问题或者对谁有意见，可以越级反映。此外，公司已建立起良好的内部网络，沟通十分方便。你可以将信件发送到总经理的公共电子邮箱中，总经理会对每一封信做回复；你也可以到内部网的 BBS（公告板系统）上向公司提出意见、建议或求助（当然有背公司发展的言论最好避免）。另外，公司给每一位干部提供交流费，这笔交流费被规定用于干部与干部、员工、对口协作单位的交流，每一级干部有相应的额度。一开始这种做法是强制的，每月的费用必须花完，但你必须说明通过交流解决了什么问题，沟通了什么事情。待形成了习惯，这种交流就变成自觉自愿的了。在各种环境上，强调干部与员工之间的沟通，强调营造良好的工作氛围。

联想三要素"搭班子、定战略、带队伍"中的"带队伍"就是要营造一个好的氛围，让一支队伍变成一个"斯巴达克"方阵。联想的工作氛围应该是轻松和谐的，集团总部与各平台和子公司也正在构建一个有效沟通的内部网络。

问题：

（1）联想是如何管理人的？它的基本原理是什么？

（2）联想对人的激励强化给我们以什么启示？

3.3.2　相关知识

1. 管理理论丛林

第二次世界大战以后，随着科学技术日新月异的发展，生产和组织规模的急剧扩大，生产力迅速发展，生产的社会化程度日益提高，市场竞争更加激烈，企业经营管理问题越来越复杂。这一时期，新的科学领域不断拓展，特别是系统论、控制论、信息论和计算机等当时的最新研究成果，它们在企业管理中得到广泛的应用。不仅从事实际管理工作的人和管理学家在研究管理，而且一些心理学家、社会学家、人类学家、经济学家、生物学家、哲学家、数学家等也从各自不同的背景与角度、用不同的方法对现代管理问题进行研究，这带来了管理理论的空前繁荣，出现了各种各样的学派。美国著名管理学家哈罗德·孔茨（Harold Koontz，1908～1984）把这种现象称为管理理论的"丛林"。孔茨在 1961 年 12 月发表的《管理理论的丛林》一文中，把当时的管理理论丛林划分出6 个主要学派：管理过程学派；经验学派；人类行为学派；社会系统学派；决策理论学派；数学学派。

19年后，孔茨于1980年又发表了《再论管理理论的丛林》，文中指出：管理理论学派已不止6个，而是发展到了11个。包括：经验学派；人际关系学派；群体行为学派；社会协作系统学派；社会技术系统学派；系统学派；数学（或管理科学）学派；决策理论学派；经理角色学派；管理过程学派；权变理论学派。

到今天，时间又过去了数十年，管理所面临的环境、形势和任务发生了很大的变化，在管理理论丛林中又出现了一些新的学派，如企业文化学派、战略理论学派等，并出现了许多新的管理思潮。

2. 系统管理理论

系统管理理论，是运用一般系统论和控制论的理论和方法，考察组织结构和管理职能，以系统解决管理问题的理论体系。该理论主要应用系统理论的范畴、原理，全面分析和研究企业和其他组织的管理活动和管理过程，重视对组织结构和模式的分析，并建立起系统模型以便于分析。系统管理理论向社会提出了整体优化、合理组合、规划库存等管理新概念和新方法，因而，系统管理理论被认为是20世纪的伟大成就之一，是人类认识史上的一次飞跃。这一理论是F. E.卡斯特（F. E. Kast）、J. E.罗森茨威克（J. E. Rosenzweig）和R. A.约翰逊（R. A. Johnson）等美国管理学家在一般系统论的基础上建立起来的。系统管理理论的要点如下：

① 企业是由人、物资、机器和其他资源在一定的目标下组成的一体化系统，它的成长和发展同时受到这些组成要素的影响。在这些要素的相互关系中，人是主体，其他要素则是被动的。

② 企业是一个由许多子系统组成的、开放的社会技术系统。企业是社会这个大系统中的一个子系统，它受到周围环境（顾客、竞争者、供货者、政府等）的影响，也同时影响环境。它只有在与环境的相互影响中才能达到动态平衡。企业内部又有若干子系统，它们是：目标和准则子系统，包括遵照社会的要求和准则、确定战略目标；技术子系统，包括为完成任务而必需的机器、工具、程序、方法和专业知识；社会心理子系统，包括个人行为和动机、地位和作用关系、组织成员的智力开发、领导方式，以及正式组织系统与非正式组织系统等；组织结构子系统，包括对组织及其任务进行合理划分和分配、协调它们的活动，并由组织图表、工作流程设计、职位和职责规定、章程与案例来说明，还涉及权力类型、信息沟通方式等问题；外界因素子系统，包括各种市场信息、人力与物力资源的获得，以及外界环境的反映与影响等；此外，有经营子系统、生产子系统等子系统。这些子系统可以继续分为更小的子系统。

③ 运用系统观点来考察管理的基本职能，可以提高组织的整体效率，使管理人员不至于只重视某些与自己有关的特殊职能而忽视了大目标，也不至于忽视自己在组织中的地位与作用。

3. 权变管理理论

权变管理理论是20世纪70年代在美国形成的一种管理理论。这一理论的核心就是力图研究组织的各子系统内部和各子系统之间的相互关系，以及组织和它所处的环境之间的联系，并确定这种变数的关系类型和结构类型。权变管理理论强调在管理中要根据组织所处的内部与外部条件随机而变，针对不同的具体条件寻求不同的最合适的管理模式、方案或方法。

美国内布拉加斯大学教授 F. 卢桑斯（F. Luthans）在 1976 年出版的《管理导论：一种权变学》中系统地概括了权变管理理论，如图 3-5 所示。他认为：

① 过去的管理理论可分为 4 种，即过程学说、计量学说、行为学说和系统学说，这些学说由于没有把管理和环境妥善联系起来，其管理观念和技术在理论与实践上相脱节，所以都不能使管理有效地进行。而权变管理理论就是要把环境对管理的作用具体化，并使管理理论与管理实践紧密地结合起来。

② 权变管理理论就是考虑到有关环境的变数同相应的管理观念和技术之间的关系，使采用的管理观念和技术能有效地达到目标。

③ 环境变量与管理变量之间的函数关系即权变关系，这是权变管理理论的核心内容。环境可以分为外部环境和内部环境。外部环境又可以分为两种，一种是由社会、技术、经济、法律、政治等组成（STELP 分析），另一种是由供应者、顾客、竞争者、雇员和股东等组成。内部环境基本上是正式组织系统，它的各个变量与外部环境变量之间是相互关联的。

图 3-5　权变管理理论

3.3.3　分组案例分析

小知识：权变理论
学派简介

管理理论真能解决实际问题吗

海伦、汗克、乔、萨利四个人都是美国西南金属制品公司的管理人员。海伦和乔负责产品销售，汗克和萨利负责生产。他们刚参加过在大学举办的为期两天的管理培训班，在培训班里主要学习了权变管理理论、社会系统理论和一些有关职工激励方面的内容。他们对所学的理论有不同的看法，现正展开激烈的争论。

乔首先说："我认为社会系统理论对我们这样的公司是很有用的。例如，如果生产工人偷工减料或做手脚的话，或者如果原材料价格上涨的话，我们的产品销售就会受到影响。社会系统理论中讲的环境影响与我们公司的情况很相似。我的意思是，在目前这种经济环境中一个公司会受到环境的极大影响。在油价暴涨期间，我们当时还能控制自己的公司。现在呢？我们在销售方面每前进一步，都要经过艰苦的战斗。个中的艰辛你们大概都深有感触吧？"

萨利插话说："你的意思我已经知道了。我们的确有过艰苦的时期，但是我不认为这与社会系统理论之间有什么必然的内在联系。我们曾在这种经济系统中受到过伤害。当然，你可以认为这与社会系统理论是一致的。但是我并不认为我们就有采用社会系统理论的必要。我的意思是，如果说每个东西都是一个系统的话，而所有的系统都能对某一个系统产生影响的话，我们又怎么能预见到这些影响所带来的后果呢？所以，我认为权变管理理论更适用于我们。如果你说事物都是相互依存的话，社会系统理论又能帮我们什么忙呢？"

海伦对他们这样的讨论表示有不同的看法。她说："对社会系统理论，我还没有很好地考虑。但是，我认为权变管理理论对我们是很有用的。虽然我们以前亦经常采用权变管理理论，但是没有认识到自己在运用权变管理理论。例如，我有一些家庭主妇顾客，听到她们经常讨论关于孩子和如何度过周末之类的问题，从她们的谈话中我就知道她们要采购什么东西了。顾客也不希望我们'逼'他们去买他们不需要的东西。我认为，如果我们花上一两个小时与他们自由交谈的话，我们的销售量肯定会扩大。但是，我也碰到一些截然不同的顾客，他们一定要我向他们推荐产品，要我替他们在购物中做主。这些人也经常到我这里来走走，但不是闲谈，而是做生意。因此，你可以看到，我每天都在运用权变管理理论来应对不同的顾客呢。为了适应形势，我经常改变销售方式和风格，许多销售人员都是这样做的。"

汗克显得有些激动地插话说："我不懂这些被大肆宣传的理论是什么东西。但是，关于社会系统理论和权变管理理论问题，我同意萨利的观点。教授们都把自己的理论吹得天花乱坠，他们的理论听起来很好，但是他们的理论却无助于我们的管理实际。对于培训班上讲的激励要素问题，我也不同意。我认为泰勒在很久以前就对激励问题有了正确的论述。要激励工人，就是要根据他们所做的工作付给他们报酬。如果工人什么也没有做，则用不着付任何报酬。你们和我一样清楚，人们只是为钱工作，钱就是最好的激励。"

请分析：

（1）你同意哪一个人的意见？他们的观点有什么不同？

（2）如果你是海伦，你如何使萨利信服社会系统理论？

（3）你认为汗克关于激励问题的看法怎样？他的观点属于哪一种管理理论？

任务 4 现代管理思想的新发展

3.4.1 任务导入

小和尚撞钟

有一个小和尚担任撞钟一职，半年下来，觉得无聊之极，"做一天和尚撞一天钟"而已。有一天，主持宣布调他到后院劈柴挑水，原因是他不能胜任撞钟一职。小和尚很不服气地问："我撞的钟难道不准时、不响亮？"老主持耐心地告诉他："你撞的钟虽然很准时也很响亮，但钟声空泛、疲软，没有感召力。钟声是要唤醒沉迷的众生的，因此，撞出的

钟声不仅要洪亮，而且要圆润、浑厚、深沉、悠远。"

问题：主持哪里做得不对？有没有犯常识性管理错误？

3.4.2 相关知识

1. 流程再造

流程指完成一项任务、一件事或一项活动的全过程，这一全过程由一系列工作环节或步骤所组成，相互之间有先后顺序，有一定的指向。流程具有逻辑性、变动性、可分解性三特性。流程再造的核心是面向顾客满意度的业务流程，而核心思想是要打破企业按职能设置部门的管理方式，转而以业务流程为中心，重新设计企业管理过程，从整体上确认企业的作业流程，追求全局最优，而不是个别最优。

企业流程再造（Business Process Reengineering，BPR），是指"由组织过程重新出发，从根本思考每一个活动的价值贡献，然后运用现代的资讯科技，将人力及工作过程彻底改变及重新架构组织内各部分之间关系"。在管理学上，企业流程再造是将在 20 世纪 80 年代出现的各种重建（Reconstruction）、调整（Restructuring）等思路和方法，与资讯技术结合起来，并在迈克尔·哈默和詹姆斯·钱比于 1993 年出版的经典著作 *Reengineering the Corporation* 中，予以系统性地整合与发展。迈克尔·哈默和詹姆斯·钱比认为：面对顾客多样性、市场需求多变性、竞争越来越激烈的环境，必须对企业进行改造，实施业务流程重组（BPR），必须进行根本性再思考、彻底性再设计，达到戏剧性改善。

流程再造的原则主要有：

① 注重整体流程最优的系统思想。

② 在真正产生信息的实际工作中处理信息。

③ 将分散的资源视为一体。

④ 将并行工作联系起来。

⑤ 在工作中决策，实现自我控制。

⑥ 从信息来源地一次性获取信息。

⑦ 面向客户和供应商整合企业业务流程。

以上 7 项原则可概括为 3 个核心原则：坚持以流程为导向的原则；坚持以人为本的团队式管理的原则；坚持顾客导向的原则。

2. 学习型组织

麻省理工学院斯隆管理学院彼得·圣吉的《第五项修炼——学习型组织的艺术与实务》讲到了学习型组织，其含义为面临变化剧烈的外在环境，组织应力求精简、扁平化、弹性因应、终身学习、不断自我组织再造，以维持竞争力。

学习型组织不存在单一的模型，它是关于组织的概念和雇员的作用的一种态度或理念，是对组织进行思考的一种新的思维方式。在学习型组织中，每个人都要参与识别和解决问题，使组织能够进行不断的尝试，改善和提高它的能力。学习型组织的基本价值在于解决问题，与之相对的传统组织在设计上的着眼点是效率。在学习型组织内，雇员参加问题的识别，这意味着要懂得顾客的需要。雇员还要解决问题，这意味着要以一种独特的方式将一切综合起来考虑以满足顾客的需要。组织因此通过确定新的需要并满足这些需要来提高其价值。它常常是通过新的观念和信息而不是物质的产品来实现价值的提高。学习型组织的特点如图 3-6 所示。

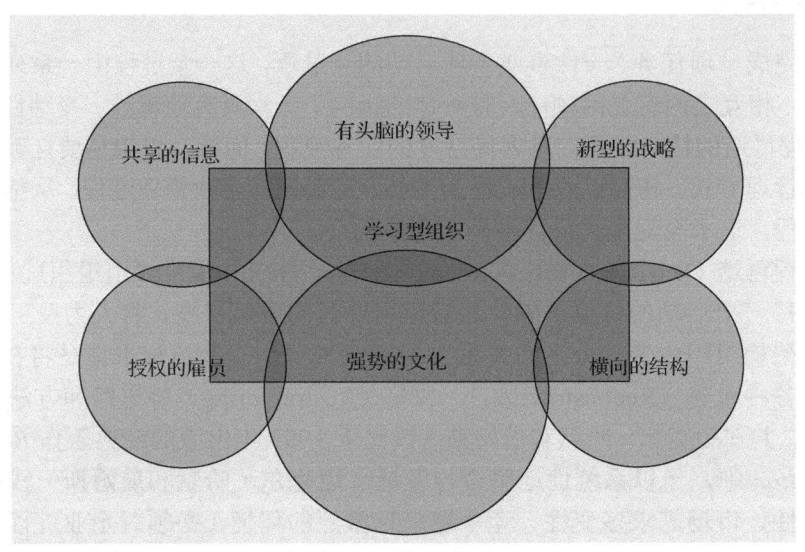

图 3-6　学习型组织的特点

学习型组织强调创造"学习、共享、创新"的内部良好环境，建立"尊重知识，共享知识"的企业文化。塑造一个学习型组织，主要可通过以下"五项修炼"来实现。

① 建立共同愿景：愿景可以凝聚公司上下的意志力；透过组织共识，大家努力的方向一致，个人也乐于奉献、为组织目标奋斗。

② 团队学习：团队智慧应大于个人智慧的平均值，以做出正确的组织决策；透过集体思考和分析，找出个人弱点，强化团队向心力。

③ 改变心智模式：组织的障碍多来自个人的旧思维，例如固执己见、本位主义；唯有透过团队学习以及标杆学习，才能改变心智模式、有所创新。

④ 自我超越：个人有意愿投入工作，专精工作技巧与专业，个人与愿景之间有种"创造性的张力"，这些正是自我超越的来源。

⑤ 系统思考：应透过资讯搜集，掌握事件的全貌，以避免见树不见林；培养综观全局的思考能力，看清楚问题的本质，从而有助于清楚了解因果关系。

学习是心灵的正向转换，企业如果能够顺利导入学习型组织，不只能够达成更高的组织绩效，还能够增强组织的生命力。

3. 标杆管理

标杆管理（Benchmarking），又称基准管理，是指一个组织瞄准一个比其绩效更高的

组织进行比较，以便取得更好的绩效，不断超越自己，超越标杆，追求卓越，组织创新和流程再造的过程。

标杆管理起源于 20 世纪 70 年代末至 80 年代初，在美国学习日本的运动中，开辟标杆管理先河的是施乐公司，后经美国生产力与质量中心系统化和规范化。

标杆管理的概念可概括为：不断寻找和研究同行一流公司的最佳实践，并以此为基准与本企业进行比较、分析、判断，从而使自己的企业得到不断改进，赶超一流公司，创造优秀业绩的良性循环过程。其核心是向业内或业外的最优秀的企业学习。通过学习，企业重新思考和改进经营实践，创造自己的最佳实践，这实际上是模仿创新的过程。

标杆管理与企业再造、战略联盟并称为 20 世纪 90 年代三大管理方法。标杆管理从本质上讲是一种面向实践的、面向过程的、以方法为主的管理方式。与流程重组、企业再造一样，其基本思想是系统优化、不断完善和持续改进。标杆管理站在全行业甚至全球角度寻找标杆，突破了企业的职能分工界限、企业性质与行业局限，重视实际经验，强调具体的环节界面和流程，因而更具有特色。

标杆管理作为一种直接的、中断式的、渐进的管理方法，其思想是企业的业务流程环节都可以解剖、分解和细化。企业可以寻找整体最佳实践，也可以发掘优秀的"片断"进行标杆比较，由于现实中不同的企业各有短长，所以这种"片断"标杆可以使企业的比较视角更开阔，也容易使企业集百家之长。标杆管理成为迈向管理进步和组织进化的阶梯。它的基本环节是以最强的竞争企业或那些行业中领先和最有名望的企业在产品、服务或流程方面的绩效及实践措施为基准，树立学习和追赶的目标，通过资料收集、比较分析、跟踪学习、重新设计并付诸实施等一系列环节，达到追赶并超越行业中领先和最有名望的企业的目的。

标杆管理有以下几种类型：内部标杆管理、竞争标杆管理、职能标杆管理、流程标杆管理。

4. 虚拟企业

企业虚拟化的内涵至少包含以下 4 个方面的内容：企业产权虚拟化；企业管理职能虚拟化；企业组织构架虚拟化；企业技术人才虚拟化。

虚拟企业使得传统的企业界限模糊化。虚拟企业不是法律意义上的完整的经济实体，不具备独立的法人资格。一些具有不同资源及优势的企业为了共同的利益或目标走到一起，建立联盟，组成虚拟企业。这些参与的企业可能是供应商，可能是顾客，也可能是同行业中的竞争对手。企业虚拟化这种新型的企业组织模式打破了传统的企业组织界限，使企业界限变得模糊。

虚拟企业的特点如下：

① 虚拟企业具有流动性、灵活性的特点。诸企业出于共同的需要、共同的目标而结盟，一旦合作目的达到，这种联盟便可能宣告结束，虚拟企业便可能消失。因此，虚拟企业可能是临时性的，也可能是长期性的，虚拟企业的参与者也是具有流动性的。虚拟企业正是以这种动态的结构、灵活的方式来适应市场的快速变化。

② 虚拟企业是建立在当今发达的信息网络基础之上的企业合作。虚拟企业的运行

中信息共享是关键，而现代信息技术和通信手段的使用使得沟通更为便利。采用通用数据进行信息交换后，所有参与联盟的企业都能共享设计、生产以及营销的有关信息，从而能够真正协调步调，保证合作各方能够较好地合作，进而使虚拟企业集成出较强的竞争优势。

③ 虚拟企业在运行过程中运用并行工程来分解和安排各个参与企业要做的工作。虚拟企业在完成某一项目或任务时，项目或任务按照并行工程的思想被分解为相对独立的工作模块，促使承担分解任务的各方能够充分调动和使用其资源而不必担心核心技术或核心知识被泄露。并且各个合作模块可以并行作业，项目或任务的主持者可以利用先进的通信手段在其间不断地沟通与协调，从而保证各个工作模块最终能够衔接。这样既缩短了时间，又节约了成本，同时促进了各参与企业有效地配置自己的资源，以及促进了虚拟企业整体资源的充分利用。

④ 虚拟企业一般在技术上占有优势。虚拟企业是集合了各参与方的优势尤其是技术上的优势而形成的，因此在产品或服务的技术开发上更容易形成强大的竞争优势，使其开发的产品或服务在市场上处于领先水平，这一点是任何单个实体企业很难相比的。

⑤ 虚拟企业可以看作一个企业网络。该企业网络中的每个成员都要贡献一定的资源，以供共享，而且这个企业网络运行的集合竞争优势和竞争力水平优于各个参与者的竞争优势和竞争力水平的简单相加。

虚拟企业的上述特点决定了虚拟企业具有较强的适应市场的能力、柔性与敏捷性，各方优势资源集中后更催生出极强的竞争优势与竞争力。因此，企业虚拟化这种模式在当今快速多变的市场与技术环境中是获取竞争优势以提高竞争力的一种很有前途的合作方式，它正在被越来越多的企业所认识和采纳。

5. 危机管理

从字面上看，"危机"中既包含"危"——危险和危难，也包含"机"——时机和机遇，危机的危险性和机遇性是同在的。中国的一句古语"祸兮福所倚，福兮祸所伏"辩证地阐明了危机本质的双重性。危机的危险性不言而喻，危机的机遇性在于：首先，危机可以暴露企业的弊端，使企业能够对症下药，为企业的进一步发展清除障碍；其次，企业在危机中往往会成为公众关注的焦点，如果对危机的处理得当，可以比在常态下更为有效地提高企业的知名度和美誉度，是提升企业公众形象的一次机遇。危机的危险性是固有的，而危机的机遇性必须基于成功的危机处理。

市场竞争越来越激烈，变数越来越多，企业所面临的危机类型也越来越多。有的危机只是特定企业所特有的，有的危机却困扰着很多企业。当前，企业经常面临的直接危机依次是人力资源危机、行业危机、产品和服务危机，等等；非直接关联性危机有媒体危机、工作事故危机、天灾人祸危机、诉讼危机，等等。

危机管理按危机潜伏、形成、爆发和带来灾难的变化过程，常分为两大部分：一是危机的预计、预防管理；二是危机的应急、善后管理。

3.4.3　分组案例分析

江淮汽车公司的学习型组织的建设

江淮汽车公司（以下简称 JAC）从 1996 年开始进行学习型组织的创建，在那个时候就提出了核心理念：系统思考、团队学习。要永远保持企业的发展，就必须走创建学习型组织这一条路。建立科学的体制和管理方法固然是关键，但一个企业无论引入了多少现代的体制和管理方法，无论如何仿效最先进的行政管理制度，如果执行这些制度并使之付诸实践的人没有从心理、思想和行动方式上实现由传统人到现代人的转变并真正能顺应和推动现代经济制度的健康发展，那么，这个企业的可持续性发展就只是徒有虚名。所以 JAC 从人的方面入手，提出了自己的人才观：

① 人才和资讯才能决定企业的未来。企业的领导只有认识到人才的战略作用，才能切实采取措施去培养、造就人才，人才才有发挥作用的场所和机会。在 JAC，每一个员工的心目中都有一个战略模型，它是由技术创新、管理创新和制度创新构成的。这 3 个创新相辅相成，支撑 JAC，而其基础就是金字塔式的全员培训工程。JAC 多年的企业文化建设和学习力培育使得企业能始终保持活力，能不断地克服成长的瓶颈而达到永远发展的目的。

② 每一个岗位上有造诣、有贡献的人都是人才。对不同的企业而言，由于企业文化、经营理念等方面的差异，外来的和尚未必会念经，这也是不少大公司花大量的精力培养内部人才的原因。JAC 提出对企业有贡献的人都是人才，从而全面调动公司员工的积极性和创造性，促进企业自有人才的培养和产生。

③ 品德永远第一。人才的首要条件是有健康的品格、扎实的工作作风、正确的价值观、积极的人生态度。好品德才会产生信任。一个有着优良合作气氛、积极向上态度的团队才能创造品质和利润。即：好品德产生信任→信任产生合作→合作形成团队→团队创造品质和利润。

在提出了自己的人才观后，怎样才能指导每个员工通过自身的学习和努力成长为人才呢？为此，JAC 相应地提出了自己的学习观：

① 向一切可以学习的人学习，向一切可以学习的事学习。学习就是提高创新能力的过程，学习时不仅要学知识，而且要学习运用知识的能力。JAC 提倡"学习无处不在，学习无时不有"的学习态度，事实上是提倡一种开放接纳包容之心。这种心态会消除人与人之间的防备心理，促成人与人之间的合作。JAC 董事长左延安经常说："让员工学会用心做事，才是管理的最高境界。"

② 学习是最大的福利，是对员工的最高奖励。伴随着知识经济和信息时代的到来，学习已经成为每一个人的人生阶段中不可缺少的一种成长手段，是"从摇篮到坟墓"般一生不断的持续过程。但由于种种原因，企业的培训工作往往得不到认可，员工大半被迫、被动地接受培训，结果是出力不讨好。而 JAC 则认为，培训是对员工的最大福利，对员工的最高奖励就是提供一次免费的外出学习机会。为了给大家提供这样的机会，公司培训采取了竞培的方式，尤其是对研究生这级的培训和境外培训。受训人员自己报名，然后公

司进行考试，同时对绩效进行考核，最后选拔、确定人员。竞培不论资排辈，极大地促进了年轻员工的成长，同时让老员工感到一定的压力和危机感。

③ 学习是一项回报颇丰的投入，提倡终生学习的当今，学习被视为一种投资而不只是花钱。如果说"企业在员工培训上每投入1美元便可以在未来获得数倍的回报"这种说法缺乏足够的说服力和可信度的话，那么，世界上的优强企业在培训上的大量投入从侧面也折射出这个道理。美国通用电气公司（GE）将公司销售收入的7%投入职工培训，每名职工的年培训费为1万美元。但由于种种原因，长期以来很多企业都不能把这种回报颇丰但不一定马上见效的投入落到实处。JAC的领导者则以自己的战略眼光、胆识和责任，坚持不懈地对学习和培训实施战略性投资。在JAC，培训被当作压倒一切的"一把手"工程，建有自己的培训中心，中心主任相当于副总经理层级。中心有专门的教学大楼和实训大楼，制定了严格的培训制度，中心许多设施都是全公司最好的。JAC培训副总、培训中心主任康易成说，过去作为培训师，她主要调动自己的知识来教学员，而现在则让学员参与到学习中来，形成一种互动的全新培训模式。JAC的目标是把企业变为一所学校。

④ 学习的主要任务之一是学会学习。二十一世纪的文盲就是那些不会学习或者说没有学习能力的人。当今世界，一方面知识总量成倍增长，另一方面知识变得十分脆弱，更新速度加快。因此，学会学习、防止知识陈腐，必然成为当今学习的主要任务之一，而学习力则成为企业新的核心竞争力。彼得·圣吉称，未来的成功企业必将是"学习型组织"，变动时代唯一的竞争力是有能力比你的竞争对手学习得更快更好。为了顺应组织变革的需

小知识：可持续发展与绿色发展

要，JAC对施训者提出了转变观念的要求：过去是"我能教他们什么"，老师有什么知识，就传授什么知识；现在则是"我怎么促成他们进行学习"。老师由知识的传授者变为引导者、激发者，这种转变的目的是促使自主学习的产生，让别人学会学习。

请分析：

（1）江淮汽车公司的人才观和学习观的特色是什么？

（2）通过本案例，你有何启示？

3.4.4　实践活动安排

情景3任务4实践活动安排如表3-4所示。

表3-4　情景3任务4实践活动安排

活动8	查阅有关管理思想与实践方法的文献资料，观看纪录片《上海中心大厦》
活动目标	通过有关管理思想文献资料的查阅，掌握现代管理思想的主要观点，初步培养学生分析管理思想与实践方法的能力
活动内容	1. 学好文献检索课程，学习查阅文献资料的方法与步骤。 2. 要求学生了解有关管理思想的主要观点。 3. 分析电影《上海中心大厦》的主要管理思想是什么。结合所学的现代管理理论，谈谈有关管理思想对现今企业管理工作的指导意义

续表

活动 8	查阅有关管理思想与实践方法的文献资料，观看纪录片《上海中心大厦》
活动组织	1. 将全班同学分成若干组，由教师带队，前往图书馆或资料室学习查阅文献资料。 2. 查明某种管理思想的主要观点、主要贡献及局限性。 3. 每组查阅一种管理思想，并掌握查阅资料的方法与步骤。 4. 每位同学写一份查阅资料小结，每组派一位代表在全班交流
活动考核	要求每一位同学写一份小结，每组进行初评，最后由教师批阅

任务 5　中国古代管理思想

3.5.1　任务导入

情景 3 任务 5 实践活动安排（1）如表 3-5 所示。

表 3-5　情景 3 任务 5 实践活动安排（1）

活动 9	观看名家讲坛：曾仕强《中国式管理》
活动目标	观看曾仕强的《中国式管理》，加深学生对中国传统管理思想的认知
活动安排	播放曾仕强《中国式管理》20 分钟
活动考核	1. 在班级组织一次交流与讨论。 2. 教师根据交流与讨论中的参与表现给予平时分

3.5.2　相关知识

1. 儒家的管理思想

（1）孔子的管理思想

孔子（约公元前 551 年～公元前 479 年），名丘，字仲尼，中国春秋末期思想家和教育家，儒家学派的创始人，春秋鲁国陬邑（今山东曲阜）人。孔子的"中庸"思想是通过"中"与"和"范畴显示事物对立面同一性、质量互变关节点（度）的辩证思维方法。"中庸"思想的基本内涵有两条：一是客观地承认不同，承认矛盾着的两个对立面，如阴阳、天人、义利、经权等；二是不同的事物通过对"中"的把握可以和谐地、有机地结合为一体，如阴阳和合、天人合一、义利合一等。我们的现代企业管理就是对企业矛盾运动过程的管理，即矛盾管理。孔子的"我叩其两端而竭焉""执其两端而用其中""和为贵"等思想，有助于克服片面性思维方法，具有普遍有效性与真理性，同样适用于企业中诸如人与物、产与销、经与权、企业与环境等管理矛盾的认识和解决。

孔子理论中的"叩其两端""君子而时中""和为贵"等思想，为孔子建立以"仁"为核心的思想体系提供了方法论，具有时代性。孔子的"中庸"思想对现代企业生产要素管理、经营环节管理、组织制度管理、人际关系管理等内在矛盾的认识和解决，同样具有方法论方面的指导与借鉴意义。

（2）孟子的管理思想

在组织行为管理上，孟子亦重视教学与教化的作用，并因而提倡兴办学校。但是，较诸孔、荀，孟子更强调社会成员个人自我修养的作用（这显然是发展了孔子"为仁由己"的思想）。以其持"性善论"，故在他看来，教学与教化对个人的影响只是外在的，其作用相对个人的自我修养而言，乃是次要的。

孟子在组织管理上比较有特色的思想，是其从人的需求层次来考虑问题，把组织和人的需求联系起来，根据人的需求来进行组织管理。孟子指出："口之於味也，有同耆焉；耳之於声也，有同听焉；目之於色也，有同美焉。至於心，独无所同然乎？心之所同然者何也？谓理也，义也。圣人先得我心之所同然耳。故理义之悦我心，犹刍豢之悦我口。"（《孟子·告子上》）这就是说，凡人生来就有两方面的内在需求：一个方面是心之官（孟子又称之为"大体"）对于"理""义"的欲求，此乃先天的理性需求；另一个方面是耳目之官（孟子又称之为"小体"）对于声、色、味等的需求，此为本能的感性需求。满足人的这些不同性质的需求，会使人产生不同性质的满足感、愉悦感。孟子就是基于对人的需求的这种看法来思考组织管理问题的。

首先，他继承和发展了孔子关于"君子喻于义，小人喻于利"（《论语·里仁》）的思想，依据人们对于其不同生理器官"大体"与"小体"所固有的不同性质的需求而采取的带有先天倾向性的服从态度，将他们划分为"大人"与"小人"两大类，即"从其大体为大人，从其小体为小人"（《孟子·告子上》）。进而认为不同类型的人适宜于做不同种类的事："有大人之事，有小人之事……或劳心，或劳力；劳心者治人，劳力者治于人；治于人者食人，治人者食于人；天下之通义也。"（《孟子·滕文公上》）这意味着，孟子是主张根据社会成员不同的天性或素质来进行社会组织内部的分工的。这可以看作他对孔子"因材施教"思想的一种发挥，含有"因材分工"的意味。在孟子看来，在因材分工基础上进行的合作，才是合理的、天经地义的分工合作。

其次，孟子吸取了管仲"仓廪实而知礼节"的思想，认为要使社会成员能够自觉地遵守社会组织行为规范，就不能不首先满足"小人"或"民"的本能的和基本的物质需求。孟子指出："圣人治天下，使有菽粟如水火……而民焉有不仁者乎？"（《孟子·尽心上》）反之，"若民，则无恒产，因无恒心。苟无恒心，放辟邪侈，无不为已"（《孟子·梁惠王上》）。

为此，孟子极力主张使民拥有"恒产"，以确保其"仰足以事父母，俯足以畜妻子，乐岁终身饱，凶年免于死亡"（《孟子·梁惠王上》）。孟子所讲的"恒产"，其标准是对"八口之家"，给"百亩之田"（"百亩"相当于现今三十余亩）、"五亩之宅"。与此相应，孟子还主张推行井田制，并实行"省刑罚，薄税敛，深耕易耨"（《孟子·梁惠王上》）的经济政策。

（3）儒家的"性善论"与"性恶论"

先秦儒家前三位的人物是孔子、孟子、荀子。儒家思想之中，荀子思想是孟子思想的

对立面。在儒家管理思想的发展中，孟子和荀子的管理思想具有不同的意境：孟子基于其人性善的假设，强调道德感化的内控式管理；而荀子则基于其人性恶的假设，强调隆礼重法的外控式管理。内控式管理思想有其明显的理论困境，而外控式管理思想也有其突出的现实尴尬。跨越二者各执一端的片面之见，可以看到，在实现二者人性善恶融合的逻辑基础上，孟荀管理思想可以相互补充与彼此超越，铸就儒家的一般管理模式。

2. 道家的管理思想

道家思想的代表人物老子，姓李名耳，约生活在公元前 571 年～公元前 471 年。其代表作《道德经》又名《老子》，文字简约，内容丰富，虽仅五千言，却包含着十分丰富深刻的哲学思想。

老子哲学的核心思想是"道生万物"的宇宙生成说，把宇宙看成一个自然产生、自然演变的过程，天地万物是依照自然规律发展变化的，而"道"是世界的本源。老子哲学的精髓是他的朴素辩证法思想，认为天地万物都是相反相成的。"有无相生，难易相成，长短相形，高下相倾，音声相和，前后相随"，矛盾双方相互依存、互为条件。他还提出对立面双方可以互相转化，事物总要走向它的反面。为了防止走向反面，他主张要把自己放在弱者地位，认为"柔弱胜刚强"。这种观点在一定条件下有其合理性，但它忽视矛盾双方的斗争，把转化看成无条件的循环往复。

在政治思想上，老子主张"无为"，认为只有无为才能无不为，反映了当时统治者的无力，企图缓和尖锐的社会矛盾。但他对"侯王"的告诫，如"民之饥，以其上食税之多，是以饥""民不畏死，奈何以死惧之"，却是很精辟的。

3. 法家的管理思想

法家思想的代表人物韩非（约公元前 280 年～约公元前 233 年）是韩国的贵族，"喜刑名法术之学"，后世称他为韩非子。韩非写了《孤愤》《五蠹》等一系列文章，这些作品后来集为《韩非子》一书。韩非继承和总结了战国时期法家的思想和实践，提出了君主专制中央集权的理论。他主张"事在四方，要在中央；圣人执要，四方来效"（《韩非子·扬权》），国家的大权要集中在君主（"圣人"）一人手里；主张君主必须有权有势才能治理天下，"万乘之主，千乘之君，所以制天下而征诸侯者，以其威势也"（《韩非子·人主》）。为此，君主应该使用各种手段清除世袭的奴隶主贵族，"散其党""夺其辅"（《韩非子·主道》）；同时，选拔一批经过实践锻炼的封建官吏来取代他们，"宰相必起于州部，猛将必发于卒伍"（《韩非子·显学》）。韩非还主张改革和实行法治，要求"废先王之教"（《韩非子·问田》）、"以法为教"（《韩非子·五蠹》）。他强调，制定了"法"，就要严格执行，任何人也不能例外，要做到"法不阿贵""刑过不避大臣，赏善不遗匹夫"（《韩非子·有度》）。他还认为只有实行严刑重罚，民众才会顺从，社会才能安定，封建统治才能巩固。韩非的这些主张，反映了新兴封建地主阶级的利益和要求，为结束诸侯割据、建立统一的中央集权的封建国家提供了理论依据。秦始皇统一中国后采取的许多政治措施，就是韩非理论的应用和发展。

4.《孙子兵法》中的管理思想

孙子（约公元前545年～约公元前470年），吴国军事思想家。《孙子兵法》是从战国时期起就风靡流传的军事著作，古今中外的军事家们都使用其中论述的军事理论来指导战争，其中论述的基本理论和思想还被运用到了现代经营决策和社会管理方面。《孙子兵法》提到了朴素的管理思想，即对于如何用人的思想。他提出："卒未亲附而罚之，则不服，不服，则难用也；卒已亲附而罚不行，则不可用也。"意思为："部卒还没有亲附就实施处罚，他们便会不服，不服就很难调用；部卒已经亲附，仍不执行法纪，就无法调用了"。与之相应的还有"视卒如婴儿，故可与之赴深溪；视卒如爱子，故可与之俱死。厚而不能使，爱而不能令，乱而不能治，譬若骄子，不可用也"，即"当将帅对待部卒像对待婴儿一样体贴，就可以叫他们跟随自己去赴汤蹈火；对待部卒像对待爱子一样恩爱有加，就可以带领他们去共赴死难。如果厚待而不能指使，宠爱而不能命令，违法乱纪而不能治理，那就像骄子一样，是不能委用的"。当然，孙子也提出人的思想行为习惯并不是一成不变的，思想与行为习惯都会随着周围环境的变化而潜移默化地改变。所以，他认为：要建立科学、合理、完善的管理秩序去约束人，用管理调动人；营造科学、合理、完善的氛围去改变并提升人的思想意识、习惯行为。这在《孙子兵法》中体现为"令之以文，齐之以武"，意思为"施加恩德，使部卒归心；严明法纪，使部队肃整"。有关统一思路的管理方法，《孙子兵法》中还提到要"正以治"，就是说将帅要做到公正严明。关于如何做到公正严明，科学的方法就是建立起科学、合理、完善的管理制度，并科学地施行下去，建立起科学合理的管理秩序。这样，错误行为在这种严谨的环境下会明显地暴露出来，管理者可以依制度处理而轻易达到公正严明。他还提到"令素行以教其民，则民服；令不素行以教其民，则民不服。令素行者，与众相得也"。也就是说，科学合理的管理制度要始终如一地严格执行下去，不能有始无终。这样才能实现公正严明的科学管理秩序。

5. 商家的经营管理思想

小知识：田忌赛马

（1）范蠡的经营管理思想

范蠡是春秋战国时期一位深谋远虑的战略思想家，同时是一位农商并重、深通经济事物和经营谋略的理财家。他才思敏捷，善于观察事物的变化，探讨自然界和社会经济事物的发展规律，并以此指导经济活动。他不仅是一位资历雄厚的实业家、商业家，还是中国早期商业理论的开创者和实践者。《史记·货殖列传》说范蠡曾拜老子的弟子、战略家、思想家和经济学家计然为师，学习了我国古代早期的商业理论，诸如《贵流通》《尚平均》《戒滞停》等七策，只用了其中五策，便使越国强盛并成为春秋五霸之一。

范蠡认为："从时者，犹救火、追亡人也，蹶而趋之，唯恐弗及。"（《国语·越语下》）他提倡与时逐利："得时无怠，时不再来，天予不取，反为之灾。"商场如战场，瞬息万变，所以时机非常重要。他同时提倡薄利多销；毫无疑问，商人是逐利的，但究竟追求多大的

利润，范蠡认为不同的商人有不同的标准和要求。

范蠡的经营管理思想是我国春秋战国之际社会经济深入发展的产物。作为一个理财家和政治家，他积极主张以农商并重的管理政策实现富国强兵的战略目标；作为一个商业家，他主张实行利商政策，鼓励商业的发展，发挥商业在经济生活中的积极作用；作为一个思想家，他力求从事物发展的客观必然性上认识社会经济的发展过程，并以此作为指导国家财经管理政策的基础。

（2）白圭注重人才素质、情感管理的经营理论

白圭（公元前 463 年～公元前 385 年），东周洛阳人，中国古代经商的代表人物。白圭虽为富商，但生活俭朴，摒弃嗜欲，节省穿戴，提倡对下属实施情感管理。白圭注重人才素质培养，商人在中国历史上的地位大多是比较低的，白圭却将当时社会的最高道德规范作为商人的基本素质要求，这与他的以仁为本的经营理念所要求的商人是一个具有很高的文化程度和高尚的道德品质的人是相合的。在商业经营方面，他通过观察市场行情和年成丰歉的变化，奉行"人弃我取，人取我与"的经营方法。为掌握市场的行情及变化规律，经常深入市场，了解情况，对城乡谷价了如指掌，奉行"知进知守"的经营理念。白圭经商速战速决，不误时机。他把经商的理论概括为 4 个字：智、勇、仁、强。他说，经商发财致富，就要像伊尹、吕尚那样筹划谋略，像孙子、吴起那样用兵打仗，像商鞅推行法令那样果断。如果智不能权变，勇不足以决断，仁不善于取舍，强不会守业，就无资格去谈论经商之术了。中国古代商人把白圭奉为经商的祖师爷，他的这些经商理论为后世商人所效法和借鉴。

（3）吕不韦的人事经营管理思想

吕不韦（？～公元前 235 年），中国战国时代卫国著名商人，战国后期著名政治家，位及秦相。吕不韦基于效法天地、借鉴历史的基本认识，提出一整套建国施政的思想主张，主要包括：听任天道、无为而为的行政管理思想；八观六验、不分贵贱的人事管理思想；急疾捷先、精兵利器的军事管理思想；不误农时、为农祈求的农业管理思想等。吕不韦"招致天下游士"，有食客三千人，使其门客每人著其所闻，写成八览、六论、十二纪，共二十多万字，书名《吕氏春秋》。《吕氏春秋》体现出来的管理思想有 3 个层面：第一，"通乎性命之情"，即把握和利用人的自然欲求，这是吕不韦管理思想的出发点；第二，"天下为公"，即建立一个相互依存、利益共享、和谐共处的组织，这是管理的理想状态，实现这个理想的关键是明确"君道、臣道"，即组织内要合理分工；第三，君主完成"君道"，就需要修身律己、尚贤任贤、崇尚德教。吕不韦的管理思想对于当代组织管理有着重要的借鉴意义。

（4）桑弘羊的法制政治观

桑弘羊是西汉时期著名的理财家和政治家。他在任大农令期间，针对当时传统的重农抑商思想予以批驳，大力提倡把商品经济作为封建国家经济的重要组成部分，并在此基础上提出了一系列重商理论，其商业管理思想及其实践活动为西汉社会经济的发展、政权的稳定和国内的强盛做出了重大贡献。在国家治理中实行德治还是实行法治的问题上，桑弘羊认为"治民之道不在教化，而在励行法治"。要用法治来教民，让他们知道什么可以做，什么不能做，什么做了就会犯法。严刑峻法下，百姓害怕犯法，社会秩序才能安定。如果法网疏漏，奸民就可能钻空子，因而造成社会的不安定。他充分肯定严酷法律的作用，他

认为应做到以法治事，对犯法者雷厉风行地加以处决、毫不手软，这样官吏在他们治理的地方能做到寇止奸禁，取得良好的治绩。

3.5.3　分组案例分析

中国古代管理思想对当今企业的启示

现代企业人力资源管理的四项核心工作是："选才""育才""用才""留才"。而中国古代的思想家早在几千年前就对上述人力资源管理活动有了全面而深刻的认识，其观点很多与现代西方人力资源管理思想不谋而合，有的观点甚至是对其有益的补充与完善。

1．"选才"思想

对于人才的重要性，我国古代的学者们有着一致的观点，即"以人为本"。老子早在两千多年前就提出："故道大，天大，地大，人亦大。域中有四大，而人居其一焉"（《道德经》）。古代的思想家、政治家充分地认识到人力资源在"齐家、治国、平天下"中的重要作用，并积极选拔人才。选拔人才首先要确定人才的标准。我国古代思想家在"选才"的标准方面十分强调"德才兼备"。例如，在周朝就主张"考其德行，察其道艺"（《周礼·地官事徒》）。孔子把"仁"这种最高的道德准则作为择人、择官的标准。荀子则认为，"选才"要智仁兼备，"知而不仁，不可；仁而不知，不可；既知且仁，是人主之宝地，王霸之佐也"（《荀子·君道》）。韩非认为，"选才"应坚持"内举不避亲，外举不避仇"的"任人唯贤"原则。在"选才"的方法与策略方面，古代先贤强调"不拘一格""兼容并蓄"，以网罗各方面的人才。齐国采取颁布政令的方法，以"求天下之精材"，主动去"收天下之豪杰，有天下之称材"（《幼官》）。孔子认为，"选才"要"始吾于人也，听其言而信其行；今吾于人也，听其言而观其行"。魏征强调，"选才"要"六观"，即"贵则观其所举，富则观其所养，居则观其所好，习则观其所言，穷则观其所不受，贱则观其所不为"。就是通过对人处在不同的环境、地位时的行为表现来考核其品质、修养和德行。

2．"育才"思想

《管子》将人才培养看作是"一树百获"的百年大计，他在《管子·权修》篇里说到："一年之计，莫如树谷；十年之计，莫如树木；终生之计，莫如树人"。《孙子兵法》中说："兵将孰强""士卒孰练"是作战取胜的重要因素，即强调了培训与开发的重要性。儒家的人才教育思想较为完备，它强调人才培养应兼顾品格修养与人性的完善。在人才培养方式上，儒家强调因材施教的思想。《论语》中有文："中人以上，可以语上也；中人以下，不可以语上也。"即对不同层次的人要施以不同的教育方法。

3．"用才"思想

人力资源配置是人力资源管理的核心，我国古代学者在回答如何做到"事得其人，人尽其才"这一问题时提出了不同的看法。《管子》的"用才"思想是"察能授官，任其所长"。《老子》的"用才"思想强调"无为"和"道法自然"，即遵循自然的管理规律，做到管理主体与客体的和谐、统一；"为无为，则无不治"，即为了长远的人力资源管理目标和实现全面治理，管理者可以牺牲暂时的利益，以无为的方式管好人、用好人，将权力下放以调动人才的积极性。《道德经》中说："善为士者，不武；善战者，不怒；善胜敌者，不与；善用人者，为之下。"即管理者应以谦恭的态度对待人才。

4."留才"思想

"留人"即留住人才，如果不能够很好地"留才"，那么其引进的人才、培养的人才都可能因为留不住而流失了。因此，古代思想家和政治家对有效地"留才"开展了积极地探索，其主要做法有两点：一是待遇留才。孔子认为"惠则足以使人"，即只有满足人的物质利益需要，才能调动人的工作积极性。《管子》也主张以丰厚的物质待遇留住人才，如"三倍，不远千里。"即如果你给一个人的工钱是其他地方的三倍的话，那么即使路途很遥远，他也会被吸引过来。二是感情留人。孔子十分重视对人才的感情激励，例如，他推崇"修己安人""为政以德"的思想。管子认为君主对待人才应做到亲之以仁，养之以义，报之以德，结之以信，接之以礼。

5．借鉴与启示

我国古代思想家的"选才""育才""用才""留才"思想蕴藏着深邃的哲学思想和科学的管理理念，其对构建符合我国企业实际的"选人、育人、用人、留人"机制具有重要的借鉴意义。

（改编自《中国古代管理思想对当今企业的启示》，陈雪钧）

阅读以上案例，思考下面问题：

（1）总结我国古代管理思想在"选才""育才""用才""留才"方面有哪些作用？

（2）这些中国古代管理思想是否已经过时？是否有古为今用的价值？

（3）结合案例进行分析，你认为还有哪些中国古代的管理思想在当前的企业管理实践中仍在应用。

3.5.4 实践活动安排

情景 3 任务 5 实践活动安排（2）如表 3-6 所示。

表 3-6 情景 3 任务 5 实践活动安排（2）

活动 10	对古今管理思想的梳理
活动目标	通过该项目使学生们系统掌握古今管理思想的沿革过程，增强对现代管理思想与组织文化的感性认识，培养对组织的管理思想与组织文化的分析能力
活动安排	1. 从各种渠道（比如书籍、报纸、期刊、互联网等）搜集与管理思想有关的文章。 2. 逐个消化分析所搜寻到的文章，结合所学知识对比掌握
活动考核	1. 要求每位同学书写一份书面分析材料，表述自己的心得体会。 2. 在班内组织一次交流与讨论。 3. 教师根据交流与讨论中的参与表现给予平时分

【能力培养图】

学习型任务

1. 理解各种古典管理理论
2. 理解各种行为科学理论
3. 理解管理中的人性假设相应的管理理论
4. 了解管理理论丛林、系统管理理论、权变管理理论等现代管理理论
5. 了解现代管理思想的新发展
6. 了解中国古代管理思想的精髓

职业行动能力训练项目

活动

1. 观看《摩登时代》教学视频片段
2. 查阅有关管理思想与实践方法的文献资料，观看电影《二嬷》
3. 查阅有关管理思想与实践方法的文献资料，观看纪录片《上海中心大厦》
4. 观看名家讲坛：曾仕强《中国式管理》
5. 对古今管理思想的梳理

案例

1. "996"现象引发的争议
2. 霍桑实验
3. 有效的指挥
4. 联想集团：不一样的管理
5. 管理理论真能解决实际问题吗
6. 小和尚撞钟
7. 江淮汽车公司的学习型组织的建设
8. 《孙子兵法》PK《中国式管理》

职业行动能力

1. 能查阅有关管理思想与实践管理方法的文献资料
2. 能针对管理中的不同的人性假设，运用相应的管理方式和要求
3. 能从不同的管理理论得到启发，并能将其应用于实际
4. 能用科学发展的观点看待现代管理思想的演变
5. 能让儒家的"仁"、道家的"无为"、法家的"法治"发挥古为今用的价值

借鉴实践经验

1. 管理定律大杂烩
2. 中国最流行的十大管理工具
3. 中国式管理重建新儒商

坚持拓展阅读

《科学管理原理》
《管理的实践》
《儒家经典与中国式管理》
《道家的战略管理》

掌握相关理论

科学管理理论
一般管理理论
古典组织理论
需求层次理论
双因素理论
人性假设理论

运用管理方法

例外管理
流程再造
标杆管理

【拓展阅读】

1. 趣味阅读

霍布森选择

1631 年，英国剑桥有一个做马匹生意的商人名叫霍布森，他承诺：买或租我的马时，只要给一个低廉的价格，就可以随意选。但他附加了一个条件：只允许挑走能牵出圈门的那匹马。其实这是一个圈套。他在马圈上只留一个小门，大马、肥马、好马根本就出不去，出去的都是些小马、瘦马、懒马。显然，他的附加条件实际上就等于告诉顾客不能挑选。大家挑来挑去，自以为完成了满意的选择，其实选择的结果可想而知。这种没有选择余地的所谓"挑选"，被人们讥讽为"霍布森选择"（Hobson's Choice）。

一个企业家在挑选部门经理时，往往局限于在自己的圈子中挑选人才，选来选去，再怎么公平、公正和自由，也只是在小范围内进行挑选，很容易出现"霍布森选择"的局面，甚至出现"矬子里拔将军"的惨淡情况。想要选"马"，就要先成为"伯乐"，跳出"马圈"，到"大草原"去选"马"，到全世界去选"马"，打开思维空间，扩大资源的配置半径，充分利用国内国际两个市场、两种资源。一般来讲，半径越大，企业就越处于优势；反之，半径越小，企业就往往越处于劣势。只有放宽眼界、打开思维、放眼世界，才能选到世界级的"千里马"。

管理有一条重要的格言："当看上去只有一条路可走时，这条路往往是错误的。"毫无疑问，只有一种备选方案就无所谓择优，没有了择优，决策也就失去了意义。一些经理在处理突发事件时，往往在危急关头拍脑袋、灵机一动，以此来进行决策，这其实是一种领导艺术不高或没有领导艺术的表现。经理还是应当在已有的知识、经验的基础上，运用直觉、想象力、创新思维，找出尽可能多的方案进行抉择，防止自己陷入没有余地的"霍布森选择"。

在"霍布森选择"中，人们自以为做出抉择，而实际上思维和选择的空间都是很小的。有了这种思维的自我僵化，当然不会有创新，所以它更是一个陷阱，让人们在进行伪选择的过程中自我陶醉而丧失了创新的时机和动力。

美国经济学家威廉·鲍莫尔曾指出，高科技产业中竞争非常激烈，企业要想生存下来，必须在政府及企业自己资助的基础研究项目中，最大限度地投入资金，开发新材料、新设备、新系统、新方法和新模型。换句话说，要么创新，要么束手待毙，这一著名的"霍布森选择"促使全球研发投入最多的 100 家公司在 2003 年投入 2150 多亿美元用于技术开发。

很多人走过的路肯定最安全，但这条路不会有很多猎物。——纪德

二八法则

我们在日常生活中会发现一些有趣现象：看电视时，80% 的时间花在 20% 的节目上；外出吃饭时，80% 的时候会前往 20% 的餐馆；阅读时，80% 的书籍取自书架上 20% 的书……

隐藏在这些现象背后的便是经济学的经典理论——二八法则。"二八法则"又叫"80 / 20 原理"，是 20 世纪初由意大利统计学家、经济学家维尔弗莱多·帕累托提出的。他指出：

在任何特定群体中，重要的因子通常只占少数，而不重要的因子则占多数，因此只要能控制具有重要性的少数因子即能控制全局。这个原理经过多年的演化，已变成当今管理学界所熟知的"二八法则"——80%的公司利润来自20%的重要客户，其余20%的利润则来自80%的普通客户。

有人说："美国人的金钱装在犹太人的口袋里。"为什么？犹太人认为，存在一条78∶22宇宙法则，世界上许多事物都是按78∶22这样的比率存在的。比如，空气中，氮气占78%，氧气及其他气体占22%；人体中，水分占78%，其他占22%。他们把这个法则也用在生存和发展之道上，始终坚持"二八法则"，把精力用在最见成效的地方。美国企业家威廉·摩尔在为格利登公司销售油漆时，头一个月仅挣了160美元。此后，他仔细研究了犹太人经商的"二八法则"，分析了自己的销售图表，发现他的80%的收益却来自20%的客户，但是他过去对所有的客户花费了同样多的时间——这就是他过去失败的主要原因。于是，他要求把他极不活跃的36个客户重新分派给其他销售人员，而自己则把精力集中到极有希望的客户上。不久，他一个月就赚到了1000美元。摩尔学会了犹太人经商的"二八法则"，连续9年从不放弃这一法则，这使他最终成为凯利摩尔油漆公司的董事长。

不仅犹太人是这样，许多世界著名的大公司也非常注重"二八法则"。比如，通用电气公司永远把奖励放在第一，它的薪金和奖励制度使员工们工作得更快、也更出色，但只奖励那些完成了高难度工作指标的员工。摩托罗拉公司认为，在100名员工中，前面25名是好的，后面25名差一些，应该做好这两头的员工的工作。对于后面25人，要为他们提供发展的机会；对于表现好的，要设法保持他们的激情。

"80／20原理"不仅在经济学、管理学领域应用广泛，对我们的自身发展也有重要启示，让我们学会避免将时间和精力花在琐事上，要学会抓主要矛盾。一个人的时间和精力都是非常有限的，要想真正"做好每一件事情"几乎是不可能的，要学会合理分配我们的时间和精力。要想面面俱到还不如重点突破。把80%的资源花在能出关键效益的20%的方面，这20%的方面又能带动其余80%的发展。

对于二八法则，我们时刻要记住，但更重要的是要分清何为"二"、何为"八"。

虽然80%的利润来自20%的客户，但如果没有80%的客户，所有的利润都会成为空中楼阁。

2. 推荐书籍

请登录华信教育资源网（www.hxedu.com.cn），在本书相关资源中免费下载推荐书籍清单。

【过程考核】

一、单选题

1. 梅奥通过霍桑实验得出职工是（　　）。

    A．经济人　　　　　　　　　　B．社会人

    C．理性人　　　　　　　　　　D．复杂人

2. 根据马斯洛的需求层次理论，下列哪一类人的主导需求可能是安全需求？（　　）

    A．总经理
    B．失业人员

    C．职场新人
    D．工厂的一线操作工人

3. 根据赫茨伯格的双因素理论，以下哪一项属于保健因素？（　　）

    A．工作上的成就感
    B．提升

    C．工资
    D．责任

4. 梅奥在霍桑实验的基础上，创立了（　　）

    A．人性本质理论
    B．需求层次理论

    C．人际关系学说
    D．双因素理论

5. 人的一切行为都是为了最大限度地满足自己利益，工作的动机是获得报酬。这是哪一种人性假设？（　　）

    A．经济人
    B．社会人

    C．自我实现人
    D．复杂人

6. 根据赫茨伯格的双因素理论，下列哪些因素可激励员工？（　　）

    A．报酬、成就、认可、责任

    B．报酬、工作条件、良好的工作环境

    C．成就、责任、良好的人际关系和成长

    D．成长、成就、责任

7. 儒家的（　　）基于人性恶的假设，强调隆礼克法的外控式管理。

    A．孔子
    B．孟子

    C．荀子
    D．朱熹

8. 老子哲学的核心思想是（　　）。

    A．无为而治
    B．道生万物

    C．以柔克刚
    D．有无相生

9. 中国古代著名的军事家孙武在《孙子兵法》中曾指出，战争的成败取决于"五事"，即"一曰道，二曰天，三曰地，四曰将，五曰法"。近代不少学者认为，孙武的观点完全可以运用于现代企业的竞争领域，台湾企业家将"五事"对照企业竞争的成败进行了形象的比喻，请你指出哪项描述最为确切。（　　）

    A．①计划　　　②环境　③市场　④领导　⑤法规

    B．①经营目标　②机会　③市场　④人才　⑤组织与编制

    C．①决策　　　②机会　③市场　④领导　⑤制度

    D．①经营目标　②环境　③市场　④人才　⑤管理

10. 中国古代政治家管仲有一句名言："仓廪实而知礼节，衣食足而知荣辱。"他的这一论述在某种程度上与西方国家哪一理论在观念上有明显的相似之处？（　　）

    A．法约尔的一般管理理论

    B．麦格雷戈的 X-Y 理论

    C．布兰查德的领导生命周期理论

    D．马斯洛的需求层次理论

11．当前，企业面临的常见的直接危机有人力资源危机、产品和服务危机和（　　）等。

　　A．行业危机　　　　　　　　　　　B．媒体危机

　　C．工作事故危机　　　　　　　　　D．诉讼危机

12．（　　）作为一种直接的、中断式渐进的管理方法，其思想是企业的业务流程环节都可以解剖、分解和细化。

　　A．标杆管理　　　　　　　　　　　B．虚拟企业

　　C．流程再造　　　　　　　　　　　D．战略联盟

13．某市市委和市政府最近准备表彰全市10名"人民满意的公务员"，但表彰意见并不统一。市委的表彰方案：在市日报和电视台上宣传他们的事迹并报上级组织；送他们到省党校和行政学院学习，这是他们日后晋升的重要基础；可以将他们作为市人大代表的候选人。市政府的表彰方案：每人奖励一套两室一厅的住房；组团到日本的友好城市学习并参观；每人可以要求解决一些具体的问题。事后的反馈发现，最受欢迎的是到省党校和行政学院学习，其次是住房。某食品公司年终对其5位优秀部门经理的奖励：每人奖给公司的10 000元股份；送往国外学习新的技术；在适当的时候，可以休假15天；可以到车间和行政上挂职。事后的反馈发现，最受欢迎的是到国外学习技术，其次是作为奖励的股份。从10名"人民满意的公务员"和5位优秀部门经理对各项奖励措施的欢迎程度，可以发现：（　　）。

　　A．无论是公共部门的职员，还是企业部门的职员，作为优秀的人才，他们都愿意学习新知识，他们都具有自我实现的需求，是"自我实现人"

　　B．这些人都有晋升的需求，是注重权力和尊重的人

　　C．他们对金钱看得并不重，没有"经济人"的一面

　　D．他们有着各种各样的需求，是"复杂人"

14．泰勒倡导的科学管理的特征之一就是工作的制度化与程序化，其中有一条重要的原则被称为"例外原则"。可以将其理解为：（　　）。

　　A．管理者具有一定的特殊权力，对于有些问题的处理可以例外，不受制度约束

　　B．将程序化的工作按制度的规定授权下属去完成，管理者主要集中精力处理非程序化事务

　　C．制度的制定要留有一定的余地，以便处理特殊情况

　　D．给管理者留有不按制度办事的权力，以便照顾某些特殊关系

15．国内经济管理界所谓的"新理论""新概念""新模式"层出不穷，时髦但不持久，这给许多力求取得卓越成绩的实际管理人员增加了无形压力。这种现象在国外也同样存在，到底是管理实践确实需要这么多的"新东西"，还是管理理论界不甘寂寞、人为"创新"？对此，管理学界有许多争议，以下是其中的一些说法。请问你最赞同哪一说法？（　　）

　　A．在环境变化的情况下不可能"一招鲜，吃遍天"，所以管理理论必须以这种方式推陈出新

　　B．万变不离其宗，管理的核心仍离不开如何建立选人、引人、用人、育人、留人的机制

　　C．管理要出奇制胜，这样才有可能让竞争对手无所适从，所以管理模式必须创新

D. 管理模式需要随经济发展而变，其形式与内涵均需要进行大幅度的调整，否则就会落后

二、判断题

1. "经济人"假设人天生是勤劳的，工作和休息娱乐一样有趣。 （　）

2. 梅奥通过霍桑实验得出职工是"经济人"。 （　）

3. 差别计件工资制对同一种工作设有两个不同的工资率，按工人完成的时间、质量，使用不同的工资率付酬。 （　）

4. 马斯洛认为多种层次的需求会同时产生激励作用。 （　）

5. 现代企业的流程再造不仅涉及企业本身，还应包括对整个供应链业务流程进行重新设计。 （　）

6. 被称为"科学管理之父"的是法约尔。 （　）

7. "社会人"假设理论认为影响员工积极性的决定因素是人际关系。 （　）

三、简答题

1. 简述马斯洛的需求层次理论。

2. 行为科学理论对管理有什么影响？

3. 梅奥的人际关系学说的主要观点是什么？

4. 简述泰勒的科学管理理论的主要内容。

5. 简述学习型组织的"五项修炼"。

情景4 企业目标与计划

【职业行动能力】

1. 能正确制定企业目标，并进行目标管理
2. 能运用综合评价法对目标成果进行评价
3. 能分析一份企业计划书，理解计划的类型和制订方法
4. 能运用滚动计划法，提高计划制订的效率和质量

【学习型任务】

1. 了解企业目标的特征和主要内容
2. 理解目标设置的基本原则
3. 理解目标管理的概念、特点和基本过程
4. 了解计划工作的概念、内容、制订的方法和程序
5. 了解计划工作的原理

【关键概念】

生存目标、发展目标、目标管理、计划、战略计划、行动计划

【相关理论】

目标管理、木桶原理

【管理方法】

目标成果的综合评价法、滚动计划法

任务 1 目标管理

4.1.1 任务导入

王总的目标管理方法

北方公司的王总在一次管理技能培训中学习到一些目标管理的内容。他对其理论逻辑上的简单清晰及其预期的收益有非常深刻的印象。因此,他决定在公司内部实施这种管理方法。于是他为公司的各部门制定工作目标。王总认为,各部门的目标决定了整个公司的业绩,因此应该由他本人为各部门确定较高目标。确定了目标之后,他就把目标任务书下发给各个部门的负责人,要求他们如期完成,并以口头通知的形式说明在目标完成后他要亲自针对落实情况按照相关要求进行考核和奖惩。但是他没有想到的是,中层经理在收到目标任务书的第二天就集体上书表示无法接受这些目标,致使目标管理方案无法顺利实施。王总感到很困惑。

问题:

(1)根据目标管理的基本思想和目标管理实施的过程,分析王总的做法存在哪些问题。

(2)一般来说,目标管理的实施过程包含哪些基本步骤?

4.1.2 相关知识

1. 企业目标

所谓目标,即做事情的努力方向或对未来的预期,它既是企业发展的要求,也是引导员工行为的指示灯。小到个人,大到企业,正是因为有了目标,才使人员和企业的发展有了活力。合理的目标可以起到激发个人潜力、促进个人和组织发展的作用。

小视频:目标的作用

(1)目标的特征

① 层次性。目标的层次性指目标是由多个层次构成的,对企业来说可分为高层、中层和基层,分别对应企业的各级管理岗位;从职能管理角度又分为一级、二级和三级,即企业级、部门级和班组级。通过要素、任务的结合,把目标分为相互交织且相互作用的层次,从而使目标显得清晰可见。

② 阶段性。目标的阶段性指目标的实现过程可以分为几个阶段,阶段性目标的完成为总目标的实现打下了基础。阶段性目标可能是递进的,也可能是分片的。不管是哪一种,都是为了保证最终目标的实现。

③ 功效性。任何目标都是为了达成未来的某种状态和结果,因此具有显著的功效性。

对企业而言，目标就是通过生产能满足社会需要的产品而创造经济效益，在此基础上不断提高员工的物质文化生活水平。目标的功效性可以起到激励人们奋进、促进组织发展的显著作用，如图4-1所示。

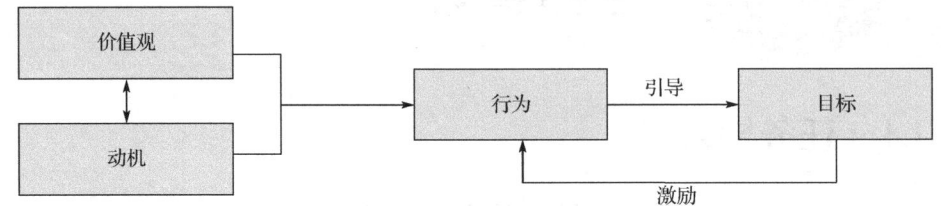

图4-1　目标的功效性

④ 可分解性。目标的可分解性指目标不但要指示方向，还要可被分解为多方面的具体目标和任务。对企业来说，首先要有基本目标，如实现利润、完成产值和销售收入、提高员工收入、提高市场占有率、完成技术改造等。在基本目标的指导下，企业内各部门要把基本目标按职责分解并落实为部门的具体目标和工作任务。在部门分解的基础上，由企业内的目标管理部门进行汇总和平衡，最终以目标任务书的形式下发给部门。目标如果不可分解，在执行上就具有一定难度。

一个企业的目标可分为生存目标和发展目标。生存目标主要以一个企业在一定时期内要为社会提供的商品或劳务的数量和质量来表示，其主要有3个子目标：贡献目标、收益目标和市场目标。发展目标是指在一定时期内量的扩大（如资金、产品、人员在数量上的增长）和质的提高（人员素质的提高）。一个企业要不断发展，必须在质和量两个方面不断创新和提高；如果没有创新和提高，就会停滞不前、脱离社会需求而被淘汰。

（2）目标设置的基本原则

好的目标应该符合SMART原则。SMART是5个英文单词首字母的缩写。

① 目标应该是具体明确的（Specific）。所谓明确，就是要用具体的语言清楚地说明要达成的行为标准。明确的目标几乎是所有成功团队的一致特点。很多团队不成功的重要原因之一就是目标模棱两可，或没有将目标有效地传达给相关成员。

② 目标应当是可以衡量的（Measurable）。应该有一组明确的数据作为衡量是否达成目标的依据。如果制定的目标没有办法衡量，就无法判断这个目标是否实现。

③ 目标应当是可以接受的（Attainable）。目标是要能够被执行人所接受的，如果上司利用一些行政手段或权力性的影响力一厢情愿地把自己所制定的目标强加给下属，下属典型的反应是一种心理和行为上的抗拒。"控制式"的领导喜欢自己制定目标，然后交给下属去完成，他们不在乎下属的反应和意见，这种做法越来越没有市场。如今，员工的知识层次、学历、本身的素质以及他们主张的个性张扬的程度都远远超出从前。因此，领导者应该更多地吸纳下属来参与目标制定的过程，即便是团队的整体目标。

④ 目标应当具有实际性（Realistic）。目标的实际性是指在现实条件下是否可行、可操作。具体可能有两种情形：一方面，领导者乐观地估计了当前形势，低估了达成目标所需要的条件，这些条件包括人力资源条件、硬件条件、技术条件、系统信息条件、团队环境因素等，以至于下达了一个高于实际能力的指标；另一方面，可能花了大量的时间、资

源甚至人力成本，最后确定的目标却根本没有多大实际意义。

⑤ 目标应当具有时限性（Time-based）。目标的时限性就是指目标是有时间限制的。没有时间限制的目标没有办法考核，或带来考核的不公。上下级之间对目标轻重缓急的认识程度不同，上司着急但下属可能不知道。到头来，上司可能暴跳如雷而下属觉得委屈。这种没有明确的时间限定的方式也会带来考核的不公正，伤害同事关系，伤害下属的工作热情。

2. 认识目标管理

（1）目标管理的概念

目标管理（Management by Objectives，MBO）最早是由美国纽约大学教授彼得·德鲁克于 1954 年提出来的。他在《管理的实践》一书中首先使用了"目标管理"这一概念，随后提出"目标管理与自我控制"的主张。他认为，企业的目的与任务必须转化为目标，目标是目的与任务的具体化。只有把目的与任务转化成具体的目标，才能更准确地理解和实现。所谓目标管理，是指企业各个部门和每个员工从上到下发挥其主观能动性和创造精神，围绕企业的总目标，制定各自的具体目标，确定行动的计划，并有效地组织实施，同时对取得的成果进行考核和奖惩的一种计划技术。

目标管理中的目标，可以分为整体目标、部门目标和岗位目标。目标管理层次包括公司整体发展战略规划、公司年度计划、部门目标计划、个人目标计划。目标管理以公司整体发展战略规划为前提，以公司年度计划为依据，将各种任务、指标层层分解到部门、个人。

（2）目标管理的特点

① 系统性。目标管理无论从目标体系看还是从管理过程看，都是一个完整的系统，具有系统的各种特征。一是目标明确。目标管理不仅把企业在计划期内要完成的任务变成明确的目标，而且通过目标分解，使下属各部门、班组甚至员工个人都有具体的目标。二是层次性强。目标分解是从上到下逐级分解，上级目标指导下级目标，下级目标保证上级目标，相互衔接，构成层次清晰的目标体系。三是相关性和整体性。整个目标管理过程都是围绕着总目标的实现而展开的，目标之间、措施之间的相关性和整体性就不言而喻了。

② 实行员工参与管理。目标管理强调全员参与，无论是目标的分解，还是措施的落实，都必须通过上下协商确定，即充分发扬民主，使行动方案有很好的群众基础。这不仅使目标具有科学合理性，更重要的是有利于激发广大员工的主人翁精神和参与意识，形成良好的企业文化氛围。

③ 强调"自我控制"。目标管理的创始人德鲁克主张在目标实现的过程中实行"自我控制"。他认为，员工是愿意负责的，愿意在工作中发挥自己的聪明才智和创造性，企业应该用"自我控制"的管理代替"压制性"的管理。企业在目标实施过程中，要求各部门和员工个人随时对照目标控制自己的行为，以尽早实现目标。考评时，首先由员工进行自我评价，然后由领导考评。

④ 激励性。目标管理将目标的制定和实施控制结合起来，并与执行者的利益紧密联

系在一起，实现目标后的报酬和奖惩制度是明确的，执行者可自己估计应得到的报酬和奖励，因此目标管理有很好的激励性。

总之，目标管理最主要的特点是既把目标当作激励力量，又把目标作为控制手段。

（3）目标管理的基本过程

第一阶段：确定和展开目标。这是目标管理最重要的阶段，这一阶段可以细分为以下4个步骤。

① 高层管理者草拟目标。这个目标是一个暂时的、可以改变的目标预案，可以由上级提出再由下级讨论，也可以由下级提出再由上级批准。无论哪种方式，必须共同商量决定。另外，领导必须根据企业的使命和长远战略，预估客观环境带来的机会和挑战，对本企业的优劣有清醒的认识，对组织应该和能够完成的目标心中有数。

② 重新审议组织结构和职责分工。目标管理要求每一个分目标都有确定的责任主体。因此草拟目标之后，需要重新审查现有组织结构，根据新的目标分解要求进行调整，明确目标责任者和协调关系。

③ 确立下级的目标。首先，下级明确组织的规划和目标；然后，上级和下级商定下级的分目标。在讨论中，上级要尊重下级，平等待人，耐心倾听下级意见，帮助下级发展一致性和支持性的目标。分目标要具体量化，便于考核；分目标应分清轻重缓急，以免顾此失彼；分目标既要有挑战性，又要有实现的可能。每个员工和部门的分目标要和其他的分目标协调一致，支持本单位和组织目标的实现。

④ 上级和下级就实现各项目标所需的条件以及实现目标后的奖惩事宜达成协议。分目标制定后，上级要授予下级相应的资源配置的权力，实现权责利的统一。下级写成书面协议并编制目标记录卡片，整个组织汇总所有资料后绘制出目标图。

第二阶段：实施目标。

第三阶段：督促检查。目标管理重视结果，强调自主、自治和自觉。这并不等于上级可以放手不管，相反，由于形成了目标体系，一环失误，就会影响全局。因此，上级在目标实施过程中的管理是不可缺少的。上级首先要进行定期检查，这要利用双方经常接触的机会和信息反馈渠道自然地进行；其次要向下级通报进度，便于互相协调；再次要帮助下级解决工作中出现的困难、问题，当出现的意外、不可测事件严重影响组织目标实现时，也可以通过一定的手续，修改原定的目标。

第四阶段：目标成果评价。达到预定的期限后，首先下级进行自我评估，提交书面报告；然后上下级一起考核目标完成情况，决定奖惩；同时讨论下一阶段的目标，开始新循环。如果目标没有完成，应分析原因、总结教训，切忌相互指责，以保持相互信任的气氛。

目标成果的具体评价一般采用综合评价法，即对每一项目标按目标的达到程度、目标的复杂困难程度、目标实现中的努力程度3个要素来评定，确定各要素的等级分，再加上修正值，得到单项目标的系数值，然后综合考虑各新时期目标在全部目标中的权数，得出综合考虑的目标成果值，根据目标成果值确定目标成果的等级。各部门的目标成果也可用同样的方法进行评价。

目标管理的基本过程如图4-2所示。

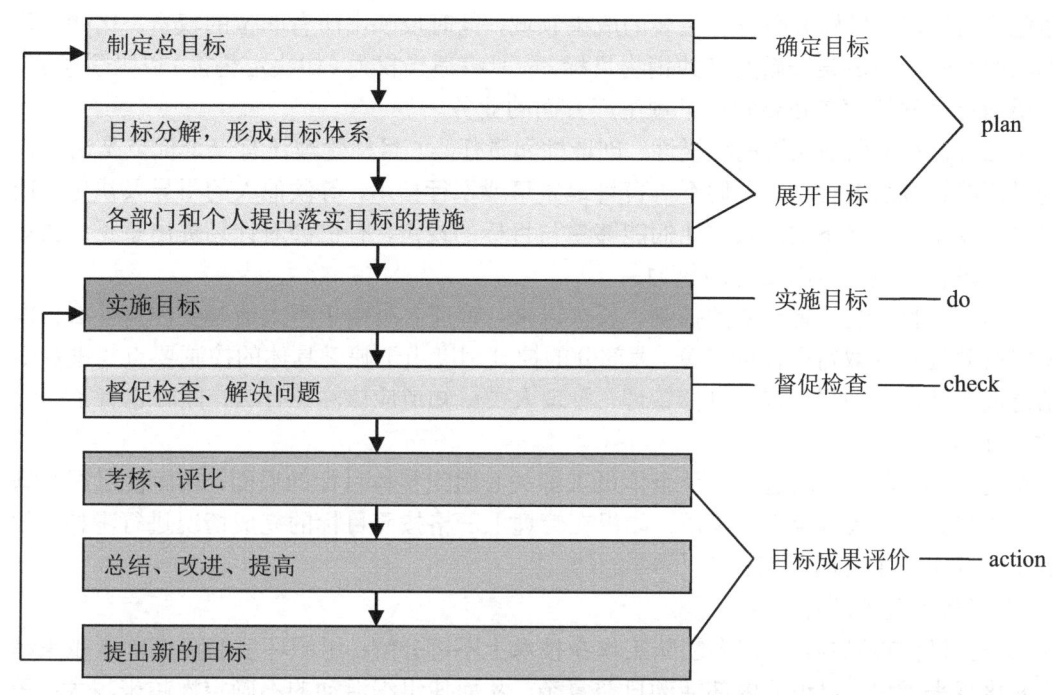

图 4-2 目标管理的基本过程

（4）目标管理的优缺点

目标管理可能是到目前为止运用到实务上最有力的管理工具，其简单而容易被人接受的逻辑足以反映管理的目的。如果组织内的成员缺乏明确的目标，不仅会出现混乱的局面，且不能期望任何团体或个人有好的成效。任何有组织的团体长久以来已认清这样一个事实：为使组织工作具有成效，共同的目标固然不可缺，但要使目标可行，必须使追求目标的人既清楚目标所在又可以对其工作成果进行验收。

小视频：目标管理
的过程

因此，目标管理的关键在于可验收或评价其绩效。目标如果无法验收，则成为无意义的目标。换言之，在未来的某些时候，人们要能够知道目标是否已达成。当然，对可以量化的目标，如销售额、利润或每单位产品的工时等，验收起来相对简单；质的方面的目标也不是不能验收，如规定在一定日期要发展或设置具有一定特质的项目计划等。

目前目标管理在全世界产生很大影响，但实施中也出现许多问题。因此，组织必须客观分析其优劣势，这样才能扬长避短、收到实效。

① 目标管理的优点

第一，有利于改进管理。目标管理的主要优点是能够改进管理。如果计划没有成果导向性，则无法建立可评价及可行动的目标。目标管理强迫管理者必须计划出成果，而不只是行动或工作。管理人员除需要考虑如何去完成成果以及需要哪些组织和成员以外，还要把所需要的资源、部门间的协调以及应予以控制的要点考虑在内，以保证目标的实现。

第二，有利于暴露组织机构中的缺陷。目标管理的主要优点之一是它能使组织所扮演的角色非常明确。目标务必符合主要的成果领域，同时反映出所有职位的权责。比如，营销部门的主管要完成某一新产品的销售目标，应具有适当权力（如决定售价）以吸引顾客，甚至要确定这种权力在必要时可干预生产方面的业务。

第三，有利于调动人们的积极性、创造性和责任心。目标管理还有一个优点是诱导人们为目标的达成采取行动。人们不再盲目地做事或奉行指示、等候他人的引导及决定，他们已成为既定目标之下的成员。他们能够参与目标的设定，有机会对计划提出意见，也知道自己有进行决策与运用资源的权力。

第四，有利于进行更有效的控制。长久以来，管理人员由于不太清楚要注意什么，以致未能有效控制并取得所需的信息。大部分的控制制度由于缺乏具体的控制要点与进行中的信息而未能产生效果。有了目标管理，管理人员就知道应该注意什么，同时也有了衡量绩效的标准。

总之，目标管理可以造成一种全体员工都关心组织整体目标的局面，从而使组织充满活力和生机，大大改善组织的素质。如果在管理上严格按照目标的完成情况进行考核，就有利于消除平均主义的弊病。

② 目标管理的缺点

第一，目标难以制定。许多团队工作在技术上不可分解；组织环境的可变因素越来越多，变化越来越快；组织的内部活动日益复杂，从而使组织活动的不确定性越来越大；等等。这些都使得针对组织的许多活动制定量化目标变得很困难。

第二，目标管理的哲学假设不一定都存在。Y理论对人类的动机进行了过分乐观的假设。因此在许多情况下，目标管理所要求的承诺、自觉、自治气氛难以形成。

第三，目标商定可能增加管理成本。目标商定要上下沟通、统一思想，这是很费时间的；单位、个人都关注自身目标的完成，很可能忽略了相互协作和组织目标的实现，导致本位主义、临时观点和急功近利的滋长。

第四，有时奖惩不一定都能和目标成果相配合，也很难保证公正性，因此容易削弱目标管理的效果。

目标管理在我国的管理发展中还是一种新的趋向。这要求各个组织的主管人员不断探索、总结经验，以求得最优的效果。

4.1.3 分组案例分析

A公司的目标管理

A公司从2019年7月份开始实行目标管理，当时处于试行阶段，到目前运行了将近一年。应该说执行的过程并不是很顺利，每个月目标管理卡的填写或制作似乎成了各个部门经理的任务或者说是累赘，似乎占了他们大部分的时间或者说浪费了他们的许多时间。每个月都是由办公室督促大家写目标管理卡。除此之外，一些部门在填写目标管理卡时遇到了很多问题。例如，在财务部门的工作中每个月的常规项目占所有工作的90%，其目标管理卡内容的重复性特别高；在一些行政部门的工作中临时性的工作特别多，很难确定本部门的目标管理卡……

A 公司的目标管理执行步骤如下。

一、目标的制定

1．总目标的确定。前一财年年末公司总经理在职工大会上进行总结报告时向全体职工讲明下一财年的大体的工作目标。财年年初的部门经理会议上，总经理和副总经理、各部门经理讨论协商，确定该财年的目标。

2．部门目标的制定。每个部门在每月的 25 日之前确定下一个月的工作目标，并以目标管理卡的形式报告给总经理，总经理办公室留存一份，本部门留存一份。部门目标分别为各项工作的权重以及完成的质量与效率，由权重、质量和效率共同来决定。最后由总经理审批，经批阅以后方可作为部门的工作最后得分。

3．目标的分解。各个部门的目标确定以后，由部门经理根据部门内部的具体岗位职责和分工协作情况进行分解。

二、目标的实施

目标的实施主要采用监督、督促并协调的方式。每个月月中总经理办公室主任与人力资源部绩效主管共同或分别到各个部门询问或了解目标进行的情况，直接与各部门的负责人沟通，在这个过程中了解到哪些项目进行到什么地步、哪些项目没有按规定的时间与质量完成、为什么没有完成等，并督促其完成项目。

三、目标结果的评定与运用

目标管理卡首先由各部门的负责人自评，自评过程受人力资源部与办公室的监督，最后报总经理审批，总经理根据每个月各部门的工作情况对目标管理卡进行相应的调整以及进行自评的调整。

目前人力资源部的人数有限，而且各司其职。

请分析：

（1）A 公司的目标管理总体上存在哪些问题？

（2）既然财务、市场、行政等部门在工作内容、工作方式方面大不相同，那该如何针对不同部门的职能特点设计目标管理卡？

（3）显然 A 公司的部门管理者不支持目标管理，为什么会出现这样的问题？

（4）如何让各部门的管理者意识到目标管理的重要性和必要性？

4.1.4 实践活动安排

情景 4 任务 1 实践活动安排如表 4-1 所示。

表 4-1 情景 4 任务 1 实践活动安排

活动 11	名家讲坛：张见明《目标与计划管理》
活动目标	观看张见明的《目标与计划管理》，加深学生对中国传统管理思想的认知
活动安排	播放张见明的《目标与计划管理》25 分钟

续表

活动11	名家讲坛：张见明《目标与计划管理》
活动考核	1. 在班级组织一次交流与讨论。 2. 教师根据交流与讨论中的参与表现给予平时分

任务 2 计划

4.2.1 任务导入

"隆中策"

诸葛亮的"隆中策"是我国较早的、大型的成功计划工作案例之一。

"隆中策"的第一步是确定组织目标：兴汉室，图中原，统一天下。

"隆中策"的第二步是制定分步实施方案，即确定分步计划的阶段目标：第一，取荆州为家，形成"三分天下"之势；第二，取西川建立基业，壮大实力，以成鼎足之状；第三，"天下有变，则命一上将将荆州之军以向宛、洛，将军身率益州之众以出秦川"，这样，"霸业可成，汉室可兴矣"。

"隆中策"的第三步是确定实现目标的指导方针："北让曹操占天时，南让孙权占地利，将军可占人和"。内修政理，外结孙权，西和诸戎，南抚彝、越，等待良机。

"隆中策"又进一步对敌、我、友、天、地、人进行了极为细致透彻的分析，论证了为什么应当有这样的指导方针。

诸葛亮的"隆中策"并非主观臆断，而是建立在调查研究和预测的基础上，在于他准确、及时、充分地掌握了信息。诸葛亮的信息来源，一靠交友，二靠云游，这样他才能做到知天下事、知天下人，不然怎么能画出西川五十四州图呢？

诸葛亮的"隆中策"不正是一项完整的计划工作吗？三分天下之后，如果不是后来关羽交恶东吴而丢了荆州，如果不是刘备在战术上犯了错误而使鼎盛时期的蜀汉大伤元气，如果后主刘禅是明君，诸葛亮也不会功败垂成。蜀汉之所以被灭掉，并非隆中决策之失，而是执行计划有误。

问题：

（1）"隆中策"是（　　　）。

　　A. 战术性计划　　B. 战略性计划　　C. 程序性计划　　D. 具体性计划

（2）如何编制一项完整的计划？

4.2.2 相关知识

1. 计划工作

计划，是企业为了实现一定目标而制定的未来行动方案。计划有时也称预算、规划等。一般把用金额表示的项目计划称为预算，把具有较长时限的计划称为规划。

计划的形式通常是用数据加文字说明写成的书面文件。不同类型的计划所包含的内容会有些差别。一份完整的企业经营计划应该包括如下几方面的内容：上一计划期计划执行情况，包括计划完成的结果、完成或未完成的原因；编制下一计划期计划的依据，包括国家有关的方针政策、经济形势、企业的客观条件；计划期应达到的目标；实现目标的措施、手段和其他有关说明。

由计划所表示的内容可以看出，一份计划实际包括了企业在计划期内要达到的目标和要完成的任务，这是计划的核心。

可以简单地将计划工作的任务和内容概括为 6 个方面，即做什么、为什么做、何时做、何地做、谁去做和怎么做，简称为"5W1H"。这 6 个方面的具体含义如下。

"做什么"：要明确计划工作的具体任务和要求，明确每一个时期的中心任务和工作重点。例如，企业生产计划的任务主要是确定生产哪些产品、生产多少，合理安排产品投入和产出的数量和进度，在保证按期、按质和按量完成订货合同的前提下，使生产能力得到尽可能充分的利用。

"为什么做"：要明确计划工作的宗旨、目标和战略，并论证可行性。实践表明，计划工作人员对组织和企业的宗旨、目标和战略了解得越清楚、认识得越深刻，就越有助于他们在计划工作中发挥主动性和创造性。正如平常所说的"要我做"和"我要做"的结果是大不一样的，其道理就在于此。

"何时做"：规定计划中各项工作的进度，以便进行有效的控制和对能力及资源进行平衡。

"何地做"：规定计划的实施地点或场所，了解计划实施的环境条件限制，以便合理安排计划实施的空间组织和布局。

"谁去做"：计划不仅要明确规定目标、任务、地点和进度，还应规定由哪个主管部门负责。例如，开发一种新产品要经过产品设计、样机试制、小批试制和正式投产几个阶段。在计划中要明确规定每个阶段由哪个部门负主要责任和由哪些部门协助，规定各阶段交接时由哪些部门的哪些人员参加审核等。

"怎么做"：制定实现计划的措施以及相应的政策和规则，对资源进行合理分配和集中使用，对人力、生产能力进行平衡，对各种派生计划进行综合平衡等。

实际上，一个完整的计划还应包括控制标准和考核指标的制定，也就是告诉实施计划的部门或人员做成什么样、达到什么标准才算是完成了计划。可见，企业的计划工作可被看作一种管理方式和手段，这种方式和手段是围绕行动方案的制定而展开的，计划工作的结果就是提供一份完整的计划。

计划是管理过程的首要环节，居于统帅地位和领先地位。管理的组织职能和控制职能都必须以计划职能所确定的目标为依据才能有效开展，计划职能在管理中的作用主要表现在两个方面：导航作用、协调作用。

小知识：企业归核管理

运用好计划职能，在经营管理活动中就有了明确的方向性、目的性和预见性。

2. 计划工作的特点

计划工作的特点可以概括为 5 个主要方面，即目的性、首位性、普遍性、效率性和创造性。

（1）目的性

每一个计划及其派生计划都旨在促使企业或各类组织的总目标和一定时期目标的实现。计划工作是可以清晰地显示出管理的基本特征的主要职能活动。

（2）首位性

计划工作相对于其他管理工作处于首位。把计划工作放在首位，不仅是因为从管理过程的角度来看，计划工作先于其他管理工作，而且是因为在某些场合，计划工作是付诸实施的唯一管理工作。计划工作的结果可能是得出了一个决策，即无须进行随后的组织工作、领导工作及控制工作等。

计划工作具有首位性的原因，还在于计划工作影响和贯穿于组织工作、人员配备、指导和领导工作以及控制工作。计划工作对组织工作的影响是，可能需要在局部或整体上改变一个组织的结构、设立新的职能部门或改变原有的职权关系。

（3）普遍性

虽然计划工作的特点和范围随各级主管人员职权的不同而不同，但它是各级主管人员的一项共同工作。所有的主管人员，无论是总经理还是班组长，都要从事计划工作。

（4）效率性

计划工作的任务，不仅要确保实现目标，而且要从众多方案中选择最优的资源配置方案，以求得合理利用资源和提高效率。用通俗的语言来表达，就是既要"做正确的事"又要"正确地做事"。显然，计划工作的任务同经济学所追求的目标是一致的。计划工作的效率，是以实现企业的总目标和一定时期的目标所得到的利益，扣除为制订和执行计划而需要的费用和其他预计不到的损失之后的总额来测定的。

（5）创造性

计划工作往往针对需要解决的新问题和可能出现的新变化、新机会而做出决定，因而它是一个创造性的管理过程。计划有点类似于一项产品或一项工程的设计，它是对管理活动的设计。正如一种新产品的成功在于创新，成功的计划也依赖于创新。

3. 计划的类型

依照不同的标准，可将计划分为不同的类型，各种类型的计划不是彼此割裂的，而是由分别适用于不同条件的计划所组成的一个计划体系。

（1）按计划的期限划分

计划可分成短期、中期和长期计划。一般来讲，期限在 1 年以内的为短期计划，而期限在 5 年以上的为长期计划，介于两者之间的为中期计划。当然这个划分标准并非绝对，在某些情况下，它还受计划的其他方面因素的影响。

（2）按计划范围的广度划分

计划可分成战略计划和行动计划。应用于整体组织，为组织设立总体目标以寻求组织在环境中的地位的计划，被称为战略计划。因为一个组织的总体目标和地位通常是不轻易改变的，所以这种计划的周期一般都较长，通常为长期计划。规定总体目标如何实现的细节计划被称为行动计划，这种计划的周期通常较短。行动计划与战略计划的最大差别在于：战略计划的一个重要任务是设立目标，而行动计划则假设目标已经存在从而提供一种实现目标的方案。

（3）按计划的明确性程度划分

计划可分成指导性计划和具体计划。指导性计划只规定一些重大方针，而不局限于明确的特定的目标或特定的活动方案。这种计划可为组织指明方向、统一认识，但并不提供实际的操作指南。具体计划则恰恰相反，要求必须具有明确的可衡量目标以及一套可操作的行动方案。组织通常根据面临的环境的不确定性和可预见性程度的不同，选择制订这两种不同类型的计划。

（4）按制订计划的组织层次划分

计划可分成高层管理计划、中层管理计划和基层管理计划。高层管理计划一般以整个组织为单位，着眼于组织整体的、长远的安排，一般属于战略计划；中层管理计划一般着眼于组织内部的各个组成部分的定位及相互关系的确定，它既可能包含部门的分目标等战略性质的内容，也可能有各部门的工作方案等行动性质的内容；基层管理计划着眼于每个岗位、每个员工、每个工作时间单位的工作安排和协调，其内容基本是行动性质的内容。

（5）按组织的职能划分

计划可分成生产计划、营销计划、财务计划等。从组织的横向层面看，组织内有着不同的职能分工，每种职能都需要形成特定的计划。例如，企业要从事生产、营销、财务等方面的活动，就要相应地制订生产计划、营销计划、财务计划等。

4. 计划工作的制订程序

小视频：计划的概念和类型

任何计划工作的制订程序（即工作步骤）都是相似的，如图 4-3 所示。

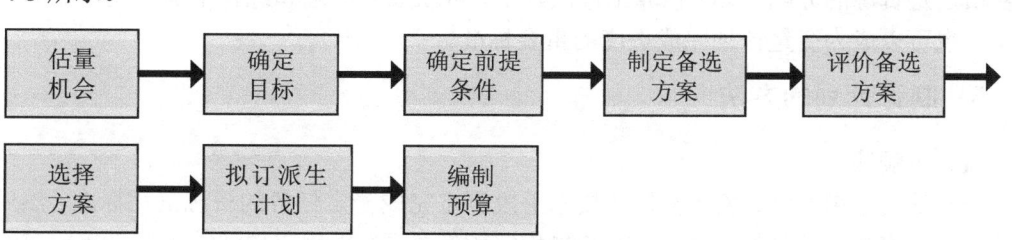

图 4-3　计划工作的制订程序

① 估量机会。对机会的估量，要在实际的计划工作开始之前就着手进行，它虽然不是计划的一个组成部分，却是计划工作的一个真正起点。其内容包括：对未来可能出现变化和预示的机会进行初步分析，形成判断，根据自己的长处和短处搞清自己所处的地位；了解自己利用机会的能力；举出主要的不确定因素，分析其发生的可能性和影响程度；在反复斟酌的基础上，扬长避短。

② 确定目标。在估量机会的基础上，为组织及其下级单位确定计划工作的目标。在这一步上，要说明基本的方针和要达到的目标，说明制定战略、政策、规则、程序、规划和预算的任务，指出工作的重点。

③ 确定前提条件。计划工作的前提条件就是计划工作的假设条件，换言之，即计划实施时的预期环境。负责计划工作的人员对计划的前提了解得细致、透彻，并能始终如一地利用它，则计划工作也将做得协调。前述的外部前提条件多为不可控的和部分可控的，而内部前提条件大多是可控的。不可控的前提条件越多，不确定性越大，就越需要通过预测工作确定其发生的概率和影响程度的大小。

④ 制定备选方案。计划工作制订程序的第4步是调查和设想出可供选择的行动方案。通常，最显眼的方案不一定就是最好的方案。在过去的计划方案上稍加修改和略加推演也不会得到最好的方案。这一步工作需要发挥创造性。此外，方案也不是越多越好。我们即使可以采用数学方法和借助电子计算机的手段，还是要对候选方案的数量加以限制，以便把主要精力集中在少数极有希望的方案的分析方面。

⑤ 评价备选方案。计划工作制订程序的第5步是按照前提和目标来权衡各种因素，比较各个方案的利弊，对各个方案进行评价。评价实质上是一种价值判断。它一方面取决于评价者所采用的标准，另一方面取决于评价者为各个标准所赋予的权数。显然，确定目标和确定计划前提条件的工作质量直接影响到方案的评价。在评价方法方面，可以采用运筹学中较为成熟的阵评价法和层次分析法，在条件许可的情况下可以采用多目标评价方法。

⑥ 选择方案。计划工作制订程序的第6步是选择方案。这一步是在前5步工作基础上迈出的关键一步，也是决策的实质性阶段——抉择阶段。可能遇到的情况是，有时会发现同时有两个可取的方案。在这种情况下，必须确定出先采取哪个方案，而将另一个方案也进行细化和完善，并作为后备方案。

⑦ 拟订派生计划。派生计划就是总计划下的分计划。总计划要靠派生计划来保证，派生计划是总计划的基础。

⑧ 编制预算。计划工作制订程序的最后一步是把计划转化为预算，使之数字化。预算实质上是资源的分配计划。预算工作做好了，可以成为汇总和综合平衡各类计划的一种工具，也可以成为衡量计划完成进度的重要标准。

5. 制订计划的方法

（1）定额法

定额法是运用经济、统计资料和技术手段测定完成一定任务的资源消耗标准，然后根据这一标准来制订计划的方法。定额法也称定额换算法。采用定额法首先要确定一定的资源消耗可以完成多少工作任务，从而得到一个标准，即定额。这一标准可以根据有关部门的规定来确定，也可以根据在正常情况下实际已经达到的工作量来确定。然后将这一标准作为计划指标来制订整个计划。例如，某企业准备编制生产计划，需要先了解上一年度每个职工、各个车间所完成工作量的情况，再将此作为定额来编制企业的生产计划。定额法通常用于核算人力、物力、财力的需要量和设备、资源的利用率。

（2）系数推导法

系数推导法是利用过去两个相关经济指标之间长期形成的稳定比率来推算、确定计划期有关指标的方法。例如，在一定的生产技术条件下，某些原材料的消耗量与企业产量之间有一定的比例关系，根据这个比率和企业的计划产量就可以推算出这些原材料的计划需用量。

（3）滚动计划法

滚动计划法是一种动态编制计划的方法。它不像静态分析那样，等计划全部执行完了之后重新编制下一个时期的计划，而是在每次编制或调整计划时，均将计划按时间顺序推进一个计划期，即向前滚动一次。依据此方法，对距离现在较远的时期的计划则编制得较粗，只编制一个概括性的，以便以后根据计划因素的变化而调整和修正，而对时期较近的计划则要求得比较详细和具体。滚动式计划法能够根据变化了的组织环境及时调整和修正组织计划，体现了计划的动态适应性。而且，它可使中长期计划与年度计划紧密衔接起来。滚动式计划法还可用于编制年度计划或月度计划。采用滚动式计划法编制年度计划时，一般将计划推进一个季度，计划年度中第一季度的任务比较具体，到第一季度末，在编制第二季度的计划时，要根据第一季度计划的执行结果和客观情况的变化以及经营方针的调整，对原先制订的年度计划进行相应的调整，并在此基础上将计划期向前推进一个季度。采用滚动式计划法编制月度（分旬）计划时，一般可将计划期向前推进 10 天，这样可省去每月月末预计、月初修改计划等工作，有利于提高计划的准确性。滚动计划示意图如图 4-4 所示。

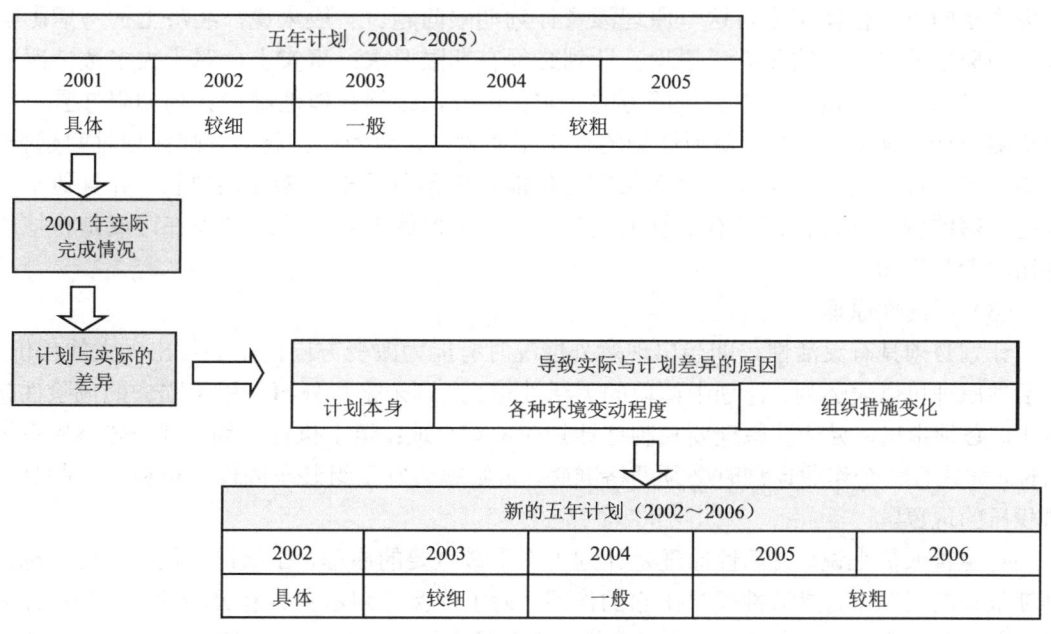

图 4-4　滚动计划示意图

小知识：懒蚂蚁效应

滚动计划法可以保证经营计划的严肃性、连续性、适应性和灵活性，是一种较好、常用的计划调整方式。

正确地运用滚动计划法，应具备以下条件：首先，要有专职人员担任滚动计划的具体编制工作；其次，要及时地掌握有关的信息资料；再次，要加强企业的经济活动分析，总结经验教训，找出计划与实际的差异，并查出差异的成因；最后，根据差异和成因适时地调整计划。

6. 计划工作的原理

管理原理就是对管理过程基本规律的一种理论概括，使之成为概念，用以指导日常的管理工作。对原理的运用应结合当时、当地的实际情况。计划工作作为一种基本的管理职能活动也有自己的规律，自然也应有自己的原理。

（1）限定因素原理

所谓限定因素，是指妨碍组织目标实现的因素，也就是说，在其他因素不变的情况下，仅仅改变这些因素，就可以影响组织目标的实现程度。限定因素原理可以表述如下：主管人员越能够了解对达到目标起主要限制作用的因素，就越能够有针对性地、有效地草拟各种行动方案。限定因素原理又被形象地称作"木桶原理"，其含义是木桶能盛多少水取决于桶壁上最短的那块木板。限定因素原理表明：主管人员在制订计划时，必须全力找出影响计划目标实现的主要限定因素或战略因素，有针对性地采取得力措施。

（2）许诺原理

在计划工作中选择合理的期限应当有某些规律可循。许诺原理可以表述为：任何一项计划都是对完成各项工作所做出的许诺，因而，许诺越大，实现许诺的时间就越长，实现许诺的可能性就越小。这一原理涉及计划期限问题。一般来说，经济上的考虑影响到计划期限的选择。按照许诺原理，计划必须有期限要求；事实上，对于大多数情况来说，完成期限往往是对计划的最严厉的要求；此外，必须合理地确定计划期限并且不应随意缩短计划期限；再有，每项计划的许诺不能太多，因为许诺越多，则计划时间越长。如果主管人员实现许诺所需的时间长度比他能正确预见的未来期限还要长，并且他不能获得足够的资源并使计划具有足够的灵活性，那么他就应当断然地减少许诺或是将他所许诺的期限缩短。

（3）灵活性原理

计划必须具有灵活性，即当出现意外情况时有能力改变方向而不必付出太大的代价。灵活性原理可以表述为：计划中体现的灵活性越大，则未来意外事件引起损失的危险性就越小。必须指出，灵活性原理要求制订计划应留有余地；至于执行计划，则一般不应有灵活性，如执行一个作业计划时必须严格准确，否则就会发生组装车间停工待料或在制品大量积压的现象。

对主管人员来说，灵活性原理是计划工作中最重要的原理，在承担的任务重而目标计划期限长的情况下，灵活性便显出它的作用。为了确保计划本身具有灵活性，在制订计划时，应量力而行，不留缺口但要留有余地。本身具有灵活性的计划又被称为"弹性计划"，即能适应变化的计划。

（4）改变航道原理

计划被制订出来后，计划工作者就要管理计划，促使计划得到实施，而不被计划所"管理"，不能被计划框住。必要时计划工作者可以根据当时的实际情况对计划进行检查和修订。尽管在制订计划时预见了可能发生的情况并制定出相应的应变措施，但是一来不可能面面俱到，二来情况在不断变化，三来计划往往赶不上变化，总有一些问题是不可能预见到的，所以要定期检查计划。如果情况已经发生变化，就要调整计划或重新制订计划，就像航海家一样，必须经常核对航线，一旦遇到障碍就绕道而行。故改变航道原理可以表述为：计划的总目标不变，但实现目标的进程（即航道）可以因情况的变化随时改变。这个原理与灵活性原理不同，灵活性原理使计划本身有适应性，而改变航道原理使计划执行过程具有应变能力，为此，计划工作者就必须经常检查计划，重新调整、修订计划，以此达成预期的目标。

小视频：计划编制的原则和影响因素

4.2.3　分组案例分析

综合控制计划的制订

张正在前几天被任命为一家国有化妆品公司的总经理。他很快就发现这家公司存在着很多的问题，而且其中的大多数问题都与公司不适当的控制管理有关。例如，各部门的预算是由各部门自行制定的，前任总经理对各部门上报的预算一般不加修改就签字批准，公司内部也没有专门的财务审核人员，因此对各部门的预算和预算的实施情况根本就没有严格的审核；在人事方面，生产一线人员流动率高，常有人不辞而别，行政工作人员迟到早退现象严重，而且常有人在工作时间利用公司电话炒股。

公司对这些问题都没有采取有效的控制措施，更没有对这方面的问题进行及时调整或解决。不少中层管理者还认为，在公司业务不景气时生产人员想走是很正常的，行政工作人员在没什么工作可做的情况下迟到早退、自己想办法赚点钱也是可以理解的，对此没有必要大惊小怪。

张正认为，要改变公司的面貌，就要加强资金、人员等方面的控制，为此，就需要制订出一个综合控制计划。

请分析：张正应制订怎样的一个综合控制计划，以防止类似事件的发生？

4.2.4　实践活动安排

情景 4 任务 2 实践活动安排如表 4-2 所示。

表 4-2　情景 4 任务 2 实践活动安排

活动 12	分析一份企业计划书
活动目标	在分析计划书的过程中，理解计划的分类，领会计划制订的方法，并与目标管理知识相联系，整理出支持本计划的目标

续表

活动 12	分析一份企业计划书
活动内容	1. 与相关企业管理人员沟通，获得计划书一份。 2. 了解制订此计划的相关背景及实施情况。 3. 参照教材中的计划工作理论并应用其进行分析
活动组织	1. 请班级内的同学通过各种渠道与企业相联系，尽量获得近期计划。 2. 将同学们搜集到的计划进行分类，然后以此为标准进行分组，小组内进行讨论，讨论的主要内容包括：这些计划是由哪些人（部门）制订的，制订的流程怎样，计划的缺点如何。并对讨论过程及分析结果进行记录
活动考核	1. 每个小组上交一份讨论记录和一份计划方案。 2. 考核每个人所取得的资料的典型性，分 A、B、C、D 共 4 个等级评定

【能力培养图】

小练习：
计划的习题

学习型任务

1. 了解企业目标的特征和主要内容
2. 理解目标设置的基本原则
3. 理解目标管理的概念、特点和基本过程
4. 了解计划工作的概念、内容、制订的方法和程序
5. 了解计划工作的原理

职业行动能力训练项目

活动
1. 名家讲坛：张见明《目标与计划管理》
2. 分析一份企业计划书

案例
1. 王总的目标管理方法
2. A公司的目标管理
3. "隆中策"
4. 综合控制计划的制订

职业行动能力

1. 能正确制定企业目标，并进行目标管理
2. 能运用综合评价法对目标成果进行评价
3. 能分析一份企业计划书，理解计划的类型和制订方法
4. 能运用滚动计划法，提高计划制订的效率和质量

借鉴实践经验

1. 项目管理的20条锦囊妙计
2. 木桶管理理论的应用
3. 执行——如何完成任务的学问

坚持拓展阅读

《目标：简单而有效的常识管理》
《目标管理与绩效考核》
《图解经营计划制定方法》
《职业经理人十万个怎么办：如何制订工作计划》

掌握相关理论

目标管理
木桶原理

运用管理方法

目标成果的综合评价法
滚动计划法

【拓展阅读】

1. 趣味阅读

木桶管理理论的应用

木桶原理，亦称限定因素原理。其含义是木桶能盛多少水，取决于桶壁上最短的那块木板。它指"行政人"越能清晰地了解对于达到行政目标起主要限制作用的因素，则越能有针对性地拟订各种行政计划和行动方案，其实质是界定行政目标实现过程中的主要矛盾。正确运用木桶原理，既可以省时、省力，避免对问题的面面俱到，又可以防止把主要精力放在一些非关键因素上而影响主要问题的解决。

木桶原理是一个具有代表性的管理性质的理论，值得我们从中得出自己的管理观点。我们可以把木桶的每块板看作：

木桶箍 / 木桶底——企业；

木板一——生产人员；

木板二——质量人员；

木板三——管理人员；

木板四——财务人员；

木板五——销售人员；

木板六——售后人员。

如果木桶里的水流出来，那么有以下几个主要原因：

① 木桶箍 / 木桶底有问题，也就说明企业管理层的决策有问题，其实这个问题是大问题，如果木桶箍松了或破了 / 木桶底掉了，那也就说明这个企业破产了。

② 木桶桶壁上一块板比其他的短，水就会流出，这也就说明：桶盛水的多少，并不取决于桶壁上最长的那块木板，而恰恰取决于桶壁上最短的那块木板。

上面的两条可以延伸到企业，这也就谈到了木桶原理的应用。本文主要谈木桶原理的团队精神，以及对每一个员工的教育和培训的加强。其实这两者相辅相成。

木桶原理是团队合作的缩影。木桶原理就是让领导者、管理层要注意为员工营造一种团结的气氛。上面已经谈到木桶漏水的两大原因，对于企业来说，这两点可以转化为以下内容。

① 木桶原理——团队合作

从木桶我们可以看出一个简单的道理：木桶箍要牢牢地把木桶紧住，不能让它漏水。要用企业文化、企业精神等把企业成员团结在一起。

华为的文化核心就是团队精神，华为老总任正非在《任正非：致新员工书》中提道："华为的企业文化是建立在国家优良传统文化基础上的企业文化，这个企业文化黏合全体员工团结合作，走群体奋斗的道路。有了这个平台，你的聪明才智方能很好发挥，并有所成就。没有责任心、不善于合作、不能群体奋斗的人，等于丧失了在华为进步的机会。"让我们再看看华为的销售口号："胜则举杯相庆，败则拼死相救。"华为的管理模式是矩阵式管理模式，要求企业内部的各个职能部门相互配合。华为的团队成就了今天的华为。

我们在上学的时候学过磁性原理，一堆铁钉在磁场的作用下会朝同一方向移动。而没有磁场的铁钉会动吗？也可以这么说，企业好比一个磁场，要把企业所有部门"吸"过来，靠的是什么？靠的是企业的文化、企业的精神、企业的团队。对于一个企业来说，需要建设出一个具有竞争力的团队，而不是一堆堆各自为政的"散沙"。

② 木桶原理——合理利用员工资源，发现员工不足，及时对员工进行教育和培训。

企业要找到自己的薄弱环节，一个企业不管做得再好，在管理上都有潜力可挖。大家可以到各部门走一走，找员工谈一谈，就会发现企业存在许多资源被闲置甚至浪费而发挥不了应有的作用、常见的互相扯皮、决策低效、措施不改、管理部门之间矛盾重重等现象，这就是企业的薄弱环节，也就是大家所说的木桶原理中的那块短板，它在一定程度上制约着企业的发展。木桶原理告诉我们：企业要找出"木桶"的"短板"，对短处进行培训，使木桶壁的木板一样齐，这样才能使木桶盛水最多。

不管是企业还是个人，不管你有没有意识到，都在不同程度上存在着缺点和不足。任何一个区域都有"最短的木板"。面对自己的这些缺点和不足，有些人从没察觉到，有些人虽然有所察觉却听之任之，于是，他们永远只能在原地踏步或每况愈下。这时候就要求企业对员工进行考核。

随着考核，企业不断地发现员工的问题，不断地进行培训，知识型员工增多，工作内容中的智力成分增加，越来越多的工作需要团队合作来完成。传统模式和团队协作模式的最大的区别在于，后者更加强调团队中个人的创造性发挥，以及团队整体的协同工作。

随着员工个人的成长，要协调个人成长与团队合作的关系，使二者能够相互作用、共同发展。

2. 推荐书籍

请登录华信教育资源网（www.hxedu.com.cn），在本书相关资源中免费下载推荐书籍清单。

【过程考核】

一、单选题

1. 目标管理的特点是（　　）。
   A．强调管理　　　　　　　　　　B．强调过程控制
   C．参与式管理　　　　　　　　　D．权力集中

2. 某企业确定了上半年的计划，这种计划是（　　）。
   A．长期计划　　　　　　　　　　B．短期计划
   C．中期计划　　　　　　　　　　D．战略计划

3. 计划编制中的滚动计划法是动态的、灵活的，它的主要特点是（　　）。
   A．按前期计划执行情况和内外环境变化，定期修订已有计划
   B．不断逐期向前推移，使短、中期考虑有机结合
   C．按"近细远粗"的原则来编制，避免对不确定性远期计划过早过死的安排
   D．以上三方面都是

4. 基本建设计划、新产品开发计划等属于（　　）计划。

    A．专项　　　　　　B．综合　　　　　　C．财务　　　　　　D．生产

5. 计划是控制的（　　）。

    A．纽带　　　　　　B．保证　　　　　　C．前提　　　　　　D．展开

6. 在行动或工作之前预先拟定组织目标和行动方案是管理的（　　）。

    A．计划职能　　　　B．组织职能　　　　C．领导职能　　　　D．控制职能

7. 计划功能的使命是使决策方案（　　）。

    A．整体化　　　　　B．稳定化　　　　　C．连续化　　　　　D．具体化

8. "跳一跳，摘桃子"，说明目标必须具有（　　）。

    A．可接受性　　　　B．挑战性　　　　　C．可考核性　　　　D．多样性

9. "第十个五年计划"属于（　　）计划。

    A．专项　　　　　　B．长期　　　　　　C．中期　　　　　　D．短期

二、判断题

1. 决策工作是进行组织、人员配备、指导与领导、控制等工作的基础。（　　）

2. 计划是对企业内部不同部门和成员在一定时期内具体任务的安排，它详细规定了不同部门和成员在该时期内从事活动的具体内容和要求。（　　）

3. 严格意义上讲，确定目标是计划工作的开始。（　　）

4. 计划职能的主要任务是确定任务和目标，拟订完成任务和达成目标的行动计划。（　　）

5. 政策是指在决策或处理问题时指导及沟通思想活动的方针和一般规定，政策必须保持灵活性和及时性。（　　）

6. 长期计划往往是战略性计划，它规定组织在较长时期的目标以及为实现目标所应采取的措施和步骤。（　　）

三、名词解释

1. 计划
2. 5W1H
3. 战略计划
4. 目标管理

四、简答题

1. 简述计划工作的制订程序。
2. 简述目标管理的基本过程。

五、案例分析

商业银行的困境

20 世纪 90 年代中期，国家进行了大规模金融体制改革，原有的几大国有银行纷纷开

始向商业银行转变，在这种形势下，各银行纷纷打算拓展自己的业务。某银行也制定了一个长远规划：通过不断增设营业部，在5年之内，把每年的储蓄额提高到200亿元。规划中的另一个目标是，一旦每年的储蓄额达到200亿元，那么年利润要达到20亿元。经过几年的努力，该银行在各地开设了200个营业部，而且在规定的时间内也快要达成储蓄额200亿元的目标，但不是赚了20亿元，而是亏损了近5000万元，使自身陷入了困境。在其他银行快速发展、综合实力不断增强的情况下，该银行只能勉强维持生存，连掉头的机会也微乎其微。

问题：什么原因使得该银行在生死攸关的利润指标上判断失误，而且差距如此之大？

情景5 科学决策与战略

【职业行动能力】

1. 能运用盈亏分析法进行确定型决策，并判断经营安全状况
2. 能运用决策树法进行风险型决策
3. 能进行非确定型决策
4. 能对企业进行战略分析
5. 能根据波特五力模型进行战略选择

【学习型任务】

1. 掌握决策的含义和程序
2. 了解决策的各种分类方法及类型
3. 区分确定型决策、风险型决策和非确定型决策
4. 了解企业战略的概念、特征和构成要素
5. 了解战略管理的概念、企业战略的分类和战略管理过程

【关键概念】

决策、程序化决策、非程序化决策、企业战略、战略管理、成本领先战略、差异化战略、集中化战略

【相关理论】

决策理论、竞争战略、战略选择

【管理方法】

德尔菲法、盈亏分析法、决策树法、非确定型决策法

任务 1　决策

5.1.1　任务导入

广东白燕面粉厂的原料库存管理

广州宏泰面粉厂一贯非常重视原料采购管理，早年已引入了 ERP（企业资源计划），每个月都召开"销–产–购"联席会议，制订销售、生产和原料采购计划。采购部门则"照单抓药"，努力满足生产部门的需要，并把库存控制在两个月的生产用量之内，明显地降低了原料占用成本。

但是，2010 年下半年开始，国内外的小麦价格大幅度上涨，一年内涨幅接近 30%，而由于市场竞争激烈，面粉产品的价格不能够同步提高，为了维持经营和市场的占有率，该厂不得不一边购买高价的原料，一边生产、销售相对低价的产品，产销越多，亏损也越厉害，结果当年严重亏损。

同处粮食行业的广东白燕面粉厂也非常重视原料的采购库存管理，但该厂没有生硬地按照 ERP 的原理去做。该厂也有类似的月度联席会议，讨论"销–产–购"计划，但会议最重要的内容是分析小麦原料价格走势，并根据分析结论做出采购决策（请注意：白燕没有根据生产计划来拟订采购计划！）。当判断原料要涨价，该厂就会加大采购量，增加库存；相反，就逐渐减少库存。该厂有 3 万吨容量的原料仓库，满仓可以满足 6 个月的生产用量，在 2010 年、2014 年等几个小麦大涨价的年份，白燕都有超满仓库存。仓库不够用时，就想方设法在仓库之间和车间过道设临时的"帐篷仓"，有时候还让几十艘运粮船长时间在码头附近排队等候卸货，运粮船无形中充当了临时仓库。

正是通过这种"低价吸纳，待价而沽"的原料管理绝招，白燕在过去的十多年里，不但能够平稳度过原料波动危机，而且从中获得了丰厚的价差利润。

问题：

（1）为什么两家企业同样使用 ERP 系统进行管理，产生的效果会如此不同？

（2）企业应该如何制定有效的决策？

5.1.2　相关知识

1. 决策的含义及其作用

（1）决策的含义

决策是指企业在经营活动中，为了实现某一经营目标，在充分考虑到企业的内外各种可变因素的前提下，从若干个可供选择的可行方案中，选择最满意的方案并付诸实施的过程。

企业经营决策是一个动态的过程。决策之前企业需要搜集大量的信息资料，结合市场的各种可变因素及企业内部的各种条件，进行科学的预测，以作为决策的基础。科学预测，就是企业领导者在领导工作中为了正确地做出决策和有效地控制事物的进程而进行的预测未来的认知活动。一般来说，企业领导者只有在调查研究的基础上，充分运用调查研究的结果和规律，进行科学预测，才能做出科学的决策，从而实现科学的领导。

同时，决策时需要有一个明确的目的。如果没有明确的目的，那么企业的经营决策是一种非常危险的、盲目的决策。另外，经营决策需要多个可行的方案，因为决策过程是一个择优的过程，如果只有一个方案也就无所谓决策。因此，经营决策的基本条件是具有两个或两个以上的可行方案。

（2）决策的特点

① 目标性。它是决策的出发点，无目标的决策是盲目的行为。

② 可行性。它是决策的依据，决策者必须根据实际情况占有必要的信息和资料。

③ 科学性。决策者要借助一定的工具和方法，如运筹学、电子计算机等。

④ 预见性。决策是在实践行动之前的事先分析和决定，必须具有尽量准确的预见性。

⑤ 综合性。决策涉及技术、经济、军事、政策、环境、社会等诸多复杂因素，对这些因素进行协调平衡、综合选优是企业经营管理的本质而高级的职能。

（3）决策的重要作用

决策是管理者从事管理工作的基础，是衡量管理者水平高低的重要标志之一，在企业管理过程中的作用极为重要，主要表现在以下几个方面。

① 决策贯穿于管理过程始终。

② 决策能力是衡量管理者水平高低的重要标志。

③ 战略决策直接决定经营目标和方向，关系到企业的兴衰存亡。

2. 决策的类型

（1）按决策的对象和层次划分：最高管理层的战略决策、中级管理层的管理决策、一般管理层（基层）的业务决策

战略决策是指对直接关系到组织的生存发展的全局性、长远性问题的决策，如经营目标、方针、规模、产品更新换代、新技术的采用等决策。这种决策对于企业的发展具有重要意义，一般涉及时间较长、范围较广。由于所要解决的问题大多是内容比较复杂、抽象且多是以前没有遇到的，因此管理者常常还要借助于自己的经验、直觉和创造力进行判断。

管理决策是为了保证战略决策的实现所做出的决策，是执行战略决策过程中的基本战术决策，如企业生产计划与销售计划的确定、新产品设计方案的选择、新产品的定价等。管理决策所面临的大多是实施方案的选择、资源的分配、实际业绩的评估等方面的问题，比较具体，带有局部性、灵活性强的特点。这些问题大多可以定量化，可以进行系统分析。但当企业处于动态环境时，由于预测困难，有时也较多地依赖管理者的经验判断。

业务决策是指日常业务活动中为了提高效率所做出的决策，如生产任务的日常安排、工作定额的制定等。这类决策所要解决的问题常常是明确的，决策者知道要求达到的目标、知道可以利用的资源、知道有哪些途径，也知道可能的结果，一般可以采用分析工具来进行选择。

（2）按决策事件发生的频率划分：程序化决策、非程序化决策

程序化决策又称规范性决策或常规决策，是指经常出现的、有章可循的决策。它有相对稳定的决策结构，决策主体可以凭借经验或建立的程序而对其重复使用，因而它可以广泛地应用运筹学和电子计算机设施等手段。

非程序化决策又称非规范性决策或非常规决策，是指新出现的、具有大量不确定因素、缺乏可靠的数据与资料、无常规可循、必须进行特殊处理的决策。国外有人称之为不良结构决策，因它具有极大的偶然性与随机性，所包含的风险性较高。它要求决策主体充分发挥创造性，凭靠智囊团、丰富的知识与高超的经营艺术，来做出科学的决策。

就其重要性而言，非程序化决策往往属于重大战略问题的决策，影响着企业经营的成败。在这两种决策中，不同的管理层次所承担的任务是不同的。企业的中下层管理者处理的决策问题多属于程序化决策，而高层管理者主要处理非程序化决策。

小知识：例外管理

（3）按经营决策的可确定程度划分：确定型决策、风险型决策（又称随机型决策）、非确定型决策

确定型决策是指信息比较完备，只存在一个确定的目标，各种不同方案的结果均可计算确定，只需比较各个方案的优劣即可做出决定的决策类型。一般可以运用数学模型求得最优解。

风险型决策是指由于存在着不可控制的因素，决策方案执行后可能出现几种不同的结果，有成功的可能，但也有一定风险的决策。风险型决策一般具备5个条件：其一是存在着决策者希望达到的明确目标（利益最大或风险最小）；其二是存在着两个以上的行动方案可供决策者选择；其三是存在着两个或两个以上不以决策主体主观意志为转移的自然状态；其四是不同行动方案在不同自然状态下的相应损益分析值可以计算出来；其五是各种不同自然状态出现的概率可以预先估计出来。

非确定型决策所处的条件和状态都与风险型决策相似，不同的只是各种方案在未来将出现哪一种结果的概率不能预测，因而结果不确定，只能凭决策者的经验和判断来做出决策。因此，此类决策风险最大。

此外，按照决策是否使用量化指标进行划分，可分为定性决策和定量决策；按照决策目标的数量不同划分，可分为单目标决策和多目标决策；按照决策的时间跨度划分，可分为短期决策和中长期决策。

3. 决策的程序

决策的程序，指的是将决策的全过程依据一定的顺序划分成若干阶段。科学的程序是客观规律的反映。决策程序如图5-1所示。

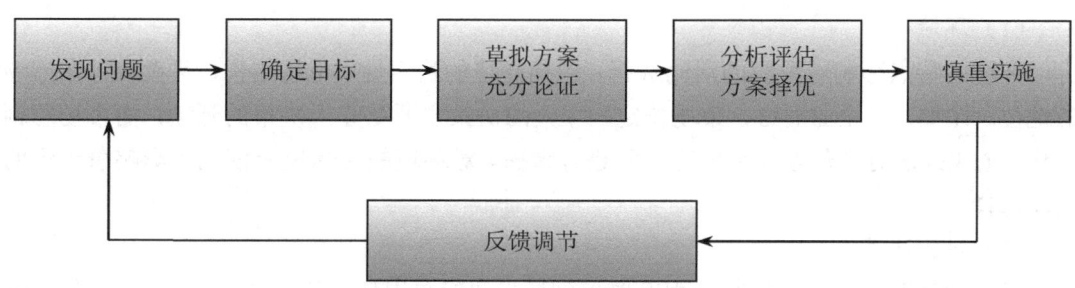

图 5-1　决策程序

（1）发现问题，确定目标

发现问题与确定目标是整个决策过程的基础，是科学决策的前提条件。决策是为了解决问题而准备采取的行动／做出的决定。问题是决策的逻辑起点。问题已经包含了决策过程中各种因素的萌芽。只有找准了问题和问题发生的原因，才能有针对性地确定决策目标，提出解决问题、实现决策目标的措施或办法。

（2）草拟方案，充分论证

制定决策方案就是寻找实现决策目标的手段，因此，制定可供选择的各种方案是决策的关键步骤。决策中十分强调草拟多种备选方案，备选方案越多，可供选择的余地就越大，决策就越科学。

（3）分析评估，方案择优

方案的分析评估和方案择优是决策全过程的关键。方案的分析评估是方案择优的前提，方案择优是方案的分析评估的结果。分析评估过程包括两个步骤：一是对备选方案的可行性和可能结果进行深入细致的分析；二是在分析的基础上，基于评价标准对各备选方案的优劣程度进行评判。

在方案择优的过程中，决策者应坚持以下标准：一是能够实现决策目标，总体最优；二是付出的代价尽可能小，获得的效益尽可能大；三是承担的风险尽可能小；四是实施后产生的副作用尽可能小。同时，要注意把握好方案的利弊得失。择优只能是相对的，任何一种方案都存在利和弊，无非是利大弊小、利弊各中、利小弊大这 3 种情况。总体来说应是"两害相权取其轻，两利相权取其重"。

（4）慎重实施，反馈调节

决策的目的是实施，实施过程本身是对决策方案正确与否的检验，决策的实施是实现目标的一个关键阶段。决策是一个动态过程，现代决策的复杂性和决策者个人认知能力的局限性使得已经做出的决策不符合或不完全符合客观实际的情况是经常发生的，这就要求决策者在进入决策实施阶段之后，必须注意追踪和监测实施的情况，根据反馈的情况对决策不断地进行调节。

4. 决策的影响因素

决策的影响因素包括以下几个方面。

（1）环境

环境的特点影响着组织的活动选择，包括环境的稳定性、市场结构、买卖双方在市场的地位。比如，就企业而言，市场稳定，今天的决策主要是昨天决策的延续，而市场急剧变化，企业则需对经营方向和内容经常进行调整，对环境的习惯反应模式也影响着组织的活动选择。

（2）过去决策

过去决策对目前决策的制约程度要受到过去决策与现任决策者的关系的影响。如果过去决策是由现任决策者制定的，则决策者不愿对组织活动进行重大调整；反之，则决策者易于接受重大改变。

（3）决策者对风险的态度

愿意承担风险的组织，通常会在被迫对环境做出反应以前就已采取进攻性的行动，经常进行新的探索；而不愿承担风险的组织，通常只对环境做出被动的反应，其活动则要受到过去决策的严重限制。

人们对待风险的态度各不相同。有些人在较小的成功概率下愿意承担大风险，是冒险家；有些人只有在很大的成功把握下才愿意承担大风险，是谨慎者。大多数人在风险较小时是冒险家，但当风险增大时很快就成了谨慎者。

（4）组织文化

在决策层次上，组织文化通过影响人们对改变的态度而发生作用。在具有开拓、创新气氛的组织中，成员渴望、欢迎和支持变化；而在偏向保守、怀旧、维持的组织中，成员对将要发生的变化产生怀疑、害怕和抗御的心理与行为，可能给任何新决策的实施带来灾难性的影响。在后一种情况下，为了有效实施新的决策，必须首先通过大量工作改变组织成员的态度，建立一种有利于变化的组织文化。

（5）时间

美国学者威廉·R. 金和戴维·I. 克里兰把决策划分为时间敏感决策和知识敏感决策。时间敏感决策是指那些必须迅速而尽量准确的决策。战争中军事指挥官的决策多属于此类。知识敏感决策的行动效果主要取决于其质量，而非其速度。制定这类决策时，人们要充分利用知识，做出尽可能正确的选择。

小视频：决策概述

5.1.3　实践活动安排

情景5任务1实践活动安排如表5-1所示。

表5-1　情景5任务1实践活动安排

活动13	决 策 模 拟
活动目标	领悟科学决策的重要性

续表

活动 13	决策模拟
活动内容	甲、乙两公司经协商达成了做 6 笔生意的一揽子买卖合同。在履行合同过程中，双方遵循以下市场规则（以红黑牌为例）： （1）一方出红，一方出黑，红方-50 万元，黑方+50 万元；双方出红，均+30 万元；双方出黑，均-30 万元。其中第三笔盈亏乘以 3，第六笔盈亏乘以 6。 （2）生意一笔一笔做，做完一笔再做下一笔。 （3）每一笔出什么牌由董事会集体决策确定，半数以上通过有效。 （4）出牌决定通过中间人（教师）传递，并由中间人确定各笔交易结果。 （5）第一笔需在 10 分钟内完成，其他所有交易在 45 分钟内完成，否则以违约弃权论处。 （6）前 3 笔甲、乙双方必须背靠背地做出决策，后 3 笔可以互相协商。 （7）决策目标：为股东获得尽可能多的利润
活动组织	1. 将学生分成几个小组。 2. 老师负责记录和过程控制，完成活动内容后，在班级组织一次分析交流
活动考核	1. 在各小组中，对于盈利最多的小组成员，本课程期终成绩加 3 分；对于盈利最少的小组成员，本课程期终成绩扣 2 分。小组之间必须决出高低。 2. 在各小组中，对于决策总结最好的小组成员，本课程期终成绩加 3 分
附： 总结格式	小组决策记录 组号：　　　　　　　　组员： 董事长： 决策过程： 决策总结（经验、教训）：

任务 2　决策的方法

5.2.1　任务导入

测测你的判断力

测试说明：生活中要用到判断力的地方实在是太多了，对真假、良莠的辨别无一不与人的判断力有关。判断力是对事物属性及事物之间关系做出反应的能力。良好的判断力跟一个人所具有的丰富经验以及对概念之间关系的正确把握有密切的关系。如果你想知道自己的判断力如何，如果你想知道自己能不能在纷繁芜杂的事物当中分清真善美与假恶丑，不妨做做下面这个测试。

测试题目：

1. 假定美国今年商品生产和服务性行业创造的价值为 5000 亿美元，假定原子弹或类似的东西不用来毁灭人类，那么 1000 年后美国的商品和服务性行业创造的年价值将为多少？

A．16 000 多亿美元　　　　　　　　　　B．15 000 多亿美元

C．不足 15 000 亿美元 　　　　　　D．大约 19 000 亿美元

E．答不出

2．根据原子能研究发展的情况，估计还要过多少年，科学家才能将金的原子核撞开？

A．10 年　　　　　　B．20 年　　　　　C．大约 20 年　　　　D．20 多年

E．大约 50 年　　　　F．100 年　　　　　G．永远办不到此事　　H．答不出

3．某人将一组很长的数字加了 5 次，得出以下的和：a.32501；b.32503；c.32501；d.31405；e.32503。哪个所得之数最可能是正确的？

A．将上述 5 个得数除以 5 后得出的数　　　B．32501　　　　　C．32503

D．32501 或 32503　　　　　　　　E．答不出

4．最近某年德国的钢笔总产量为 14 000 000 支，这些钢笔的长度是 3～6 英寸（1 英寸≈2.54 厘米），80% 以上的钢笔的长度是 5 英寸，如果把所有的笔头笔尾连起来将有多长？

A．大约 1000 英里（1 英里≈1.609 千米）　　B．大约横穿过太平洋的一半

C．1000～1104 英里　　　　　　　　D．1000～1500 英里

E．答不出

5．医生告诫病人："吸烟有百害而无一利，特别是像你这样的患者，应该立即戒烟。"以下哪项未能给医生的观点提供进一步的论证？（　　　　）

A．吸烟者认为戒烟后可能引起其他疾病

B．烟草中的尼古丁不仅危害人体健康，还可能引起精神紊乱

C．吸烟可能诱发心血管病

D．吸烟不仅损害心脏和肺，而且对皮肤有危害

E．吸烟者吐出的烟雾，会妨碍他人的健康

6．《伊索寓言》中有这样一段文字："有一只狗习惯于吃鸡蛋。久而久之，它认为'一切鸡蛋都是圆的'。有一次，它看见一个圆圆的海螺，以为是鸡蛋，于是张开大嘴，一口就把海螺吞下肚去，结果肚子疼得直打滚。"狗误吃海螺是依据下述哪个选项判断的？（　　　　）

A．所有圆的都是鸡蛋

B．有些圆的是鸡蛋

C．有些鸡蛋是圆的

D．所有的鸡蛋都是圆的

E．有些圆的不是鸡蛋

测试结果分析：

试题答案：1．E　2．H　3．D　4．D　5．E　6．A

计分方法：每答对一题得 2 分。

　　　　　　10～12 分　　　　你的判断力优秀

　　　　　　8 分　　　　　　你的判断力良好

　　　　　　4～6 分　　　　　你的判断力中等

　　　　　　0～2 分　　　　　你的判断力不佳

5.2.2　相关知识

1.　定性决策方法

定性决策方法是指在企业经营决策中利用人们的知识、经验和能力等进行的决策，适用于受社会因素影响较大、包含的因素错综复杂的综合性决策，具有方法灵活、简便、省时省力、有利于决策的执行等优点。

定性决策方法的局限性主要表现在决策的主观成分多，有时易受决策人的知识、气质、能力等方面的影响，难以周密和准确。

常用的定性决策法包含以下几种。

（1）企业领导个人决策法

企业领导个人决策法就是最后由企业领导人进行决断的决策法。其长处是决策者能够迅速、灵活、机动地做出决策，在贯彻执行中也便于集中统一指挥，提高工作效率。其局限性在于决策者个人素质决定着决策质量，如果缺少必要的制度或者决策者主观专断，很可能导致家长制、一言堂。

（2）集体会议决策法（畅谈会法）

集体会议决策法将一个群体中每一成员对某类事物的偏好汇集成群体偏好，以使该群体对此类事物中的所有事物进行优劣排序或从中选优。作为一种抉择的手段，群体决策是处理重大定性决策问题的有力工具。

（3）德尔菲法

德尔菲法又名专家意见法，是依据系统的程序，采用匿名发表意见的方式（即团队成员不得互相讨论，不发生横向联系，只能与调查人员发生联系，反复地填写问卷），以集结问卷填写人的共识及搜集各方意见，从而构造团队沟通流程和应对复杂任务难题的管理技术。

（4）综摄法

综摄法又名提喻法、类比法或引导法，国外也称之为戈顿法，是指以外部事物或已有的发明成果为媒介，并将它们分成若干要素，对其中的要素进行讨论研究，综合利用激发出来的灵感，来发明新事物或解决问题的方法。

（5）形态分析法

形态分析法又称形态方格法、形态综合法或棋盘格法，是指通过系统结构以求得旧问题的新组合，从而提高决策创新性的方法。这种创新方法被广泛应用于研发新产品、新技术和新包装。

2.　定量决策方法

定量决策方法是指决策者在进行决策时，借助于现代数学工具与电子计算机，建立反映各种变量因素的数学模型，并通过计算与求解，选出比较满意的决策方案的方法。

常用的定量决策方法包含以下几种。

（1）确定型决策法

确定型决策法是指企业决策时所面临的问题的自然状态是确定的，决策者只需对不同

方案的结果按一定的标准进行对比选择，就可选出最佳实施方案的一种决策方法。采用确定型决策方法时，应使决策问题具备以下条件：有决策者希望达到的目标；客观条件相对稳定；有两个以上可供选择的方案；各方案执行的结果是明确的。

① 盈亏分析法（产量、成本、利润决策法）

企业要进行生产经营活动就必须投入一定的人力、物力，这些人力、物力消耗的货币表现就是生产经营费用或者被称为产品成本。产品成本包括：变动成本 / 变动费用（Variable Cost），它随产量变动而变动，如材料费用；固定成本 / 固定费用（Fixed Cost），它不随产量变动而变动，如折旧费。

量本利也是一种常用的决策方法，它的核心是确定盈亏分界点。其公式如下所示。

$$利润=销售收入-固定成本-变动成本$$

$$利润=销售量×单价-固定成本-销售量×单位变动成本$$

当利润=0时，企业经营达到了保本状态或保本点 / 盈亏分界点 / 盈亏平衡点（Break-even Point, BEP）。

所以

$$盈亏分界点的销售量=\frac{固定成本}{单价-单位变动成本}$$

② 盈亏分界图

盈亏分界图（见图5-2）的绘制方法：用横轴表示业务量，用纵轴表示营业收入和成本，在直角坐标系中画出反映总销售额和总成本的两条直线，这两条直线的交点，就是盈亏分界点。在盈亏分界点以上，总销售额大于总成本，可获得利润；在盈亏分界点以下，总销售额小于总成本，就会发生亏损，销售量越少则亏损越大。显而易见，在销售额相同的情况下，盈亏分界点越低，实现的利润越多。

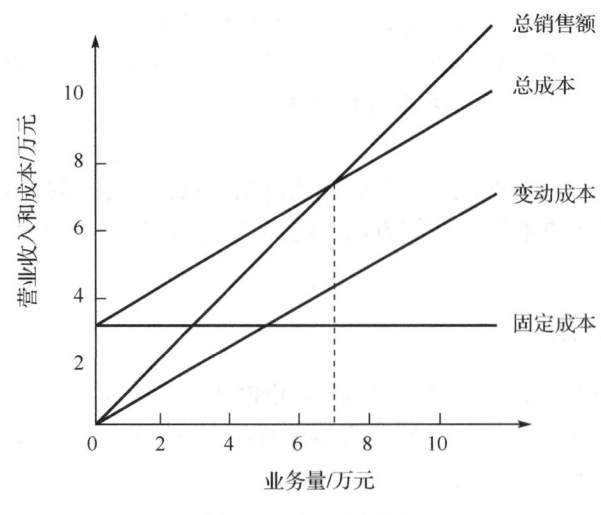

图5-2　盈亏分界图

③ 量本利分析在企业经营管理中的应用

A．分析企业经营状况

可以用经营安全率这个指标来反映企业经营状况

$$经营安全率 = \frac{现有或预计销售额 - 保本额}{现有或预计销售额} \times 100\%$$

经营安全率在不同范围时企业的安全状况不同，如表 5-2 所示。

表 5-2　经营安全率和安全状况的对照

经营安全率	30%及以上	25%～30%（不含 30%）	15%～25%（不含 25%）	10%～15%（不含 15%）	10%以下
安全状况	安全	较安全	不大好	要警惕	危险

B．分析影响利润的因素

例 5.1　某企业销售甲商品，某年销售量为 10 000 件，每件售价为 20 元，固定成本为 50 000 元，单位生产成本为 5 元／件，销售税率为 5%。试计算该年度的盈亏分界点的销售量，并测算销售利润。

解：固定成本=50 000 元

变动成本=5+20×5%=6 元/件

盈亏分界点的销售量=固定成本／(单价-变动成本)=50 000/(20-6)≈3571 件

销售利润=销售总收入-销售总成本=10 000×20-(50 000+6×10 000)=90 000 元

（2）风险型决策法

风险型决策法是指决策者对未来最终会出现何种结果无法肯定，但是可以估计在各种自然状态下发生的可能性的大小从而决策。这种决策方法具有一定的风险性，故被称为风险型决策法。

风险型决策法的择优原则是期望值原则。期望值是指在不同自然状态下可能得到的或期望得到的经营成果。

① 决策表法。决策表法是指将决策问题的基本要素（如方案、自然状态及发生概率、损益值等）统一表示在一个表格之中，表中的数据就是一个决策矩阵，根据决策矩阵求出各方案的损益期望值，然后经过比较做出决策。

② 决策树法。决策树是把决策的一连串因素按照其相互关系用图形表示出来的一种图解。这种图形形状似树，故被称为决策树。决策树的结构要素如图 5-3 所示。

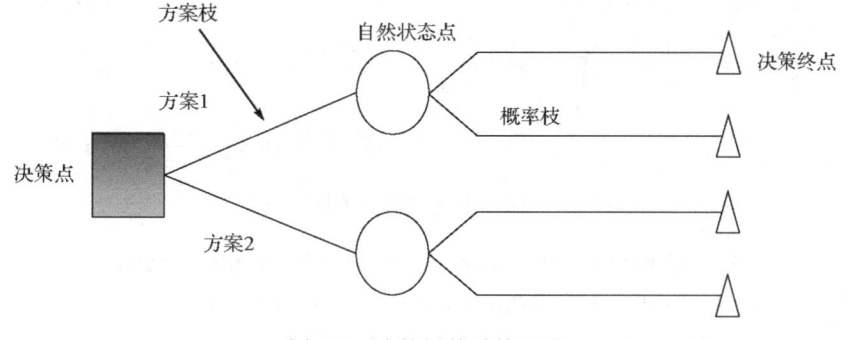

图 5-3　决策树的结构要素

决策树的构成要素：决策点（用方格表示）、方案枝、自然状态点（用圆圈表示）、概率枝、决策终点（用三角形表示）。

绘制决策树步骤：

a. 画出决策点；

b. 从决策点上绘出各条方案枝；

c. 方案枝的末梢绘出自然状态点；

d. 从自然状态点绘出若干概率枝，每条概率枝代表一种自然状态的概率；

e. 从概率枝的末梢绘出决策终点，并标明每一方案在相应的自然状态下可能得到的损益值；

f. 计算每个自然状态下不同方案的综合损益值（期望值），并将其记在对应方案的自然状态点上；

g. 比较各个方案的综合损益值，选出综合损益值最大的方案以作为最优方案，将其余方案剪枝。

$$综合损益值(E) = [(\sum 损益值 \times 概率) \times 年] - 投资额$$

例 5.2　某房地产开发公司准备开发、建设住宅小区。预计房地产销售有两种可能：销路好，其概率为 0.7；销路差，其概率为 0.3。且可采用的方案有两个：一是大面积开发、建设住宅小区，需要投资 5000 万元；二是小面积开发、建设，需投资 3000 万元。两个方案的建设周期都是 5 年。其损益资料如表 5-3 所示。要求对方案进行选优决策。

表 5-3　房地产开发两个方案的损益资料

方　　案	损益值（万元）		投资（万元）	建设周期（年）
	销路好（自然状态下的概率 = 0.7）	销路差（自然状态下的概率 = 0.3）		
大面积开发	2000	−400	5000	5
小面积开发	900	600	3000	5

解：绘图

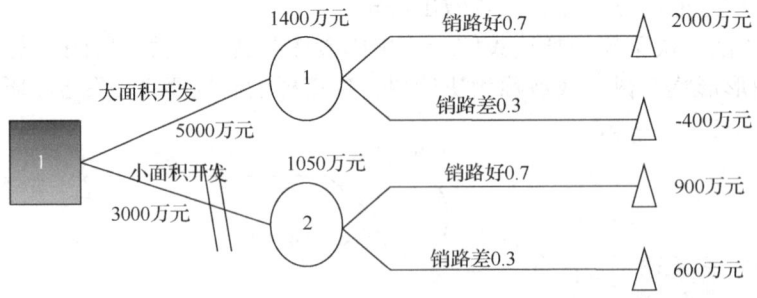

图 5-4　住宅小区投资决策树示意图

$$E_1 = [2000 \times 0.7 + (-400) \times 0.3] \times 5 - 5000 = 1400（万元）$$

$$E_2 = (900 \times 0.7 + 600 \times 0.3) \times 5 - 3000 = 1050（万元）$$

因为 $E_1 > E_2$，所以选择大面积开发，把其他方案剪枝。

（3）非确定型决策法

非确定型决策法是指决策问题存在着两个或两个以上的自然状态，且这种客观自然状态发生的概率尚不确定，在此状态下选择满意方案的一种决策方法。在决策的结果无法预料、各种自然状态发生的概率不确定的情况下，决策者的主观意志和经验判断处于主导地位，可以有完全不同的方案选择。

通常采用的非确定型决策方法有悲观决策法、乐观决策法、最小后悔值法、等概率法等。

① 悲观决策法（小中取大法）。悲观决策法是一种较保守的决策方法，出发点是力求损失最小。先从每个方案中确定一个最小的损益值，再从这些最小损益值中选择一个最大值，其所对应的方案即最优方案。

② 乐观决策法（大中取大法）。决策者对决策事件的未来的估计是乐观的和有把握成功的，因此愿意以承担风险的代价去获得最大收益。先从每个方案的结果中选取一个最大损益值，再从各个方案所选出的最大损益值中选取最大的损益值。这个损益值所对应的方案就是最佳方案。

③ 最小后悔值法（机会损失分析法）。将方案中各种自然状态的最大值当作该状态的理想目标，决策人如果当初并未采取这一方案，而是采取其他方案，这时就会感到后悔、痛失良机，为了避免将来后悔，因而采用大中取小的方法。当某种自然状态出现时，首先确定后悔值，后悔值就是在这种状态下决定采用的方案的损益值与收益最大方案的损益值的差额；其次，选择最大后悔值最小的方案以作为决策采用的最优方案。

④ 等概率法。这种方法对未来不明的自然状态下出现的可能完全等同地加以看待，因此，假设各种自然状态出现的概率都相同，从而将相应的决策转化为风险型决策。

以上这几种决策方法，只有在无法预知各种自然状态概率的情况下，才不得已采用，一般很少采用。如果有明确的决策目标，如最大利润、最低成本、最短回收期，并且对风险决策的来源有一定的概率可找到时，常用的是决策树法。

例 5.3　某房地产开发公司准备开发、建设新住宅，但不知销售情况将如何，开发多了怕卖不出去，开发少了又怕得不到应有的利润或者怕市场被人占去，于是该公司准备了 3 种开发方案，估计 3 种市场可能出现的情况，其数据如表 5-4 所示。

表 5-4　3 种开发方案与市场情况　　　　　　　　　　单位：万元

损益值\方案	自然状态		
	畅　销	销 路 一 般	滞　销
A1	900	600	−200
A2	1200	500	−400
A3	500	350	80

试用悲观决策法、乐观决策法、最小后悔值法进行决策。

解：

悲观决策法：先从每种方案中选择一个最小的损益值，即 A1 方案−200 万元，A2 方案−400 万元，A3 方案 80 万元；然后，从这些方案的最小损益值中选择一个最大值，即将 A3 方案的 80 万元作为决策方案。

乐观决策法：先从每种方案中选择一个最大的损益值，即 A1 方案 900 万元；A2 方案 1200 万元；A3 方案 500 万元；然后，从这些方案的最大损益值中选择一个最大值，即将 A2 方案的 1200 万元作为决策方案。

最小后悔值法：先从各种自然状态下找出最大损益值，再用收益最大方案的损益值减去该最大损益值，求得后悔值；然后，从各个方案后悔值中找出最大后悔值，并从中选择最大后悔值最小的方案为决策方案。如表 5-5 所示，3 种方案最大后悔值分别为 300 万元、480 万元、700 万元。因为 A1 方案的最大后悔值最小（300 万元），故选中该方案。

表 5-5 3 种开发方案的后悔值　　　　　　　　　　　　　　　　　　　单位：万元

后悔值\方案	自然状态		
	畅　销	销路一般	滞　销
A1	300	0	280
A2	0	100	480
A3	700	250	0

小视频：企业经营决策的方法

5.2.3 分组案例分析

美国杜邦公司决策体制的变迁

从企业内在发展规律来看，每一个企业都有自己的生命周期。在现代社会中，一个企业的平均生命周期为 5～10 年。要想避开由客观规律决定的企业生命周期，就应当不断设计企业发展的轨道。通过不断转换轨道，企业可以保持活力。如何转换轨道？一个重要方面就是不断完善与发展决策体制。美国杜邦公司拥有 200 多年的历史而不衰的一个关键因素就是决策体制的灵活变化。

（一）19 世纪初刚刚成立时，杜邦公司实行的是个人独裁决策体制。杜邦家族的标志性人物亨利采用恺撒型经营管理模式，公司所有主要决策和许多小决策由他亲自经手，他周游全国，事必躬亲，使企业成为美国第一大化学工业企业。

（二）到了继承人尤金之时，尤金沿用老的管理办法，企业效益下滑。尤金的 3 位有管理知识的堂兄买下了公司，设计了一套集体决策体制：最高决策机构是董事会；闭会期间行使权力的是最高管理机构，下设决策执行委员会（执委会），董事长兼任执委会主席，执委会设 10 个委员、6 个部门主管、94 个助理，一周开一次会议，审议公司重大决策。这一决策体制使杜邦公司健康地发展了半个多世纪。

（三）到了 20 世纪 50 年代前后，杜邦公司开始建立分层决策经营体制：最高决策机构是董事会，下设决策执行委员会，决策执行委员会下设财务总部和咨询总部，这两个总部负责生产部、销售部、监督部的工作。每一个部门负责与自身工作有关的决策，层层分工决策，这有力地促进了杜邦公司的发展。

（四）目前杜邦公司采用的体制是集体分层决策体制，它把个人决策、集体决策、分工决策、分层决策等的优越性结合起来。这一体制的主要内容：董事会是最高决策机构，

下设战略指导委员会，该委员会主要由外聘董事组成，它负责指导、监督各个部门的工作。

杜邦公司决策体制的不断变化使企业在不同的时期都能做出正确的决策，设计出不同的发展轨道，从而避开企业兴衰的生命周期，成为世界企业史上寿命很长的企业之一。

请分析：

（1）根据案例，你认为哪种决策体制是最优的？

（2）决策的制定应该坚持哪些基本原则？

任务3 战略管理

5.3.1 任务导入

日本汽车行业的战略选择

在 20 世纪 70 年代，日本汽车行业厉兵秣马、苦练内功。到了 80 年代，它们发现欧美市场上消费者对轿车的偏好随着社会、环保与方便意识的变化而有所变化，节油、方便与环保成为消费者偏好的主要观念。日本汽车行业立即抓住这一变化进军欧美市场，一举获得巨大成功。通用电气、福特等美国汽车公司反应比较迟钝，没有意识到消费者的变化，使得这一机会成为美国汽车行业所遇到的最大的外部威胁，在小型汽车市场上陷入竞争弱势。日本汽车行业占领了 25% 的市场后，美国汽车公司才反应过来。这种小型汽车市场上的劣势和失败表现在企业的经营意识和对市场的反应上。1981～1982 年，这种环境构成的威胁给美国汽车行业造成了几十亿美元的损失。

问题：

（1）日本汽车行业采用什么战略而获得竞争优势？

（2）企业应该如何明确自己的目标市场？

5.3.2 相关知识

1. 企业战略及其构成要素

（1）企业战略的概念

企业战略（Enterprise Strategy）是指企业根据环境的变化，结合本身的资源和实力选择适合的经营领域和产品，形成自己的核心竞争力，并通过差异化在竞争中取胜。企业战略是对企业各种战略的统称，其中既包括竞争战略，也包括营销战略、发展战略、品牌战略、融资战略、技术开发战略、人才开发战略、资源开发战略等。战略管理层次结构图如图 5-5 所示。

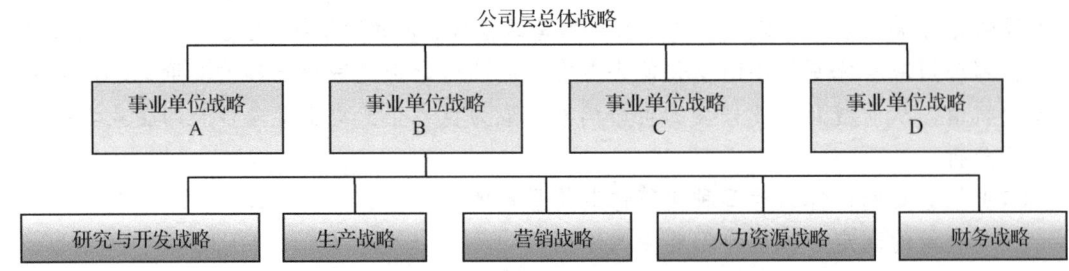

图 5-5　战略管理层次结构图

企业战略是层出不穷的，如信息化就是一个全新的战略。企业战略虽然有很多种，但基本属性是相同的，都是对企业的谋略，都是对企业整体性、长期性、基本性问题的计谋。例如：企业营销战略是对企业营销的谋略，是对企业营销整体性、长期性、基本性问题的计谋；企业技术开发战略是对企业技术开发的谋略，是对企业技术开发整体性、长期性、基本性问题的计谋。其余类推，都是一样的。各种企业战略有同也有异，相同的是基本属性，不同的是谋划问题的层次与角度。总之，无论哪个方面的计谋，只要涉及的是企业整体性、长期性、基本性问题，就属于企业战略的范畴。

（2）企业战略的特征

① 指导性。企业战略界定了企业的经营方向、远景目标，明确了企业的经营方针和行动指南，并筹划了实现目标的发展轨迹及指导性的措施、对策，在企业经营管理活动中起着导向的作用。

② 全局性。企业战略立足于未来，通过对国际、国家的政治、经济、文化及行业等经营环境的深入分析，结合自身资源，站在系统管理高度，对企业的远景发展轨迹进行了全面的规划。

③ 长远性。"今天的努力是为了明天的收获""人无远虑，必有近忧"。兼顾短期利益时，企业战略着眼于长期生存和长远发展的思考，确立了远景目标，并谋划了实现远景目标的发展轨迹及宏观管理的措施、对策。此外，围绕远景目标，企业战略的实现必须经历一个持续、长远的奋斗过程，除根据市场变化进行必要的调整外，已制定的战略通常不能朝夕令改，应具有长效的稳定性。

④ 竞争性。竞争是市场经济不可回避的现实，也正是因为有了竞争，才确立了"战略"在经营管理中的主导地位。面对竞争，企业战略需要进行内外环境分析，明确企业自身的资源优势，通过设计合适的经营模式，形成特色经营，增强企业的对抗性和战斗力，推动企业的长远、健康发展。

⑤ 系统性。立足长远发展，企业战略确立了远景目标，并需要围绕远景目标设立阶段目标及各阶段目标实现的经营策略，以构成一个环环相扣的战略目标体系。

⑥ 风险性。企业的任何一项决策都存在风险，战略决策也不例外。市场研究深入，行业发展趋势预测准确，设立的远景目标客观，各战略阶段人、财、物等资源的调配得当，战略形态选择科学，则制定的战略就能引导企业健康、快速地发展。反之，仅凭个人主观判断市场，设立的目标过于理想或对行业发展趋势的预测出现偏差，则制定的战略就会产生管理误导，甚至给企业带来破产的风险。

（3）企业战略的构成要素

① 经营范围。经营范围是指企业从事生产经营活动的领域。它反映了企业与其外部环境相互作用的程度，也反映了企业计划与外部环境发生作用的要求。企业应该根据自己所处的行业、自己的产品和市场来确定自己的经营范围。

小知识：深度剖析 5 家企业案例

② 资源配置。资源配置是指企业过去和目前对资源和技能进行配置、整合的能力与方式。资源配置的优劣差异极大地影响企业战略的实施能力。企业只有注重对异质战略资源的积累，形成不可模仿的自身特殊能力，才能很好地开展生产经营活动。如果企业的资源匮乏或缺乏有效配置，那么企业对外部机会的反应能力会大大削弱，企业的经营范围也会受到限制。

③ 竞争优势。竞争优势是指企业通过其资源配置模式与有关经营范围的决策，在市场上所形成的优于其竞争对手的竞争地位。竞争优势既可以来自企业在产品和市场上的地位，也可以来自企业对特殊资源的正确运用。

④ 协同作用。在制定战略时，企业力求利用已有的设备、专利、生产技术、销售网络、商标等，进行合理组合，以形成协同作用，即要实现各经营单位之间的优势互补以达到 1+1≥2 的整体效应（企业总体资源所带来的总收益要大于各部分资源收益之和）。一般来讲，企业的协同可分为内部协同和外部协同。内部协同主要指以下几项：

a. 投资协同，即共同进行研究开发、共同出资开发新领域等；

b. 共享资源，如共同利用人员与设备；

c. 销售协同，如共同利用现有销售网络；

d. 管理协同，如共同利用先进管理方法和经验。

2. 战略管理

（1）战略管理的概念

企业的战略管理（Strategy Management）是企业在宏观层次通过分析、预测、规划、控制等手段，充分利用本企业的人、财、物等资源，以达到优化管理、提高经济效益的目的。企业的战略管理是对企业战略进行设计、选择、控制和实施，直至达到企业战略总目标的全过程。

（2）企业战略的分类

① 公司战略、事业战略和职能战略

公司战略是由企业最高领导层对企业重大问题所制定的战略。它侧重于对企业所从事经营的事业做出选择，并对公司的资源进行合理的分配。

事业战略在公司确定的事业范围内，确定每种事业经营的产品，以及对在市场、地区范围内应追求的竞争优势（如质量、市场份额、声誉、产品特色等）做出选择。

职能战略是各职能部门（如生产、销售、技术、人事、财务等）根据事业战略所规定的目标为实现事业战略所制订的长期规划。它实际上反映了实现事业战略的近期目标，如在近 3～5 年在产品质量、降低成本、开发新产品等方面应达到的水平。

② 产品战略、市场战略和技术战略

产品战略是为了增强产品的市场竞争力而制定的一系列战略，包括产品质量战略、产品品种战略、新产品开发战略、老产品整顿战略等。

市场战略是企业在选择市场、适应市场方面的战略，在选择市场方面包括无差异型、差异型、密集型三种战略，在适应市场方面包括市场渗透型、市场开发型、产品开发型、混合型四种战略。

技术战略是企业为提高生产技术水平而制定的战略，包括技术结构战略、技术改造战略和技术创新战略。

③ 密集型发展战略、一体化发展战略和多样化发展战略

密集型发展战略即集中生产一种（类）产品的战略。在这种战略下，企业以快于以往的增长速度增加现有产品的销售额、利润额和市场占有率。

一体化发展战略又称联合化战略。一体化有 3 种形式：向后一体化，指生产加工企业向原材料生产的方向发展；向前一体化，指生产企业向产品销售领域的方向发展；横向一体化，指企业兼并、收购同行企业。

多样化发展战略又称多角化战略，是指企业生产几个行业的产品，其经营领域超出了原有行业的范围。它包括相关型多样化和非相关型多样化两种战略类型。

（3）战略管理过程

战略管理过程包括战略分析、战略选择、战略实施与评价三个主要环节。战略管理过程的 3 个主要环节是相互联系、循环反复、不断完善的。战略管理过程如图 5-6 所示。

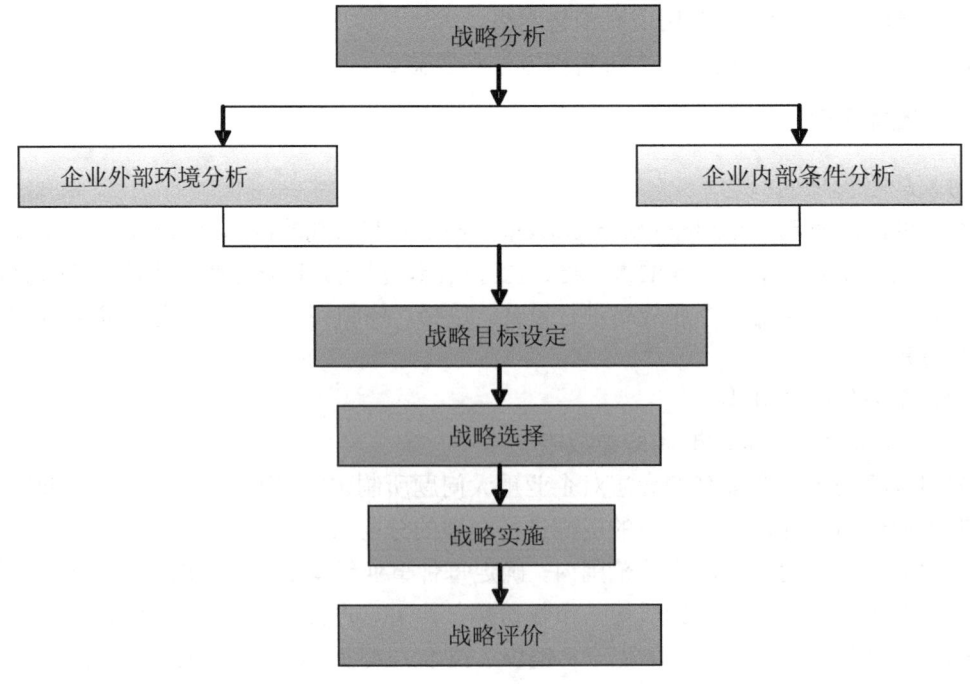

图 5-6　战略管理过程

① 战略分析。战略分析是指对影响企业现在和未来生存和发展的一些关键因素进行分析，这是战略管理的第一步。战略分析主要包括企业外部环境分析、企业内部条件分析等。

② 战略选择。战略分析为战略选择提供了坚实的基础。战略选择主要包括四部分内容：公司战略、竞争战略、职能战略及战略方案的选择。美国管理学家迈克尔·波特提出的波特五力模型蕴涵着 3 种战略思想，即成本领先战略、差异化战略和集中化战略。

成本领先战略是指通过设计一整套行动，以最低的成本生产并提供为顾客所接受的产品和服务。该战略通过对成本的高度关注和有效控制，使企业在成本上低于竞争对手从而取胜。

差异化战略是指通过设计一整套行动，生产并提供一种顾客认为很重要的、与众不同的产品或服务，并不断地使产品或服务升级以具有顾客认为有价值的差异化特征。差异化战略为产品或服务在行业内树立起具有独特性的形象，以此来排斥竞争对手，使企业在激烈的市场竞争中获得超过平均水平的利润，进而成功抵御 5 种竞争力量。

集中化战略是指为特殊的顾客群或细分市场提供专业服务，并通过不断的专业化来提高效率和质量。集中化战略通过设计一整套行动来生产并提供产品或服务，以满足某一特定竞争性细分市场的需求。企业可以采用两种集中化战略：以低成本为基础的集中成本领先战略和以差异化为基础的集中差异化战略。

③ 战略实施与评价。企业战略方案一经选定，管理者的工作重心就要转到战略实施上来。战略实施是贯彻、执行既定战略规划所必需的各项活动的总称，也是战略管理过程的一个重要部分。显而易见，如果精心选择的战略不被付诸实施，或不被认真地组织实施，则以前的努力付诸东流；反之，不但可以保证好的战略取得成功，而且可以克服原定战略的某些不足，使之趋于完善并同样获得成功。

（4）企业战略落实中的问题

在一个规范、有序的市场环境中，企业要想在竞争中取胜、要想取得长远的发展，必须有一套清晰的战略。没有战略的企业通常只能着眼于现在，为短期的物质利益而疲于经营，最终往往落得销声匿迹。战略决定了企业的核心竞争力，使企业明确自身需要搭建什么样的架构，需要建设什么样的文化，如何去吸引和培养人才。战略源自组织的使命和愿景。只有先明确了组织存在的根本理由和价值之所在，预见并逐步清楚了组织要达到的目标状态，才能制定出相应的战略。

战略本身也是一种构想，是一种预测，以及是对现在的指导。企业的战略构想通常形成于企业的领导者；他们在理解企业的使命和远景的基础上，综合考虑企业外部的政治、经济、社会环境，以及企业的现状，通过一系列非因果决定的逻辑、非线性思考进行战略分析，从而确定企业的战略。制定出来战略之后，就需要考虑如何去落实战略。

战略通常以目标的形式表现出来，因为目标是可见的，便于传递和理解，从而使企业所有成员的努力都能够朝向一个共同的东西，以实现领导者的战略意图。但在现实中，企业即使有了一个好的战略，并制定出了相应的目标，也往往难以将其落实，这样的例子屡见不鲜，其原因何在？影响战略落实的因素有很多，包括外部环境的变化、企业成员的素质、企业文化等。从目标本身来看，它能否得到有效的传递，是战略能否得以落

实的极为重要的先决条件。在此我们也就不难理解，为什么德鲁克提出的"目标管理"能够成为在管理学历史上有着深远影响意义的概念了。

5.3.3　分组案例分析

韦尔奇的"三圆圈"战略

韦尔奇坚信，他不会让任何批评对自己产生影响。当他被问及如何决定通用电气的哪些业务将被保留时，他拿起铅笔和纸画了 3 个圆圈，第一个圆圈代表通用电气的核心业务，第二个圆圈代表通用电气的高科技业务，第三个圆圈代表通用电气的服务业务。

"这些就是我们的确想发展的业务，也是将被我们带入 21 世纪的业务，它们都在圈子里，圈子外的业务是我们不准备发展的业务。"

事实上，在 1983 年提出上述划时代的经营战略之前，韦尔奇就已经用 3 年的时间研究了该公司所面临的问题。

早在 1981 年 12 月，韦尔奇就认为，20 世纪 80 年代美国企业的最大敌人是通货膨胀，这会导致全球的经济增长率降低，并意味着："一些只能提供中下等级产品或服务的公司将越来越没有生存的空间。在经济低增长的环境中，胜利者将是这样的公司——它们能辨认出哪些业务在未来会有真正的发展，并坚信所投入的每项业务都能保持第一名或第二名的优势。这些公司将以精简的人事、低下的生产及经销成本、高质量的产品及服务、技术创新和全球行销观念作为它们胜利的根基。"

尽管他当时并未说明哪些业务在哪一个圈子内，以及哪些业务不在这 3 个圆圈之内，但从他在 1981 年的年度报告中，还是可以看出一些端倪。他在年度报告中写道："我们的注意力将会集中在那些更具有前瞻性的业务上，如工程材料、信息服务、金融服务、制造服务及医疗系统等。"他并没有提及他将要卖掉或关闭许多业务部门，但强调：市场的领导地位是通用电气公司对各项业务"最主要的要求"。

出于谋略的考虑，韦尔奇也许不想让人们知道他心目中"三圆圈"的具体内容，以避免一开始就震动太大。因此，他尽量淡化"三圆圈"的概念和目的，甚至对公司内部的人说："这只是组织调整的构想草图而已。"

然而，这种解释并没有使职员们如释重负。他们很快就可以从韦尔奇的某些行动中体察到"重新创造公司"的迹象。

韦尔奇就任董事长后的第一把火，就是对业务进行重新评价："不论新的业务、旧的业务，都将公司内的人事、组织分成（a）业务部门和（b）有问题的部门两种。无论哪一种部门，都要求其改革有成果，给予公司充分的报偿。"

这种评价，实际上是以收益率和成长潜力为标准，对各业务部门予以分类：

① 成长型业务部门（这是通用电气公司未来的中枢部门，是当前需要增加巨额投资的部门）。

② 成熟且处于利益收获期的业务部门（其业务已无发展的潜力，但因不需要追加投

资，营业额本身就代表利益）。

③ 成熟、低收益的业务部门（由于其业务的前景和收益都没有潜在发展的可能，已没有必要再进行多少投资）。

④ 衰退的业务部门（其业务不仅没有发展的可能，而且为维持其生存和经营，还需要大量投资）。

韦尔奇的想法变得越来越具体、越来越明朗了。对韦尔奇的经营感兴趣的人只要看看那些圈子就行，圈子里的业务将得到公司的资源、资助，圈子外的却不能。

1994 年，为公司带来 90%利润的 15 项业务进入了那些圈子。

圈子外的业务被重整、关闭或出售。韦尔奇确认，如果圈子外的业务能够被重整，那么他会重新把它放到圈子里去。

被划在服务业的圈子里的业务：信贷、信息服务、建筑与设计服务，以及核能服务。被划在高科技圈子里的业务：工业电子、医疗系统、工程材料、航空航天，以及飞机发动机。被划在核心圈子里的业务：照明、大型家电、汽车制造、交通、汽轮机制造，以及承包设备制造。被划在圈子外面的业务：微电子、广播、小型家电、开关和齿轮、电缆电线、中央空调、拉德石油、移动通信、电视与音响、大型发动机和发电机，以及大型变压器。

圈子里面的业务有 15 项，这是韦尔奇认定在下一个十年中极有可能在各自的领域中成为赢家的业务。处于圈子外面的业务并非从此永远进了"炼狱"。实际上，通用电气公司采用了一个座右铭作为对圈外业务的策略："调整，关闭或出售。"吉姆·鲍曼解释说："假如可能对一项业务进行调整，然后将它拉进圈子里面来，那当然好。但是最大的可能性是，'我们会将这项业务出售给比我们更喜欢它的公司'。"

"三圆圈"的概念就是韦尔奇"航行"在 20 世纪 80 年代初期使用的"指南针"。他将这个概念作为一个框架，让公司清楚自己的定位。后来，韦尔奇和他的同事们轻描淡写地谈起他画的圆圈，说："啊，那不过是个结构原则，为的是让大家理解得清楚一些。"他说这话的口吻，仿佛那是随意画下的东西，并不会让通用电气公司感到其震动。然而，韦尔奇的那 3 个圆圈着实使整个公司上下都感到不寒而栗。圈子里的业务为自己的安全保障感到欣喜，被划到圈子外面那种炼狱般的地方的业务便感到实在不舒服。它们可绝对不喜欢韦尔奇的这幅简笔画，因为那东西似乎在向它们清清楚楚地发出这样的信息："我把你们划在圈子外面不是为了鼓励你们努力奋斗、好打进圈子里面来，而是因为我要把你们踢出去！"

请分析：

（1）什么是"三圆圈"战略？

（2）"三圆圈"战略内涵的战略思想是什么？

5.3.4 实践活动安排

情景 5 任务 3 实践活动安排如表 5-6 所示。

表 5-6 情景 5 任务 3 实践活动安排

活动 14	新零售企业的战略规划
活动目标	能针对企业进行战略环境分析，进行战略规划和战略选择
活动背景	陈刚在大学毕业后已经工作了 5 年的时间，在一家知名互联网公司从基层员工快速成长为部门经理，并独立负责该公司零售事业群的物流业务。陈刚在该公司的工作让他看到了未来新零售业务的广阔前景。为了自己心中的创业梦想，他想独立创建一家新零售公司。从零到一的创业过程是充满挑战性的，陈刚需要编制一份商业计划书、制定公司发展战略并寻找天使投资人。陈刚应该如何制定公司的发展战略呢
活动要求	为陈刚做战略规划的工作，进行战略环境分析，编写战略规划书，并准备交流
活动考核	1．在班级组织一次交流与讨论。 2．教师根据战略规划的完整性、可操作性以及交流与讨论中的参与表现给予平时分

【能力培养图】

学习型任务

1. 掌握决策的含义和程序
2. 了解决策的各种分类方法及类型
3. 区分确定型决策、风险型决策和非确定型决策
4. 了解企业战略的概念、特征和构成要素
5. 了解战略管理的概念、企业战略的分类和战略管理过程

职业行动能力训练项目

活动
1. 决策模拟
2. 新零售企业的战略规划

案例
1. 广东白燕面粉厂的原料库存管理
2. 美国杜邦公司决策体制的变迁
3. 日本汽车行业的战略选择
4. 韦尔奇的"三圆圈"战略

职业行动能力

1. 能运用盈亏分析法进行确定型决策，并判断经营安全状况
2. 能运用决策树法进行风险型决策
3. 能进行非确定型决策
4. 能对企业进行战略分析
5. 能根据波特五力模型进行战略选择

借鉴实践经验

1. 学会在不确定的世界里决策
2. 企业管理炼金术：八对矛盾解决之道
3. 制定企业战略须走出3个误区

坚持拓展阅读

《决策的艺术》
《别做正常的傻瓜》
《企业决策管理：制定成功决策的10个关键步骤》
《战略管理——艺术与实务》

掌握相关理论

决策理论
竞争战略
战略选择

运用管理方法

德尔菲法
盈亏分析法
决策树法
非确定型决策法

【拓展阅读】

1. 趣味阅读

求变中的企业，如何做出好的管理决策

每一家企业的正常运作都离不开决策，在美国著名管理学教授斯蒂芬·P. 罗宾斯看来，制定决策是管理的本质，这也是当下商业世界的一大主题。

高层管理者需要对中短期的目标或规划做出决策，中、低层管理者也需要对各种具体的执行方式、计划、流程等事项做出决策。而对于企业的最高管理者来说，其决策对整个企业而言至关重要，尤其是涉及公司未来发展方向、企业变革、组织转型等方面的重大决策，它们往往可能决定着企业未来的成败。

如何制定决策？

斯蒂芬·P. 罗宾斯和玛丽·库尔特合作的《管理学》被美国 800 多所大学和学院选作教材，是公认的优秀管理学教科书。该书归纳了决策制定过程的 8 个步骤，依次为：确定一个问题，确定决策标准，为各项标准分配权重，形成各种备选方案，分析这些备选方案，选择一个方案，实施该方案，评估决策的效果。

本文就通过一些具体的企业案例来解析《管理学》中关于决策制定的八大步骤。

第一，确定一个问题。制定决策是基于遇到的问题。《世界经理人》主办的"2018 中国十大管理实践"的参评企业曙光信息产业股份有限公司（以下简称"曙光公司"）确定开展"攻坚突破关键领域核心技术"的实践时，面临的核心问题是"计算机的核心技术已经不在系统层，而在半导体芯片，计算机这一'高科技制造业'已经是一个没有前途的夕阳产业，要思考未来何去何从"。另一家参评企业研华科技在开展"共创模式"的实践前是一家硬件制造商，但是市场需求的变化带来了一个问题：单纯提供硬件设备已经很难满足客户的需求。

第二，确定决策标准。每个决策者都会有一些指导自己决策的标准，举一个很简单例子，比如你对午餐的选择，你会从价格、餐厅环境、路程等多个因素去做出最终的决定，这些因素其实就是你做出就餐决策的一些参考标准。在刚刚提到的两家企业中，曙光公司总裁历军经过仔细的思考后认为：全球计算机工业进入瓶颈期，计算机制造商盈利能力降低；产品同质化高，企业很难给顾客新价值；计算机的核心技术已经由系统层转移到了半导体芯片。这些主要是他推出"攻坚突破关键领域核心技术"这一决策时的主要参考标准。研华科技董事长刘克振则告诉《世界经理人》，他的主要参考标准是市场需求的变化，他说："最近 5 年来，以硬件为主的产品策略开始遇到一个瓶颈，即单纯的硬件提供很难满足客户需求，且随着物联网的高速发展，客户要的是软硬件整合的解决方案。"

第三，为各项标准分配权重。比如，有多方面的参考标准，这些标准各自在决策中的作用不一样且有较明显的优先顺序，则决策者可以对每项标准做出权重评估。这一步主要对一些结构化问题和程序化决策相对比较适用，比如对于需要购买或更换某类具体的办公设施这类具体明晰的问题，每个企业都会有标准化的程序来应对。而曙光公司和研华科技面临的都是开放式问题，需要做出的也是非程序化决策，即没有一定的惯例可遵循，最高管理层需要根据自身企业的实际情况制定"量身定做的决策"。不过，这里也可以给这两家企业决策中的参考标准做个简单的权重评估。曙光公司的是"计算机的核心技术已经由系统层转移到了半导体芯片"，研华科技的则是"客户要的是软硬件整合的解决方案"。这两大问题是两家公司当时主要希望解决的问题。

第四，形成各种备选方案。比如曙光公司总裁历军告诉《世界经理人》，他通常在制定一个策略的同时也会制定多种预备方案，基本保证大方向不会出现大偏差，甚至预测未来3~5年市场环境的变化对他们的策略所造成的影响。

第五，分析这些备选方案。决策者应该对制定的每一个备选方案都进行评估，这对于针对"需要更换员工电脑"这类结构化问题所做的程序化决策相对简单，可以结合前面为决策标准分配的权重进行方案评估。而对于面临企业变革、组织转型等开放式问题时要做的非程序化决策，往往需要根据社会因素、人才因素、技术因素、资本因素等各种内外环境做出评估。

第六，选择一个方案。经过各种评估，决策者要选择一个最佳的方案。曙光公司选择了"攻坚突破关键领域核心技术"的实践，即集中研发等多方资源，将更多力量投入到突破关键领域的核心技术，力图解决行业"卡脖子"问题。研华科技则通过"共创模式"寻求突破，在行业公司之间进行充分合作、整合，纵向打通数据感知、数据传输、云端平台等各个层级，形成垂直领域的集成解决方案，借此从一个硬件制造商转型到软硬件一体的提供商。

第七，实施该方案。确认方案后，则要将其传达下去并得到主要执行者的认同，将决策付诸实践。在《世界经理人》提到的两个例子中，曙光公司总裁历军主要会在大方向、中长期策略上做好把控。他同时会做一些具体的事，让具体的事在各个环节中形成正向的循环，让组织成员在大方向上保持一定的前进速度。研华科技董事长刘克振将传统的硬件业务作为"第一引擎"并主要交给各个事业群的总经理负责，将涉及共创的新业务作为"第二引擎"并且他亲自成立和领导独立团队推进。

第八，评估决策的效果。在推进的过程中还要不断评估这一决策所带来的效果并不断根据实际情况做出调整。例如，是否按预期目标前进，是否有不合理的地方，之前的方案是否在设计、评估上有缺陷，等等。

企业最高管理者在决策中如何思考

以上是8个程式化的步骤，但是遇到具体的开放式问题和非程序化决策时，每个步骤又需要决策者从主/客观去具体思考、分析。那么，企业最高管理者在制定一些涉及企业发展方向、转型变革的重大决策时，有哪些可参考借鉴的方法呢？下面是《世界经理人》主办的"2018中国十大管理实践"中6家参评企业的一些核心要点。若想对企业管理有更加深刻的了解，请持续关注相关活动。

一、危机意识和成长底线

曙光公司总裁历军："第一，要有危机意识。当下的市场环境瞬息万变，企业随时可能兴盛或衰退，需要兼顾周边的一切因素。危机意识则要求时刻做好准备，保持资金充足以应对不时之需。千万不要因为急于求成，最后把一个企业的未来给断送了，防患于未然永远都是企业到了一定规模后要考虑的第一件事。

"第二，要稳步发展。中国企业，特别是中国企业的管理者，在改革开放的 40 多年间已经习惯于经济的高速增长，社会资源快速膨胀。今天是时候做出改变了，要追求稳健的发展，要面向长远。发达国家的企业有很多都是百年老店，这也是不少中国企业追求的目标。中国企业尤其在工业领域鲜有百年老店，我们这一代人可能看不到自己的企业能做到百年，至少要把百年发展的基础夯实。尤其在高科技制造业领域，一定要稳步发展。一个企业内部有很多要素，这些要素要平衡发展，最好不要有短板，要有清晰的策略、明确的目标，然后整合资源，一步步向前走。

"第三，企业各自有各自的战略，大家各显神通。但是归根到底，要不断地积累，要时刻保持警惕，这样才能走得更长远。"

二、认清生存和发展基因

迅雷集团 CEO 陈磊："首先，了解企业自身的基因。管理者一定要非常清晰地认识到企业的生存和发展基因到底是什么。这就需要花大量的时间来了解企业的发展历程、用户过往真实的反馈以及整个行业未来的发展趋势。不去盲目地追逐市场'风口'，而去真正发挥自己的专长和优势。

"其次，始终倾听用户的需求。企业不论规模的大小，都应该坚持不断优化用户体验，以用户的需求来驱动产品的研发和服务的提升。

"最后，注重人才培养和发展。人才是企业能够长期发展的原动力，帮助员工个人的成长也是在助力企业层面的发展。面对技术的快速更迭和行业的不断变化，管理者应该全面探索和建立人才的培训和激励体系。"

三、抛弃传统 KPI 的"第二引擎"

研华科技董事长刘克振："第一，要能够引入一个理论去指导创新转型，不能拍脑袋就干，这样是很难成功的。我推荐《指数型组织》这本书，我认为这本书把企业创新转型的逻辑阐述得比较清楚，建议企业管理者去研究这本书。

"第二，要将创新转型当成主要战略，不一定要全员转型，但是一定要将其当成主战略。

"第三，企业管理者要善用'第二引擎'的观念，要让全体员工知道新方向，但是不必大张旗鼓，而应成立独立团队去专攻。比如，研华科技的'共创'由我跟 CTO（首席技术官）两个人主导，成立专门的'特战团队'。

"第四，要做尝试。研华科技发起'共创'，跟很多中小型企业建立合作关系。'共创'小组里的每一个工作都是一个尝试。尝试可能失败也可能成功，且是必要的。

"第五，不要让盈利情况或 KPI 影响创新转型。企业管理者应该让创新转型单位撇开企业原有的 KPI 体系，KPI 可以相对含糊些，或者先暂时没有 KPI，只定一个大的目标。"

四、"五看三定四配"

北京城建集团国际事业部总经理李道松："格雷钠的组织成长模型将企业的发展阶段进行了划分，每一个阶段都有其必然经历的若干问题，'成长的烦恼'必然存在。那么，选定最适合企业现阶段的实践，才是最好的。可以引用行业标杆及变革成果之一的最佳实践来回答这一问题——五看三定四配。

"首先，应通过看环境、看行业、看客户、看竞争、看自身来对企业本身的优势、劣势、机遇、挑战进行统筹分析和评估，一定要非常了解并认清当前企业所处的发展阶段和实际水平。在此基础上去'定'，即聚焦管理实践的原因、对象、方法，综合考量、确定。进而，就是要'配'好，即配好策略、任务、资源和机制。引入管理实践的初衷即激发组织的活力，提质增效，为战略目标的实现做出实质贡献。"

五、速度、效率和创新

伊戈尔电气董事长肖俊承："在制订企业的未来计划时，我个人感受到有 3 个词跟企业的生存发展紧密相关：一是速度，现在的市场竞争中，需求迭代越来越快，也没有了信息不对称的基础，'快鱼吃慢鱼'，拼的就是速度；二是效率，这是成本指向，投入产出比小，消耗少、积累多，才能活得久；三是创新，这是人才指向，一定会有未知的难题，唯有靠创新才有可能解决时，就需要人才了。所以，对于但凡能高效提升企业运作的速度、效率和创新的管理实践，都应该高度聚焦和推进。"

六、捕捉未来趋势

捷渡科技董事长王杰："对于企业来说，面临的发展瓶颈和发展机遇同时存在，每个企业都希望自己能够突破瓶颈、抓住机遇，但这是很难的一件事情。最重要的是了解自己、及时捕捉到未来趋势。对于我们来说，想未来走得更远，只能做两件事。一是别人不愿意做的事，二是别人做不了的事。因此我们在制订发展计划时，首先是找到未来行业趋势在哪里，其次就是找到在这个趋势下，哪些事情是别的企业不愿做的，哪些是别人做不了的，最后根据我们的实际情况来确定企业的目标！"

2．推荐书籍

请登录华信教育资源网（www.hxedu.com.cn），在本书相关资源中免费下载推荐书籍清单。

【过程考核】

一、单选题

1．按决策问题所处的条件不同，可分为（　　　）。
    A．战略决策和战术决策
    B．程序化决策和非程序化决策
    C．定性决策和定量决策
    D．确定型决策、风险型决策和非确定型决策

2．某厂推销一种新产品时有 A、B、C 3 种推销方案可供选择，3 种推销方案在不同市场情况下的损益值如下表所示。

推 销 方 案	损益值（万元）		
	市场情况好	市场情况一般	市场情况差
A	60	20	−15
B	40	25	0
C	30	15	10

用小中取大法进行决策，应选择方案（　　　）；

用大中取大法进行决策，应选择方案（　　）；

用大中取小法进行决策，应选择方案（　　）；

用等概率法进行决策，应选择方案（　　）。

3．甲公司生产某种产品的固定成本是 30 万元，该产品的单位变动成本为 4 元，市场售价为 10 元。若要达到 6 万元销售毛利的目标，该产品产销量应为多少？（　　）

　　A．30 000 件　　　　B．45 000 件　　　　C．60 000 件　　　　D．75 000 件

4．决策程序的第一步是（　　）。

　　A．确定目标　　　　B．发现问题　　　　C．搜集信息　　　　D．执行决策

5．某饭店推出 10 万元一桌的迎春盛宴，这是实行（　　）。

　　A．成本领先战略　　B．差异化战略　　C．集中化战略

6．管理学家（　　）认为管理就是决策，突出决策的重要地位。

　　A．德鲁克　　　　　B．西蒙　　　　　C．卢桑斯

7．企业制定规章制度属于（　　）。

　　A．非程序化决策　　B．程序化决策　　C．适应性决策

8．M 省一家木材加工厂连年亏损，主要原因是 80% 以上的职工有偷拿成品木材的行为，这已成为一种不良风气。新官上任三把火的费厂长表示要坚决刹住这股歪风，他广开言路，由大家提出来 4 种备选方案。你认为最满意的方案是哪一种？（　　）

　　A．成立反偷小组，由费厂长兼任组长

　　B．加大罚款力度，规定偷一根木材罚十根木材的钱，即偷一罚十

　　C．根据斯金纳的强化理论，对情节轻者采用负强化的方式，对情节重者采用惩罚的方式

　　D．从严治厂，规定凡偷窃木材者，不论是否有技术专长，一律开除

9．假设，在一次严重的纵火案发生后，警察在现场抓到了两个犯罪嫌疑人。事实上正是他们为了报复而一起放的火，但是警方没有掌握足够的证据。于是，警方把他们隔离起来，要求坦白交代。假设法律规定是这样的：如果他们都承认纵火，每人将入狱 10 年；如果他们都不坦白，由于证据不充分，他们每人将只入狱 1 年；如果一人抵赖而另一人坦白并且愿意做证，那么抵赖者将入狱 15 年，而坦白者将获得释放。请问，甲和乙两个囚徒会进行何种选择？（　　）

　　A．甲坦白，乙抵赖　　　　　　　B．甲抵赖，乙坦白

　　C．甲坦白，乙坦白　　　　　　　D．甲抵赖，乙抵赖

10．某零售商店选定 3 个备选经营方案，其主要数据如下表所示。根据最小后悔值法，你认为该商店应选哪一个方案为好？（　　）

方　案	损益值（万元）		
	销售量高 Q1	销售量一般 Q2	销售量低 Q3
甲	1000	550	200
乙	900	500	300
丙	800	400	350

A．甲方案   B．乙方案

C．丙方案   D．乙方案和甲方案均可

11．京拓公司要求职员近日向公司提交一份有关本公司向一家高尔夫球俱乐部投资的可行性报告。报告分析了很多因素，你认为哪项因素不属于可行性报告当前应当分析的内容？（   ）

    A．选定供应商所生产的高尔夫球的质量

    B．政府对该项娱乐运动的导向政策

    C．能够吸引的用户的数目与分布

    D．其他娱乐项目对该项运动的替代作用

12．1944年6月4日，盟军集中兵力，即将开始规模宏大的诺曼底登陆作战。登陆战役决定在D日发动。为了保证登陆的成功，要求气象、天文、潮汐这3种自然因素都具备非常良好的条件。联合气象组对D日天气做了一次较为详细的预报：上午晴，夜间转阴。这种天气并不是登陆的理想天气，但能满足登陆的起码条件。盟军司令艾森豪威尔沉思片刻，果断做出最后决定："好，我们行动吧！"艾森豪威尔的决定说明（   ）。

    A．决策是一个渐进的过程，不能一蹴而就

    B．决策要考虑现实情况，不可刻意地追求理想化

    C．艾森豪威尔应耐心地等待好天气的出现，保证盟军既能登陆成功又能将损失降到最低的程度

    D．艾森豪威尔应听取大家的意见

13．某县为解决3个镇通往W市的交通困难，决定接通该县第一条断头公路，由此产生了两套方案：一是直通镇区，走两点一线，全程4千米，投资仅需80万元；二是绕道镇区，全程15千米，投资208万元。第一套方案省钱又省时，也没有任何风险，后患是容易造成交通拥挤、污染严重；第二套方案可为日后乡镇发展打下良好的基础，还可避免交通瓶颈和环境污染，但工程浩大、投资巨大。最终，该县领导一反常规采取了第二套方案。该案例说明（   ）。

    A．决策应着眼于长远利益，而不要因为暂时的困难和一时的利益做出短视的决策

    B．决策者的风险意识在决策时将发挥主导作用

    C．保守型决策往往是人们的第一选择

    D．利益是决策的最终目标，人们都愿意选择眼前利益

14．某企业有一笔钱，若将这笔钱放在银行，预期可以获得20万元的收益；若将其投入债券市场，可以获得50万元收益，但仅有60%的把握，若失败将亏损10万元；若将这笔钱贷给相关企业，可以获得40万元的利润，若贷款企业到期不能及时还款，将影响企业的生产，企业为此将损失15万元，发生这种情况的可能性为10%。你作为这家企业的CEO将如何决策？（   ）

    A．存放银行，获益稳定   B．贷给相关企业，获较高收益

    C．投放债券市场，获风险收益   D．将钱一分为三分别投放

15．某企业在2001年生产能力为1万件，固定成本为300万元，现已接到订货7000件，单价为2000元/件，若按7000件的任务生产、销售，将亏损20万元。现有一个商

家欲以 1800 元 / 件的价格订货 3000 件，试问接受订货否？（ 　 ）

  A．生产能力有余，边际利润小于 0，不订货

  B．生产能力有余，边际利润大于 0，订货

  C．生产能力不足，边际利润小于 0，不订货

  D．生产能力不足，边际利润大于 0，订货

  16．某公司财务部门经常运用数量分析技术评价资本投资方案，但并非每次都选择最佳方案。事实上，有时财务部门更倾向于排在第三或第四的方案。财务总监说财务部门最终是根据主观判断而非数量分析来确定最佳投资意向。下列说法最准确的是（ 　 　 ）。

  A．在资本投资的经济效益极不确定的情况下，这种决策方式是合理的

  B．这种决策方式是非理性的、直觉型的决策方式

  C．这种决策方式无法使组织利润最大化

  D．这种决策方式是有限理性决策模式的一个实例

  17．前些年某村庄投资 200 万元建了一个铁丝厂，可生产的铁丝没人要，刚建的工厂就要倒闭。吃一堑，长一智，该村庄开始注意行情。四处打探后，终于了解到市场上急需做家具的铁管，于是抓住机会把铁丝转产为铁管，结果产品畅销，经济腾飞。这个案例反映了以下这些观点中，（ 　 　 ）是不正确的。

  A．信息不是一种经济资源，尽管它可以为企业带来不可估量的财富

  B．一条信息可能被许多人利用，谁抢先利用，谁就处于有利地位，这说明信息是一种特殊经济资源

  C．要了解到准确的市场行情不容易，但对有用信息的及时利用更不容易，后者说明了企业家是宝贵的稀缺资源

  D．信息是无形的财富，因此可以说"金银有价，信息无价"

二、判断题

1．决策的结果是选择一个满意的方案。 （ 　 ）

2．非程序化决策解决的是以往无先例可循的新问题。 （ 　 ）

3．决策就是要选择一个最好的方案去实现组织的目标。 （ 　 ）

4．程序化决策解决的是以往无先例可循的新问题，通常是有关重大战略问题的决策。
（ 　 ）

5．某企业专为左撇子人群生产相应的产品，这是在实行差异化战略。 （ 　 ）

三、简答题

1．有人说"管理就是决策"，你认为呢？

2．简述决策的程序。

3．常用的定性决策方法有哪些？

4．企业战略的构成要素有哪些？

5．企业的战略管理过程由哪几个主要环节构成？

四、定量决策题

1．某轻工企业拟制定企业发展规划，根据各方面条件，设想了两个可行方案，每个方案的服务期限为10年，每个方案在不同自然状态下的年度损益值如下表所示。

可 行 方 案	损益值（万元）		
	销路好（概率：0.5）	销路一般（概率：0.3）	销路差（概率：0.2）
扩建（投资100万元）	100	60	−10
新建（投资200万元）	150	80	−40

要求用决策树法进行分析决策。

2．某企业经销一种产品，单位变动成本为50元，固定成本为30 000元，产品单位售价为200元，盈亏分界点的销售量是多少？假定销售产品达300件，可获得的利润是多少？

3．某企业经销一种产品，单位变动成本=15元，固定成本=30 000元，产品单位售价=25元，问：

（1）盈亏分界点销售量是多少件？

（2）上一年该企业实际销售量是4000件，那么利润是多少？

（3）分析该企业上一年的经营状况。

（4）该企业计划今年的利润比上一年的增加20%，应采取哪些措施？

4．假定你有50万元人民币可投资房产或投入股市，而房产和股市的收益取决于它们的行情：若行情好，房产一年可赚15万元，股市可赚12万元；正常行情下，房产可赚5万元，股市可赚2万元；行情不好时，房产可能损失10万元，股市可能损失5万元。试按乐观决策法、悲观决策法、最小后悔值法进行方案选择。

5．某企业在某时期内经营A产品，预计该产品单位售价为21元，单位变动成本为12.6元，固定成本为21 000元。求盈亏分界点的销售量。

情景6 组织结构与变革

【职业行动能力】

1. 能分析某一企业的组织结构形式，并提出修改意见
2. 能找到扩大管理幅度、减少管理层次、使组织结构扁平化的好方法
3. 能进行全面授权，让管理者有时间做更重要的事
4. 能综合运用多种组织手段和技术，消除组织中的不和谐因素
5. 能进行力场分析，减小组织变革的阻力

【学习型任务】

1. 了解组织系统和组织职能的内容
2. 理解组织结构的基本形式和设计原则
3. 掌握管理幅度和管理层次的关系
4. 理解授权的定义和过程
5. 了解组织协调和组织变革的方法和相关知识

【关键概念】

组织职能、管理幅度、授权、直线职能制、事业部制、矩阵制

【相关理论】

组织协调理论、组织变革理论、扁平化理论

【管理方法】

集权与分权、授权、敏感性训练

任务 1 组织结构的设计

6.1.1 任务导入

企业组织结构的选择

某地方生产传统工艺品的企业，伴随着我国对外开放政策，逐渐发展壮大起来。销售额和出口额近十年来年平均增长 15% 以上。员工也由原来的不足 200 人增加到了 2000 多人。企业还是采用过去的类似直线型的组织结构，企业一把手王厂长既管销售又管生产，是一个多面全能型的管理者。最近企业发生的一些事情让王厂长疲于应对。其一：生产基本是按订单开展的，基本由厂长传达生产指令；碰到交货紧的情况，往往是厂长带头和员工一起挑灯夜战，虽然按时交货，但质量不过关，产品被退回，并被索赔。其二：以前企业招聘人员人数少，所以王厂长一人就可以决定了；现在每年要招收大中专学生近 50 人，还要牵涉到人员的培训等，以前的做法就不行了。其三：过去总是王厂长临时抓人去做后勤等工作，现在这方面工作太多，临时抓人后做不了、做不好了。凡此种种，以前有效的管理方法已经失去作用了。

问题：请从组织工作的角度说明企业存在的问题以及建议措施。

6.1.2 相关知识

小视频：分粥的故事

1. 组织系统

组织是一个开放的社会技术系统，它由许多分系统所组成，这些分系统包括目标与价值分系统、技术分系统、社会心理分系统、结构分系统和管理分系统等。组织系统的运行需要投入人力、物力、财力、信息等资源，生产出产品，提供劳务，同时追求员工需要的满足。组织系统的投入和产出如图 6-1 所示。

2. 组织职能

组织职能就是对实现企业目标的各种要素和人们在经济活动中的相互关系进行组合、配置，从而建立起一个有机整体的一种管理活动。

组织职能的内容包括：

① 设计并建立组织结构。选择企业组织结构模式，划分单位、部门，确定编制。

② 设计并建立职权关系体系、组织制度规范体系与信息沟通模式。明确企业的目标和具体工作任务，规定工作职能、协作程序和管理权限，以完善并保证组织的有效运行。

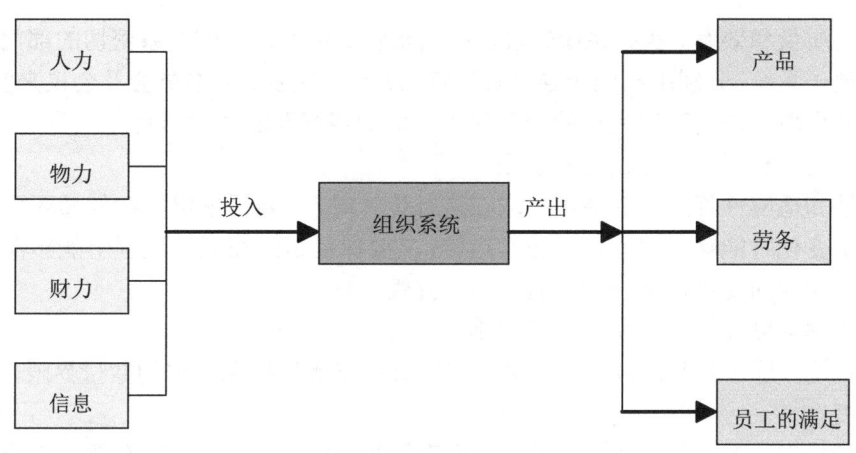

图 6-1　组织系统的投入和产出

③ 人员配备与人力资源开发。首先，合理使用人力要素，进行工作分类和人员分工。劳动力要素是企业最重要的要素，应当按各岗位的实际需要配置相适应的人员，应当注意发现、选拔和培养人才，充分发挥每个人的特长，做到量才适用、用人之长。其次，调配企业资源，合理组织其他物质资料要素、货币资本要素的配置。配置各种资源的根本要求是保证人力、财力、物力在各环节各部门的合理的比例关系。

④ 组织协调与变革。通过组织运行，不断修改和完善组织结构。或者发动变革，打破原有组织定势，以建立新组织模式。

科学合理的企业组织结构在管理职能的实施中具有十分重要的作用，主要表现在以下两个方面：

① 它能把分散的、孤立的力量聚集、结合为集体的力量，挖掘企业内部的人力资源。

② 保证企业职工分工协作关系的稳定性和连续性，协调各部门、各环节的关系，使经营管理活动有秩序、有节奏地进行。

小练习：组织职能的
主要内容

3. 组织结构设计的原则

组织结构设计所面对的基本矛盾在于管理对象的复杂性与个人能力的有限性。组织结构设计的目的是发挥整体大于部分之和的优势，使有限的人力资源产生综合效果。组织结构设计的基本任务就是发挥管理者群体的作用从而有效地管理复杂多变的对象。

（1）有效性原则

精简、统一、自动调节、责权一致都是为了提高组织结构的效率，取得最好的经济效果。精简与实现企业目标、统一与调动各部门各环节的积极性、自动调节与统一指挥、责权之间都有一定的矛盾，而这些矛盾的解决要服从效率与效果的要求。效率和效果比较高的组织结构就是好的、合理的组织结构。离开这条原则，就失去了判断组织结构合理与否的标准。

（2）专业分工和协作的原则

现代企业的管理不仅工作量大而且专业性强，分别设置不同的专业部门则有利于提高管理工作的质量和效率。实行系统管理，把职能性质相近或工作关系密切的部门归类，成立各个管理子系统，分别由相应领导负责管辖。设立一些必要的委员会及会议来实现协调。创造协调的环境，提高管理人员的全局观念，增加相互间的共同语言。

（3）稳定性和适应性相结合的原则

稳定性和适应性相结合的原则要求在进行设计时，既要保证组织在外部环境中和在企业任务发生变化时能够继续有序地正常运转，又要保证组织在运转过程中能够根据变化了的情况进行相应的变更，组织应具有一定的弹性和适应性。

（4）管理幅度和管理层次合理的原则

管理幅度，是一名上级对下级人员能够有效地直接指挥和监督的数量界限，也叫作有效管理幅度。

一个领导者，因受其精力、知识、经验等条件的限制，对于能够有效地直接指挥的下级，在人数上是有一定限度的。超过了这个限度，就不能做到有效的直接指挥，就需要增加管理层次。

管理幅度不是一个固定值，它受职务的性质、人员的素质、职能机构健全与否等条件的影响。由于管理幅度的大小同管理层次的高低呈反比例关系，这一原则要求在确定企业的管理层次时必须考虑到管理幅度的制约。

管理层次，是指从企业经理到基层工作人员之间领导隶属关系的数量。它取决于企业规模和管理幅度两个主要因素。管理层次与企业规模成正比例关系。一般地说，企业的管理层次不宜过多。层次多，机构庞大，经理与基层人员在管理上相距较远，容易出现信息失真的现象；层次多，管理人员就多，增加了管理费用；层次多，容易使管理缺少灵活性，束缚个人能力的发挥，助长惰性和官僚主义。

但是，层次过少，不适应企业经营管理的需要，导致指挥软弱，不利于经理对整个企业经营活动进行有效的组织、指挥与控制。因此，要合理地设置管理层次，力求提高干部的管理素质，在扩大管理幅度的基础上减少管理层次。

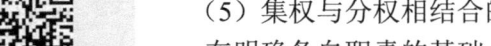

小视频：影响管理幅度大小的因素

（5）集权与分权相结合的原则

在明确各自职责的基础上，要授予相应的职权，使责权相对应。管理层次的划分实质上是企业权力的分配，也就是企业如何处理集权与分权的问题。企业在确定内部上下级管理权力分工时，主要应考虑的因素：企业规模的大小，企业生产技术特点，各项专业工作的性质，各单位的管理水平和人员素质的要求等。

一个企业不会是完全集权的，也不会是完全分权的。企业划分各管理层次职权的原则是集权与分权相结合。集权的目的是统一意志，加强企业经营管理的计划性，保证上下级在步调上的一致，经济合理地利用企业的人力、财力和物力资源，取得组织结构整体效益的最佳化。分权就是把部分经营管理权授予下属的各管理层次，以调动其积极性，使之能够更好地适应市场形势的变化，从市场需要出发，灵活地、有效地组织经营活动，同时为基层领导者发挥才干创造了条件。

集权与分权是统一的，在企业中，这一点通过统一领导、分级管理表现出来。企业集权与分权的程度要根据企业的具体情况确定。集权的程度，应以不妨碍基层人员的积极性的发挥为限；分权的程度，应以上级不失去对下级的有效控制为限。

（6）合理授权的原则

授权就是指上级给予下级一定的权力和责任，使下级在一定的监督之下拥有相当的自主权而行动。授权者对被授权者有指挥、监督之权，被授权者对授权者负有汇报情况及完成任务之责。

要正确地理解授权的含义，应注意区别以下问题：

① 授权并不意味着授责。授权只是把一部分权力分散给下级，而不是把与"权"同时存在的"责"分散下去。换言之，当一级主管把某几种决策权授给二级部属时，虽然二级部属因而获得这些决策权，但一级主管仍然负有相应的责任。

② 被授权不同于代理职务。代理职务是指在某一时期依法或受命代替某人执行其任务，代理期间相当于就任该职，被代理职务者与代理职务者之间是平级关系，而不是上级授权给下级的关系。

③ 授权不同于增添助理或秘书职务。助理或秘书只帮助主管工作，而不承担责任，主管依然应负担全责。在授权中，被授权者应当承担相应的责任。

④ 授权不同于分工。分工后，在一个集体内各个成员按其分工各负其责，彼此之间无隶属关系；而授权后，授权者和被授权者有上级、下级之间的监督和报告关系。

⑤ 授权不同于分权。授权主要是指权力的授予和责任的建立，它仅指上级、下级之间短期的权责授予关系；而分权则是授权的延伸，是在组织中有系统地授权，这种权力根据组织的规定可以较长时期地留在中、下级主管人员手中。

授权的原则：

① 因事设人，视能授权。一切以被授权者的才能大小和知识水平的高低为依据。"职以能授，爵以功授"，这是古今中外的历史经验，两者绝不能混为一谈。授权前，必须仔细分析工作任务的难易程度，以将职权授予最适合的人选，一旦授予下级职权而下级不能承担职责时，应明智地及时收回职权。

② 明确所授事项。授权时，授权者必须向被授权者明确所授事项的任务目标及权责范围。这样不仅有利于下级完成任务，更可避免下级推卸责任。

③ 不可越级授权。只能对直接下级授权，不可越级授权。例如，局长不能越过处长直接将权力授予科长。越级授权必然造成中层主管人员的被动，以及部门之间的矛盾。

④ 适度授权。授予的职权是上级职权的一部分而不是全部，对下级来说，这是他完成任务所必需的。授权过度等于放弃权力。对于涉及组织全局的问题，上级不可轻易授权，更不可将不属于自己权力范围内的事授予下级。

⑤ 适当控制。如果上级在授权后仍不断地检查工作，那么这是授权不足的表现。但授权不等于放任不管，授权者仍必须保留适当的对下级的检查、监督、指导与控制的权力，以保证下级正确地行使职权。权力既可以授出去，也可以收回来。所有的授权都可以由授权者收回，职权的原始所有者不会因为把职权授予出去而永久地丧失了自己的权力。

⑥ 互相信赖。授权和沟通相似，必须基于主管人员和部属之间的相互信赖的关系。因此，主管人员如果把权力授予部属，就应该充分信任部属，也就是说要"用人不疑"。

6.1.3 分组案例分析

分权是事实还是虚构

动力工业公司是一个生产多种产品的汽车替换零件制造商，由于执行积极合并的政策，发展很快。董事长大山认为公司的成长是健康的，公司之所以能以罕见的速度迅速扩大，其主要原因在于公司的经营是在高度分权的基础上进行的。由于动力工业公司是一个合并了一些公司的康采恩式企业，大山鼓励所属公司的经理们仍像在加盟动力工业公司以前那样继续经营。现在，动力工业公司正在谈判同中央电子公司的合并问题。这个公司生产品类广泛的电子元件，其中许多用于国防和宇宙工业。中央电子公司对动力工业公司发生兴趣，是由于动力工业公司能提供该公司在发展一种高功能变压器的最终阶段和建立生产新产品的工厂方面所急需的资金。可是，中央电子公司的创办人和总经理罗莎认识到同另一个公司合并的潜在危险：她将失去对她自己企业的控制，并沦为一个大公司的雇工。

但大山不断向罗莎保证，动力工业公司是在高度分权的基础上进行经营管理的，并描述其分权的概念如下：

"我们希望你，作为一个子公司的总经理，像过去一样照常进行管理。你的企业是成功的，这就没有理由说，作为动力工业公司的一部分，就不能成功地继续发挥经营、销售、生产以及产品开发等主要职能。只要你认为合适，一切由你经管。总之，我们采用的是银行家的方式，由我们提供资金，即供给你所需要的用于改进和扩充的资本。虽然每个子公司的利润将上交总公司，但你仍像具有自己的公司一样，因为你每年将得到两种收入：一份有保证的薪金和一份你所在公司的一定比率的净利。"

在得到了这样的保证以后，罗莎决定同动力工业公司合并。在6个月里，一切都很顺利，罗莎几乎没有看到公司总部派什么人来。到第7个月月初，总公司的主审计员来访问罗莎，详细地向她说明公司需要有利润计划，并要求她编制好中央电子公司的利润计划、下年度详尽的收入和营业费用的预测。主审计员虽然很和气，却讲得十分清楚，如果中央电子公司的活动明显偏离了预定的情况，总公司将会派一组成本分析专家和工业工程师来查明偏离的原因并将提出必要的变革计划。

和主审计员的这场经历刚过去，动力工业公司的劳资关系副董事长又访问了罗莎，并通知她，几个总公司的劳资关系参谋成员将参加同代表中央电子公司雇工的工会即将进行的谈判。罗莎抗议说，她对自己公司的劳资契约已谈判多年了；然而，人们对她解释说，这样做是为了全公司范围雇工的福利计划（如年金和保险），同时，是为了防止工会在工资领域中利用一个子公司来反对另一个子公司，所以集中控制谈判是非常必要的。在这次访问时，公司的一些劳资关系参谋成员还向罗莎略述了公司有关工资计划的规定，并做出安排以实施公司职员和主管人员的薪金计划。

下个月，罗莎访问了大山，并询问为了取得建设生产高功能变压器的新厂房的资金，她应采取什么步骤。

大山答复说："我将从总公司财务部门派人访问你并向你指出如何填写基建资金申请表。这不过是个例行手续，但是请记住，你的公司仅仅是 15 个子公司中的一个，大家都同时需要钱，况且今年能否取得这笔钱，不仅取决于你的需要，还将取决于其他 14 个公司的需要。"

请分析：

（1）动力工业公司在经营上是否尽可能地实行了分权？为什么？

（2）作为罗莎（中央电子公司的总经理），你认为母公司的管理政策基本上是集权还是分权？为什么？

任务 2 企业组织结构的形式和变化趋势

6.2.1　任务导入

M 公司的问题

M 公司成立于 2003 年，初期主营高档房地产业务。经过多年发展，公司经营业务已从单一的房地产开发拓展为以房地产为主，集娱乐、酒店、咨询、汽车租赁与维修、百货零售等业务于一体，员工也发展至 1300 余人。

初创时，公司设立了财务、营销、生产、人事、采购、研发等职能部门，管理权高度集中，统一指挥，各部门职责明确、各司其职，整个组织系统运行稳定、高效。近年来，公司规模迅速扩大，经营领域不断拓宽，与此同时，企业外部市场环境日趋复杂，公司组织管理遇到许多新问题。例如，各职能部门间由于分管的业务不同、考虑问题的出发点不一致，出现较多矛盾，既导致最高领导层的协调工作量加大，陷入日常事务之中，又使得公司对环境变化不能做出及时反应,错过了很多市场机遇。公司领导对上述问题十分困惑。

问题：

（1）M 公司初创阶段的组织结构属于哪种组织结构形式？

（2）针对 M 公司的管理现状，你认为该公司更适合采用哪种组织结构形式？这种结构与原有结构相比，具备什么特点和优点？

6.2.2　相关知识

企业的组织结构是由若干职能不同的部门和管理权力不同的管理层次结合而成的。把它们之间的分工协作关系和领导从属关系用

小视频：世界著名科技公司组织结构图

一种形式衔接起来和固定下来，就形成了企业组织结构形式，或者被称为企业组织结构模式。关于如何通过这一形式正确处理各部门和管理层次之间纵横交错的关系，并不是一开始就像现在这样完善，而是有一个发展演变过程的。下面就按形成过程来说明企业组织结构的形式。

1. 直线制

直线制是指由企业经理直接或通过中间管理环节领导基层工作人员，不设专门的职能机构，自上而下形成直线似的垂直领导关系。

这是企业发展早期的一种组织结构形式，也是最简单的形式。它来源于古老的军队组织。军事管理的编制是从军、师、旅、团、营、连、排到班，自上而下垂直领导，像一条直线，所以叫作直线制，又被称为军队式。

所谓"直线"，是指在这种结构中职权从组织上层"流向"组织基层。

直线制的特点：指挥和管理的职能由企业的行政负责人自己履行，下属单位只接受一个上级的指令，即"一个人，一个头"，主管人员在其管辖的范围内有绝对的职权或完全的职权。

直线制的优点：机构比较简单，每个人都明白应向谁报告和谁向自己报告；指挥管理统一，责任和权限较明确，每个人有一个并且只能有一个直接上级，做出决定比较容易、迅速；便于全面执行纪律和进行检查监督。

直线制的缺点：需要全能的管理者；部门间的协调差。

直线制适用于没有必要按职能实行专业化管理的小型企业，或适用于现场作业管理。

2. 直线职能制

直线职能制又被称为直线参谋制，是在吸收了直线制和职能制的优点的基础上首先由法国著名管理学家法约尔提出来的。它是一种以经理对业务机构的直线式垂直领导为主体，同时发挥职能部门指导参谋作用的组织结构形式。直线职能制组织结构示意图如图6-2所示。

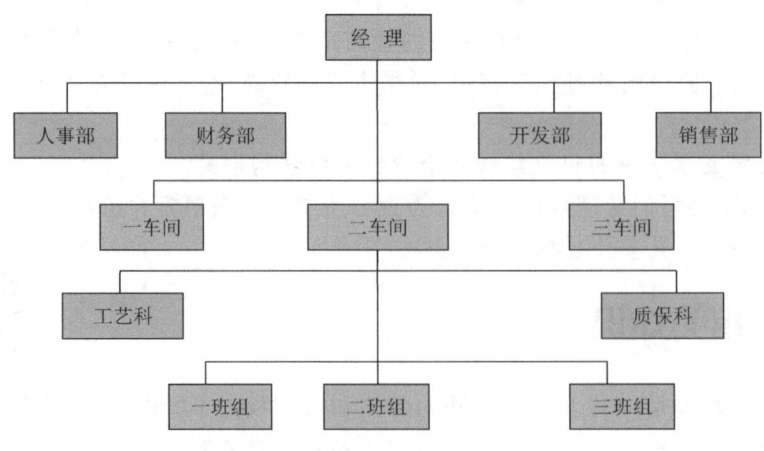

图6-2 直线职能制组织结构示意图

直线职能制具有以下特点:

① 按照企业机能和管理职能划分部门和设置机构,实行专业分工,以加强专业管理,但是企业的生产经营活动由厂长(经理)统一领导和指挥。

② 把企业管理机构和人员分为两类:一类是直线指挥机构和人员,对其下属有指挥和命令的权力,对自己部门(单位)的工作要负全部责任;另一类是职能机构和人员,对直线部门下级没有指挥和命令的权力,只能提供建议和在业务上进行指导。

③ 企业生产经营的决策权集中在企业的最高领导层。

直线职能制的优点:能适应现代企业管理工作比较复杂和细致的特点;可以满足现代企业的生产经营活动需要统一指挥和实行严格责任制度的要求。

直线职能制的缺点:易产生矛盾,如果协调得不好,就会影响问题的及时处理和妥善解决,贻误工作;不利于各部门之间的意见沟通;生产经营决策迟缓,工作效率不高。

直线职能制适用于规模比较小、产品品种比较简单、工艺比较稳定、市场销售情况比较容易掌握的工业企业和大中型商品流通企业。

3. 事业部制

事业部制组织结构也被称为部门化组织结构。事业部制是由美国通用汽车公司总裁斯隆于 1924 年提出的,是目前国外大型企业普遍采用的一种组织结构形式。事业部制组织结构示意图如图 6-3 所示。

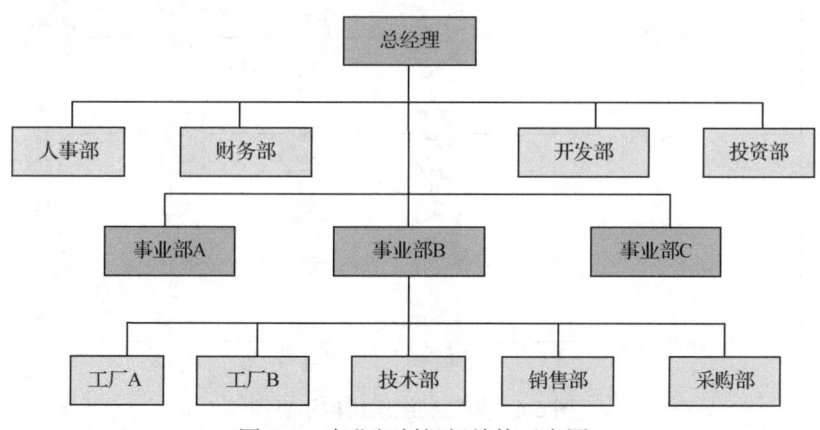

图 6-3 事业部制组织结构示意图

事业部制的特点:对于企业的生产经营活动,按产品或地区的不同建立事业部,即部门或分公司,同时每个事业部是一个利润中心,在总公司领导下,实行独立核算、自负盈亏。

事业部的盈亏应该直接是总公司的盈亏,总公司的利润应该是各事业部利润的总和。每个事业部对公司负有完成利润计划的责任,同时,在经营管理上拥有相应的权力。事业部制依照"集中决策,分散经营"的原则。

事业部制的优点:有利于公司的最高管理层摆脱日常行政事务并成为强有力的决策机构,还能加强事业部领导人的责任心,调动他们搞好生产经营活动的积极性和主动性,增强企业生产经营的适应能力；有利于把联合化和专业化结合起来；便于调整生产方向，更好地适应社会生产和需求结构的变化，事业部内部供、产、销之间比较容易协调；有助于培养和提高领导的素质，便于考核工作人员，能够更好地调动他们的积极性。

事业部制的缺点：容易产生本位主义，影响各事业部之间的协作；公司和各事业部的职能机构重叠，用人较多，增加了管理费用。

事业部制适用于企业规模较大、产品种类较多、各种产品之间的工作差别较大、市场条件变化较快而要求适应性比较强的大型联合企业。近年来，一些大型商品流通企业也开始采用这一组织结构形式。

4．矩阵制

矩阵制结构也被称作规划-目标结构或小组组织，是在组织结构上，既有职能划分的垂直领导系统，又有按项目划分的横向领导系统的结构。矩阵制组织结构示意图如图 6-4 所示。

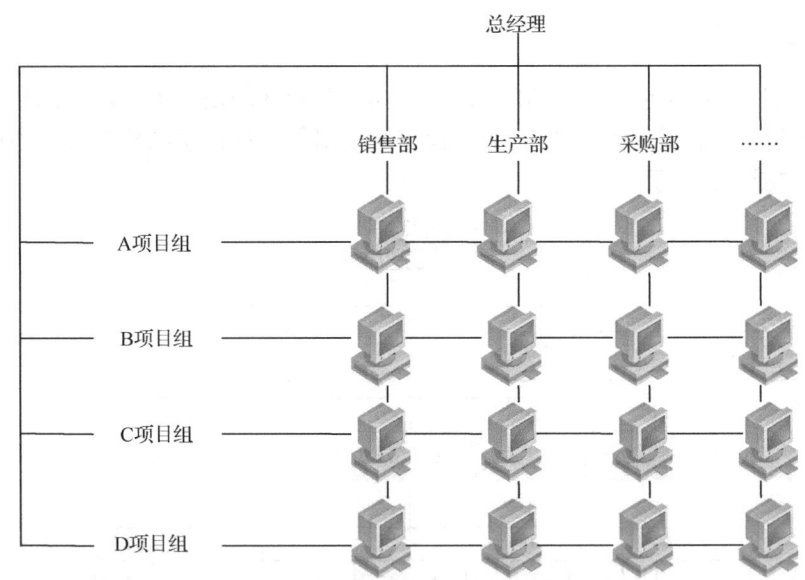

图 6-4　矩阵制组织结构示意图

矩阵制的特点：为了完成某一个特定任务，由企业有关职能部门派人参加并组成临时的或长期的任务小组，当出现若干个这样的小组时，便称之为矩阵制组织。

矩阵制组织结构下的任务小组一般是按产品或服务项目组成的专门小组，设有小组负责人，在经理直接领导下进行工作。参加任务小组的人员受双重领导，既受原来所在职能部门主管的领导，又受任务小组组长的领导。当任务完成时，任务小组就被撤销，成员回到原来各职能部门，或转移到另一任务小组工作。

矩阵制的优点：灵活机动，适应性强，能发挥专门人才的作用，集思广益，组织协作攻关，有利于解决较难的经营课题，又易于接受新观念、新方法。

矩阵制的缺点：容易产生"临时"观念，稳定性较差；任务小组成员接受双重领导，

当任务小组领导与职能部门领导出现意见不一致时，就会影响工作。

矩阵制适用于创新性任务较多、生产经营复杂多变的组织。

5. 组织结构形式的选择及组织结构的变化新趋势

从以上各种组织结构形式来看，没有一种是十全十美的。因此，企业必须从实际出发，加以应用。一般地说，选择企业组织结构形式时，要考虑企业的生产性质、企业规模的大小、产品种类的多少、生产工艺特点以及市场大小等因素。因而不同的企业会有不同的组织结构形式。同一企业在不同时期，组织结构形式也会有变化。在同一企业中，也可能把几种不同的组织结构形式结合起来应用，形成一个复合型的组织结构。总之，不能采用一种模式，不能固定不变，也不能采取"一刀切"的办法。

值得提出的是，股份制企业在组织结构上具有区别于一般企业的特点。它通过股东大会产生董事会、监事会，由总经理全面负责经营管理，实行的是三权分立制，董事会行使决策权，监事会行使监督权，总经理行使执行权。

组织结构变化的新趋势主要表现为以下几种：

（1）扁平化

组织结构的扁平化，是指组织通过减少管理层次、压缩职能机构及裁减人员，使组织的决策层和操作层之间的管理层变窄，将决策权下放，从而提高企业效率。

扁平化思想的产生是受学习型组织的启发。学习型组织是扁平的，即最高的决策层与最低的操作层相隔的管理层级很少，让最下层单位拥有充分的自主权并对生产的结果负责，从而形成"以地方为主"的扁平化组织结构。同时，信息技术的迅速发展是扁平化组织结构产生的直接原因。面对市场环境的瞬息万变，企业组织必须快速做出反应并迅速决策以保持企业的竞争优势。因此，组织结构的扁平化无疑增强了组织快速反应的能力。

扁平化与传统的科层制组织模式有许多不同之处。科层制组织模式以专业分工、经济规模的假设为基础，各功能部门之间界限分明。这样建立起来的组织必然难以适应环境的快速变化。而扁平化需要员工打破原有的部门界限，绕过原来的中间管理层次，直接面对顾客和向公司总体目标负责，从而以群体和协作的优势赢得市场主导地位。

（2）柔性化

柔性组织结构是相对于传统的刚性组织结构而言的，它是适应现代市场需求而产生的，结构简洁，反应灵敏、迅速，灵活多变，能适应现代化的、高柔性的生产技术。

柔性组织结构具有以下特点：

① 组织机构模块化。柔性组织结构都是按一定功能划分出模块式组织的，一个模块式组织一般都可完成一定生产任务。模块化组织机构都有十分标准化的接口，可以方便而快捷地与其他模块化组织机构重组。

② 组织层次减少。计算机及网络的使用使信息的传递、处理与决策都可以由计算机自动完成，高层领导可以通过网络与基层生产组织直接发生联系，许多中间管理层失去存在的必要，整个组织的结构层次大大地减少，也就实现了组织结构扁平化。

③ 采用团队工作方式。组织内部模块化、单元化的组织机构可随时应市场需求而组

成出不同的新的组织，即临时团队。一个临时团队一般都要完成一个完整的生产过程，包括产品的设计开发、生产计划及准备、生产控制以及产品的销售。值得注意的是，这些模块以前很少或基本不发生直接联系，彼此之间不够熟悉，因此需要做好组织协调工作，以使它们在目前的团队中能够默契配合，快速而有效地完成任务。

④ 人员结构发生变化。柔性组织结构的层次减少，管理幅度扩大，许多高层管理者甚至经常与基层生产人员发生直接联系，这就要求管理者应该在知晓管理知识技能的同时懂得一定的生产技术。技术革新人员也应该懂得管理。因此柔性组织结构中的成员都应该是"一专多能"的。

（3）网络化

网络化实际上是在扁平化基础上的延伸。20 世纪 80 年代，美国社会预测学家约翰·奈斯比特（John Naisbitt）在他的名著《大趋势：改变我们生活的十个新方向》中论述了网络化（Networking）。当然，这还不是现在所说的网络化。约翰·奈斯比特认为，等级制度无法解决社会的种种问题，这迫使人们进行交谈，而这就是网络化的发端。因此，他认为网络化就是人们彼此交谈，分享思想、信息和资源。重要的不是最终的成品——网络，而是达到目标的过程，也就是人与人、人群与人群互相联系的沟通途径。这样，网络化就可以提供一种官僚制度永远无法提供的东西——横向联系。同时，网络化将权力赋予个人，人们相互平等、彼此教育。

小知识：未来的组织形态将走向何方？

6.2.3 分组案例分析

X 公司的组织结构变化

X 公司是成立于 1987 年的一家高科技公司，产品行销世界各国，在同业间素享盛名。该公司拥有众多的研发人才及强大的创新能力，其产品无论在质与量方面均执同业间的牛耳地位。此外，其产品也在同业间被列为模仿及竞争的对象。

近年来在国内外竞争者众多的情形下，同业间产品不断推陈出新，产品的生命周期及售价大幅滑落。因此，需不断地推出物美价廉的新产品，才能在同业中立足。

该公司为维持其一贯的市场领先地位，于是最近将公司的组织由原来的 5 层架构改为目前的 3 层架构，以期能提高工作效率进而缩短产品开发时程，然而此架构衍生出了下列问题：

1. 原组织内的经理、组长、课长等头衔均被取消，改以工程师称呼，这导致部分资深员工士气低落，影响工作效率。

2. 原先的授权分层负责方式被改为经理一人负责，经理在沉重的工作压力下无法兼顾细节而造成疏失，无形中提高经营成本。

请借由本个案的描述，详细分析下列 3 个问题：

（1）导入组织结构扁平化的时机及方法是什么？

（2）组织结构扁平化的效益怎么样？是否有成功的例子？

（3）导入组织结构扁平化时，高阶主管各应扮演何种角色？

6.2.4　实践活动安排

情景 6 任务 2 实践活动安排如表 6-1 所示。

表 6-1　情景 6 任务 2 实践活动安排

活动 15	组织结构调研
活动目标	1. 掌握企业组织结构构建的框架。 2. 培养学生解决问题的实践能力
活动安排	1. 将学生分成几个小组，由学生自己结合所学知识设计一份关于企业组织结构建设的调查问卷，然后学生去企业调研。 2. 根据调研结果写出一份调研报告。 3. 完成活动内容后，在班级组织一次交流，每个小组推荐一名成员进行汇报
教师任务	总体协调调研事宜，并对调研活动进行全面分析和综合评价
考核标准	教师评阅调查问卷和调研报告后，根据所交材料与交流中的表现进行评估打分

任务 3　组织协调与组织变革

6.3.1　任务导入

腾讯、阿里巴巴集团为何热衷于组织变革

先说腾讯。继 2005 年、2012 年两次上升到战略层面的组织架构调整后，在 2018 年 9 月月末腾讯开启了第三次基于战略升级的组织变革：在原有七大事业群的基础上重组整合出新的六大事业群。2005 年腾讯的第一次大规模的组织变革中，架构从职能式转向了业务系统式，结束了原有架构的管理混乱，腾讯也由此进入了快速发展期。2012 年的第二次重大组织架构调整主要涉及业务单元的优化，即事业群（BG）化，后将微信独立，单独成立了微信事业群（WXG），形成了第三次变革前的七大事业群格局，腾讯也借此抓住了移动互联网的发展节点，迎来新一波的高速成长。而近期的这次组织变革一样是结合腾讯自身发展和市场变化所做出的决策，比如云与智慧产业事业群能够增强腾讯的 ToB 能力，这跟人工智能（AI）、大数据、物联网等前沿技术掀起的新一轮产业革命不无关系。

再看阿里巴巴集团。张勇自 2015 年接任 CEO 一职位后就进行了 3 次大的系统性的组织变革。接任 CEO 的当年，他宣布成立中台事业群，构建"大中台、小前台"组织机制和业务机制。2017 年年初，张勇又实施了面向"五新"（新零售、新金融、新制造、新技术和新能源）战略的组织架构调整，推动了"五新"业务的发展。2018 年 11 月月底，张勇宣布进行组织变革，包括将阿里云事业群升级为阿里云智能事业群、成立新零售技术事

业群和将天猫升级成为"大天猫"等一系列调整。张勇在其内部信说道："我们就要面向未来，不断升级我们的组织设计和组织能力，为未来 5 年到 10 年的发展奠定组织基础和充实领导力量。"

问题：

（1）腾讯、阿里巴巴集团两家企业的组织变革有什么共同点？

（2）两家企业在战略层面的组织架构调整有什么意义与作用？

6.3.2 相关知识

1．组织协调

组织是由大量人、财、物、工作和信息组成的有机体，组织通过划分层次和部门，分派任务和职务，以便能够高效率地运作起来去实现组织的任务目标。但由于组织工作中的不足或运行过程中的问题，组织在运行过程中难免会出现矛盾、冲突和问题，进而影响组织目标的顺利实现。组织协调的方法概括地说主要有以下几种。

（1）调整和改变组织机构

首先，一个完整的组织很少是一开始就设计好了的，其机构和人员必须根据组织运行的实际情况而进行不断变更和改进。其次，组织机构既然是适应任务需要而产生和存在的，随着人物、环境和人员的改变，组织机构也应当相应调整，否则会引起组织内部关系的不协调。例如，任务完成了，相应的组织机构应随之撤销，不然会造成此机构的人员有权无责、人浮于事。同样，如果组织任务增加了，而现有组织机构不增加，不重新设计职责职权关系，也会引起工作上的混乱和矛盾。另外，主管人员之间的不和、参谋人员和直线人员之间的矛盾都可以通过改组来进行解决。经常的、有计划的调整改组还会防止组织结构变得凝滞及小集团利益变得固化。

组织结构创新指的是采用新的技术和原则来设计组织结构和变换组织结构模式。例如，随着组织规模的扩大，针对组织层次增多、信息交流受阻、办事拖拉的弊病，近年来很多外国企业纷纷在减少管理层次上下功夫，组织结构的金字塔形渐渐向纵短横宽方向发展，同时，在扁平化组织结构内广泛建立工作小组，以减少不必要的管理和协调。

（2）制度协调

制度协调指的是用具有约束力的概率、规则、条例、规章制度来统一和规范组织成员的意志和行为，使他们相互配合、协调行动。虽然合理的组织结构是搞好组织管理的物质基础，但是如果没有一套严密的、合乎科学的制度，就无法保证它和谐而有节奏地运行。

一个组织的制度可以分为基本制度、职能机构负责制、岗位责任制和专业管理规章制度四种。无论从组织的那一方面来讲，制度都是一种比较有效的组织协调的手段。制度制约人们的行为，协调各种关系。而且在组织运行的过程中，对于一再出现的某种不协调现象，当有了比较妥当的解决办法时，应将这种解决办法条例化和制度化，有利于防止和克服此后再出现类似的现象。

（3）目标协调

目标协调就是以目标为中心来协调组织中各层次、各部门、各人员的任务和行动，以便有效地实现组织总目标的一种管理方式。目标对管理的作用是巨大的。孔茨指出："如无明确的目标，管理是杂乱的、随意的……对任何人和任何集体都难以期望有效地完成其任务。"实施目标协调的步骤与目标管理过程的步骤是相同的。

利用目标协调能够有效地减少上下级之间、各部门之间、参谋人员和直线人员之间的矛盾和纠纷，使他们协同一致地工作。目标协调的理想效果应是这样："企业中每一个成员都有不同的贡献，但所有贡献都必须是为着一个共同的目标。他们的努力必须全都朝着同一方向，他们的贡献必须互相衔接而形成一个整体——没有缺口、没有摩擦、没有不必要的重复劳动。"这正是目标管理的倡导者彼得·德鲁克所强调的。值得指出的是，目标协调与制度协调的区别在于，前者更强调组织成员以目标为导向的自我控制和自我激励，而后者则强调制度的约束和强制。

（4）信息协调

从信息论的角度考察，组织是许多人在其中处理信息、传递信息和制定决策的系统。因此，信息的畅通与否对组织协调至关重要。信息协调就是保持信息在组织内部的清楚、畅通，促进组织成员之间的相互了解，形成一个使个人的努力同集体目标协调一致的决策信息沟通网络。信息协调的手段主要包括两个方面：

① 书面沟通。书面沟通是指用书面文字和图表方式来加强组织内部的信息传递与交流，又可分为静态书面沟通和动态书面沟通。静态书面沟通是指所传递的信息内容比较稳定、有效时间长、可在长期内起协调作用的那些书面信息沟通形式，如有关组织的目标和政策说明书、规程手册、组织系统图、职位说明书等，它们能够在某一既定时期内规定和澄清组织中的职权关系和信息沟通关系，为组织的顺利运转奠定基础。动态书面沟通是指在组织运行过程中随时采用的、所传递信息的时效较短、较为灵活多样的书面信息沟通形式。

② 口头沟通。口头沟通是指对于组织中的各种信息联系，除文字、图表外，组织成员还可广泛利用口头沟通，采用直接接触和交谈的方式互相取得信息、交换意见和沟通思想。口头沟通可以在少到两个人、多到参加集体会议的数百人之间进行，既可以在正式的信息渠道内进行，也可以利用非正式组织、通过"蜿蜒小道"进行传递。交谈可以澄清分歧和误会，因此，口头沟通比书面沟通更能产生快速、清楚和融洽的效果，达到协调的目的。

（5）领导协调

领导协调是指发挥领导者的协调作用。众所周知，指挥和协调是领导者的重要职能，因此，高明的领导者应深谙协调的艺术。一方面，领导者要注意管理中的"硬性"因素，致力于建立起一套清楚、确定、完美的组织结构和管理制度，使其组织成为一个有秩序、有效率的组织；另一方面，要十分重视管理中的"软性"因素，注意到在组织运行过程中和在人际关系上存在的不清楚、不确定、不完善的现实，努力沟通上下级的关系，协调部门之间的冲突，使组织成为一个上下关系融洽、各部门团结合作的群体。

领导者发挥协调作用的领域是多方面的，例如，指导工作、解释政策、调停纠纷。领导者在具备丰富经验、良好辨别力和高尚品质的基础上，既要善于运用自己的领导权力，又要发扬民主和善于授权；既要以理服人，又要善于凭借自己的威望和情感去将无情的效率与有情的领导结合起来，把组织成员联结成一个具有向心力和凝聚力的群体。

（6）人事协调

这是指通过人员变动的方式来消除组织内部的不协调现象。例如，当组织中的成员因各种原因而不再适合从事原有的工作、承担原有的职责时，就应适时地变换他们的工作和职位，以避免他们在原有岗位上敷衍塞责、应付了事。另外，对于相互之间责任和权力联系较紧但彼此不和的组织成员，改变他们的人事安排并尽量避免其直接接触也是一条可行之策，否则将影响到他们各自责任和权力的有效履行与实施。人事协调还包括招收和选拔高素质的人才，将其分配到组织中关键的或易于发生不协调的部门和岗位上去，以利用他们的经验、才干和责任感来弥补组织结构设计的不足，灵活地克服组织中不协调问题的发生。

（7）思想工作协调

思想工作协调是用思想教育的方法解决组织成员的思想和观点问题，提高其思想觉悟和认识水平，使得全体组织成员以良好的道德情操和精神面貌，团结一致地完成各项任务，顺利地实现组织目标的组织协调方法。

思想工作协调在组织活动中具有特殊的重要性，它是协调组织成员关系的基本方法。在一个组织中，由于人们所在的相对地位、实践经验、知识水平及认识能力各不相同，对利益的追求、对事物的看法以及性格、习惯等存在许多差异，群体与群体、群体与个人、个人与个人之间难免产生各种矛盾，发生各种摩擦。要想解决这些矛盾和摩擦、协调人际关系，如果用简单的行政命令和强制压服方法，往往适得其反，而通过耐心细致的思想工作，通过民主的、说服教育的、批评与自我批评的方法，才能更有效地加以解决。

思想工作还是增强组织凝聚力的重要途径。通过思想教育，组织可形成共同的价值观、信念和道德规范，树立共同的理想、目标和行为准则，增强对组织的集体荣誉感，这些都是一个组织具有凝聚力和生产力、能够团结奋斗的精神支柱。

2. 组织协调的机制

企业在经营管理中，常用到5种组织协调的机制——相互调节、直接监督、工作流程标准化、工作输出标准化、劳动者技能标准化。它们是企业结构的基本元素，贯穿于整个企业的管理，发挥着不容忽视的重要作用。

（1）相互调节

相互调节指通过非正式的简单沟通实现对工作的协调。

在相互调节中，对工作的控制掌握在直接工作者本人手中，这是非常简单的一种协调机制，适合在最简单的组织中使用，如生活中常见的搬家公司（装车时，一人将地上的东西往车上搬运，一人在车上码放东西），或者双人皮划艇舵手。当然这种相互调节处理问题的方法在较为复杂或最复杂的组织中仍能使用，它常见于各种类型的组织中，并发挥着作用。例如我国的载人航天工程，尽管这样的活动需要精细到难以置信的分工，需要数以千计的科学家从事各种各样的工作，需要其他协调机制的配合，但其成功靠的还是科学家们在未知道路上互相适应的能力。

（2）直接监督

直接监督指靠一个人对他人的工作加以负责，向他人发布指令并监督其行为，从而实现协调。当企业的发展超越了最初的简单阶段，不再是六七个人在一间小房间中劳动创造价值时，往往开始采用直接监督机制。

（3）工作流程标准化

工作流程标准化指当工作内容明确或程序化时，尽可能地将相关操作步骤进行细化、量化、优化（很多企业往往制作出看板在办公室、车间进行展示，以确保员工按此操作，规范作业流程），而当工作内容明确或程序化时，工作流程也就可以实现标准化。

（4）工作输出标准化

工作输出标准化指直接明确某项工作完成的标准或方向是什么，然后利益相关者在规定的标准内完成某项工作。

当工作的结果（如产品的尺寸或性能）确定时，输出的标准化就可以进行。其实，输出得到标准化后，任务之间的协调就确定下来了。例如，集团公司给子公司定下绩效目标：订单交期达成率≥98%、生产成本控制（人员费用占比≤3.5%，辅助费用占比≤1.7%）、售后返修率≤500 台／百万台、客诉数≤13 次／月、净利润≥10%等。一旦确定这些绩效目标，子公司所有的工作就朝这个标准努力，以确保企业的经营战略得以实现。

（5）劳动者技能标准化

劳动者技能标准化指对劳动者进行技能培训，以将其技能标准化。

在工作中，我们可能存在一种状况：工作本身或工作输出无法标准化。在这种情况下，如果还要求通过标准化进行协调，那么解决问题的唯一方法就是将劳动者技能标准化。技能的标准化间接地实现了工作流程标准化和工作输出标准化所直接实现的目的。故此，技能的标准化实现了大多数的协调。

以上共 5 种机制，它们之间似乎有一个大致的发展顺序。随着组织的工作变得越来越复杂，组织偏好的协调机制就从相互调节转入直接监督，再转入标准化；而标准化既可以是工作流程标准化，也可以是工作输出或劳动者技能的标准化；最后回归到相互调节上来。

3. 组织变革的原因

组织变革是组织为适应内外环境及条件的变化，对组织的目标、结构及组成要素等适时而有效地进行各种调整和修正。组织变革是组织保持活力的一种重要手段。在组织为开放有机体的前提下，组织必须随着内在及外在的环境变化进行调适与改变。对内调整目标为改善组织成员的态度与行为，提升组织文化；对外调整目标则是

小思考：作为中高层管理人员，如何对 5 种协调机制进行排序？

使内部组织优势更加适应外部环境，促使组织稳定成长，提升组织绩效。组织的变革与创新主要受以下因素的影响：

（1）消费者需求的变化

从消费者需求变化来讲，消费者需求呈现出以下四大变化，在倒逼企业组织进行变革。

第一，消费者需求层次提高了。从简单的吃饱到吃好、吃健康，从产品的使用价值到体验价值，从低质低价到高质优价，这就要求企业组织必须更具有使命感和社会责任担当

意识，更重视创新，更需要高素质的人才，更需要释放人才的活力。

第二，消费者需求变化加速，需求越来越个性化、多样化。这就要求组织变得更简单、更敏捷，管理程序更少，结构更扁平，决策链条更短，责任更下沉，权力更下放，员工自主性更强。总的来说，要快速响应消费者个性化、多样化的需求，必须变得简单、直接、贴近消费者，能够快速感触到消费者的需求，将资源和能力迅速向消费者的需求倾斜。传统组织所面临的最大问题是离客户和消费者太远，所以从整个组织变革来讲，要贴近客户，洞悉客户的需求，快速响应客户的需求。

第三，消费者权利意识觉醒，对产品与信息是否对称的知情权和参与感更加重视。这就要求组织更加开放、更加透明，组织要破界，信息要对称。

第四，消费者价值诉求不再是简单的、单一的功能。过去组织主要满足的是消费者功能性的价值，现在是一体化的体验价值和整体的价值诉求，这就要求组织打破基于严格分工的功能式的组织结构，整合内外资源。企业要打造平台化组织，要构建新的组织生态，要整合资源，其实就是要满足消费者一体化的价值诉求。

（2）人才需求的变化

从人才角度来讲，人才也在倒逼组织释放活力，呈现出以下四大变化。

第一，知识型员工真正成为企业价值创造的主体，真正拥有了更多剩余价值索取权和话语权。这对组织的治理提出了全新的要求。为什么现在提出"人力资本创新驱动阶段"？实际上就是因为人力资本和货币资本真正进入了相互雇佣的共治时代。

第二，在互联网时代，个体力量的崛起改变了组织和人的关系。企业去中心化、去威权化，就是要尊重个体力量，因为通过个体创新，小人物可以成就大事业，小的能量可以聚起大的能量场。在这种条件下，组织要鼓励创新，授权一线员工以让其担负更多的责任，从而释放人的潜能。

第三，互联网连接的力量和价值，真正使得个体力量的聚合可以催生新的价值创造方式与新的价值创造网。现在通过连接，人与人之间可以实现平行协同，资源可以得到共享；通过平台赋能，通过项目制，"精兵"可以自主"作战"，真正有能力的人可以超水平发挥。在这种条件下，由于个体力量的崛起，知识价值被放大，连接交互的力量使得个体的能量聚集出巨大的能量场，倒逼组织进行变革。

第四，人才的需求层次提高，本身的参与感增强，人才对自主个性的尊重、机会的提供、赋能与发展空间有更大的需求，但传统的科层制把人作为工具，抑制人的创造力和活力。组织要使人才从被动的"要我干"转变到"我要干"，要让人才真正想"打仗"、敢"打仗"、会"打仗"，最后"打胜仗"。

人才和消费者的需求变化倒逼组织的变革。这种变革主要体现在6个方面：如何真正打造客户化的组织；如何真正进行组织的瘦身；如何提高人均的效能，减员增效；如何打破边界，使得组织更加开放而内部能够自动协同；如何激活组织，激发组织创新活力；如何打破组织现在的"雇佣军"文化，真正实现价值观的领导。

（3）技术因素

技术革命的变化，尤其是数字化、大连接、智能化，在重构组织和人的连接关系，为

组织模式创新提供了技术基础平台。

未来中国企业如何提升数字化生存能力、如何打造数字驱动型组织,这关系到组织变革的发展方向。

人工智能创新性的应用使得大量的无人虚拟性组织出现,比如京东的立体仓库、青岛港的无人码头、富士康的无人工厂等。同时,未来的财务职能、人力资源职能可能被机器人替代 80%的工作。

关于如何去深化专业化的问题,这种专业化肯定不是基于知识和逻辑,一定是基于创新。如果基于知识、逻辑,所有的管理职能将来都会被机器人替代。

大量的交易在未来也是无人交易,机器人也开始有身份证,有公民的身份,整个企业的生产作业方式以及人与人之间的协同方式将会改变,未来可能有人机如何并存的问题。

所以,如何提升整个企业对人工智能的驾驭能力,如何重构组织与人才机制,这些是现在组织变革所面临的核心问题。

小视频:世界如果没了联想会怎样?

4. 组织变革的内容和方法

企业的组织变革一般集中在结构、技术和人员这 3 个方面。

（1）结构变革

组织结构并不是一成不变的。为了使组织更加适应环境、更有利于目标和战略的实现,组织结构也需要适时地进行变革。

一个组织的结构是由纵向结构、横向结构和职权结构等构成的。管理者可以对这些结构进行一方面或多方面的变革。例如,可将几个部门的职责组合在一起,改变专业分工的形式,新设或撤销某些部门;精简某些纵向的层次,扩大管理幅度,实现组织扁平化;通过提高分权化程度加快决策制定的过程。

组织为了战略的需要,还会对实际的组织结构模式进行重大调整,包括从直线职能制向事业部制转变;管理者也可能考虑重新设计职务或重新安排工作流程,或者修改职务说明书、丰富工作内容;组织各种委员会、任务小组等;修改报酬制度,通过职工持股来提高凝聚力,或实行利润分享方案,以提高激励力。

（2）技术变革

管理者也常对其用以将投入转换为产出的技术进行变革。大多数有关管理的早期研究就着重于技术变革方面的努力。科学管理是基于动作和时间研究来推进变革,以提高生产效率的。今天,许多技术变革常涉及新的设备、工具和方法的引进,以及自动化和计算机化的实现等。

产业内的竞争力量或者新的发明创造常要求管理层引入新的设备、工具或操作方法。自动化是以机械取代人力的一种技术变革。它开始于工业革命时代,现今仍是可供管理层选择的一个方案。自动化程度的提高,往往带来产品质量的提高和成本的下降。近年来最明显的技术变革来自管理层努力扩大计算机化的应用范围并建立管理信息系统或决策支持系统。计算机的应用使供、产、销等环节更加协调高效,而网络系统的建立则使这些计算机实现了通信联络;互联网的使用,更使营销出现了革命性的变化;20 世纪 90 年代后出现的"企业再造"的热潮,更与信息技术在企业中的广泛应用分不开。

近年来，为了解决由于技术发展、机械化和自动化水平提高所形成的精细专业分工对工人情绪带来的消极影响，为了改变在流水生产线上工人经常干着简单重复劳动的状况，国外不少企业积极推行了"工作扩大化""工作丰富化""弹性工作时间制度"等，试图使人们对所从事的工作感到更有意义，增强满足感和新鲜感，提高士气。

（3）人员变革

人是企业的主体，是组织管理中最重要的资源和决定性因素。组织发展就是要强调通过沟通、决策问题的过程来改变个人、集体的态度和行为，改进企业中不同人员之间的关系，从而提高组织成员的满意程度，提高组织的运行效率。这方面的主要方法有下面几种。

① 敏感性训练。这是对管理人员进行改变行为教育的一种方法。训练时，应在职业行为学家的指导下，让不同单位不同级别的参加者组成训练小组，将其集合在一个自由开放的环境中办短期训练班，让参加者自由地讨论自己感兴趣的问题，自由地表达自己的意见，分析自己的行为和感情，并接受对自己行为的反馈意见，从而提高对问题的敏感性。对于将敏感性训练作为一种变革方法的效果，实践研究已经表明它具有多种效果。从正面看，这种方法有利于对沟通技能的迅速改善，并且对认知的准确性和个人参与的意愿有促进的作用。

② 调查反馈。这是对组织成员的态度进行评价，识别成员之间的认知差异，并使用反馈小组得到的调查信息来帮助消除其差异的一种方法。调查问卷通常被分发给组织或单位的所有成员。问题包括成员对诸如决策制定、沟通效果、单位间的协调、人员激励等方面的情况以及员工对组织中各方面情况的满意度和看法。经统计处理后，得到的数据被制成表格，将表格分发给有关的员工，并组织小组讨论，运用所得的资料诊断所存在的问题，找出解决办法，并且促进参加者态度的转变，改善人际关系和培养积极的组织气氛。

③ 过程咨询。这种方法是让外部顾问帮助管理者对其必须处理的过程事件形成认识、理解和行动的能力。这些过程事件可能包括工作流程、单位成员间的非正式关系，以及正式的沟通渠道等。外部顾问帮助管理者更好地认识他的周围以及他和其他人之间正在发生什么事。外部顾问不解决组织中的具体问题，而是作为向导和教练在过程中提出建议，帮助管理者解决自己的问题。如果管理者在外部顾问的帮助之下还不能解决问题，外部顾问将协助管理者给自己配备一名具有适当技术知识的专家。

④ 团队建设。这种方法利用高度互动的群体活动提高团队中的信任和真诚。团队建设适用于相互依赖的情况，其目标是改进队员的写作能力、提高团队成绩。团队建设方案中的活动包括：目标设置，团队成员间人际关系的开发，明确每个成员任务和责任的角色分析，以及团队过程分析等。

⑤ 组织发展。这种方法致力于改变不同工作小组成员之间的相互看法、态度。例如，两个小组一直存在不良的工作关系，可以让它们分别开列出一份清单，说明有关如下方面的认识：我们如何看待我方，我们如何看待对方，我们认为对方小组如何看待我方等。然后，交换两个小组的清单，讨论有什么相似的认识和不同之处，不同点将得到特别的注意。接着，两个小组考察存在差异的原因，并努力制定出解决办法以改进小组间的关系。

5. 减小变革阻力的策略

变革有阻力不一定是坏事，它使行为具有一定的稳定性和可预见性；如果没有阻力的话，组织行为会变得混乱而随意。例如，对组织重组计划或生产线改进方案的抵制会激发对这些变革观点优缺点的有益讨论，并因而组织会得到更完善的决策。但是变革的阻力也有显而易见的缺点，它阻碍了组织更好地适应环境和不断进步。人们反对变革的原因一般有 3 个：一是个人或群体原有的习惯，习惯是长时间形成的，很难轻易改变；二是担心失去既得利益，变革会威胁到人们为取得现状所做的投资，人们对现有体制投入得越多，他们反对变革的阻力就越大，因为他们担心失去现有的地位、收入、权力、友谊、个人便利或其他看重的好处；三是认为变革不符合组织的目标和最佳利益，要是有的员工相信变革推动者所提倡的新操作程序将造成生产率或产品质量下降，那他就极有可能反对这项变革。

正如前文所述，有阻力不一定是坏事，变革的过程是变革的动力与变革的阻力相互作用、此消彼长的过程。组织的变革从来都不是一帆风顺的。要推动组织变革的顺利完成，必须有效地减小那些有害的组织变革的阻力。减小变革阻力的策略有以下几种可供选择。

① 教育与沟通。通过对员工进行教育和加强沟通，并帮助他们了解变革的理由，阻力会得到减小。这一策略假定，阻力的根源在于信息失真，或者阻力是由不良的沟通造成的。如果员工们了解到全部的事实，澄清了错误认识，那么阻力就会自然减小。而这可以通过个别会谈、备忘录、小组讨论或报告会等形式加以实现。如果阻力的根源确实在于不良的沟通，且组织中的变革推动者与员工间呈现一种相互信任和相互依赖的关系，那么这种策略是会有效的。假如这些条件不存在，它就不能成功。另外，对于这一策略所需投入的时间和精力也需要相对其优点进行权衡，特别是当变革触及许多员工时。

② 参与。一个人如果参与了该项工作的决策，就不容易形成阻力。因此，在变革决策之前，应把持反对意见的人吸收到决策过程中来。如果参与者具有一定的专业知识，能为决策做出有意义的贡献，那么这种参与就在减小阻力、获得承诺的同时提高了变革决策的质量。不过，这一策略也有缺陷，即可能带来次等的决策，并浪费很多时间。

③ 促进与支持。变革推动者可以通过提供一系列支持性措施减小阻力。例如，大学采用新的多媒体教学方式时，可以对教师进行新技能的培训，并对率先采用新方式的教师给予适当的奖励，以促进新型教学方式的推行。这一策略和其他策略一样也是有缺陷的，其中之一是消耗时间，另外它的推动花费较大，且没有成功的把握。

④ 谈判。变革推动者处理变革潜在阻力的另一方式是以某种有价值的东西来换取阻力的减小。比如，如果阻力集中在少数有影响力的个人时，可以通过谈判来形成某一奖酬方案，使这些人的需要得到满足。谈判作为一种策略，尤其在阻力来自某权力源时较为适用。但其潜在的高成本是不可低估的。这种策略还有一个风险，即一旦变革推动者为克服阻力而让步，他也就可能面临其他类似的要求。

⑤ 操纵与合作。国外的企业管理者在推动变革时，有时会运用操纵与合作策略。操纵是将努力转换到施加影响上。如有意扭曲事实而使变革显得更有吸引力，隐瞒具有破坏性的消息，制造谣言使员工接受变革等，这些都是操纵的实例。合作是介于操纵和参与之

间的一种形式，它通过"收买"反对派的领袖人物参与变革决策来减小阻力。征求这些领袖人物的意见，并不是为了达到更好的决策，而是为了取得他们的允诺。操纵和合作这两种方法的使用成本相对不高，也便于力争得到反对派的支持，但其欺骗或利用的意图若被察觉，容易适得其反，甚至会使变革推动者的威信扫地。

⑥ 强制。强制即直接对抵制者使用威胁力和控制力，如调换工作、不予升职、负面绩效评估及其他的惩罚方式。强制的优缺点和操纵与合作的优缺点相似。

⑦ 力场分析。力场分析即通过对推动力与约束力的排队分析，比较其强弱，有针对性地采取措施进行解冻。下面是一个运用力场分析法解决问题的实例。

第二次世界大战期间，某个工厂要求全体女工戴防护眼镜的规定受到抵制。心理学家经过调查，分析了来自几个方面的因素，并绘制出如图6-5所示的力场分析示意图。

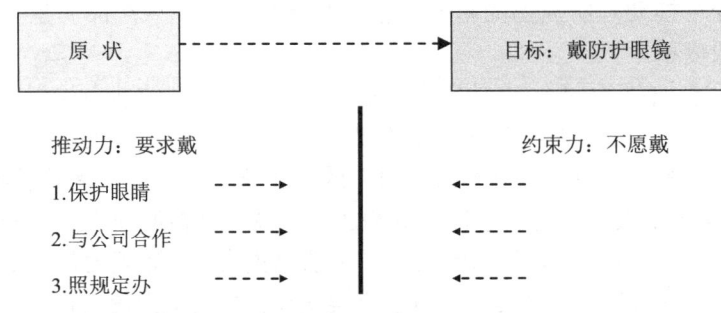

图6-5　力场分析示意图

心理学家逐个分析了反对因素，并有针对性地采取了措施。对于第一个反对因素，经过了解，只要花5美分，就能更换一种比较轻便而又舒适的镜架。公司同意支付这笔开支，问题就解决了。对第二个反对因素，他让女工们自己动手设计美观合适的眼镜式样，并开展了竞赛，引起大家的兴趣。有了新颖美观的式样后，问题也就解决了。至于第三个反对因素，随着前两个问题的解决，也得到了解决。这样，女工对公司规定从消极抵抗转变为积极支持。

从以上实例可以看出，在对推动力和约束力进行细致分析后，解冻措施仍可从上述的克服变革抵制力的措施中有针对性地选取。

6.3.3　分组案例分析

红领：数据驱动运营——一场个性化定制的革命

中国服装行业基于互联网的创新出现了两个典型的企业——红领和韩都衣舍，这两个企业率先在组织模式上进行了创新。

红领经过这几年的创新，基于新的商业模式提出源点组织论。新的商业模式就是打造个性化、定制化的平台，从过去的"做了再卖"模式转变为现在的"卖了再做"模式。过去主要是靠渠道，现在是客户直接对接工厂；过去有大量库存，现在没有库存；现在是先交钱再生产，满足消费者的个性化需求。

以需求数据来记录、构建满足需求的直销平台，真正去中间商、去代理商、去渠道商，构建电商直销体系，同时，既要满足消费者个性化需求，又要有相对高的性价比。

在这种条件下，红领提出具有生命特征的极致扁平化组织。这种扁平化组织的核心思想就是源点组织论，源点组织论思想在本质上是以需求为核心的组织管理理论。

现在大家谈组织创新的时候，都是以消费者需求为核心构建组织，但是红领的源点有两个：一个源点是战略，组织变革的方向不能背离公司的愿景、目标、核心价值观；一个源点是需求，组织变革时要依据消费者需求去变。

也就是说，企业组织变革不能光谈客户需求，还要基于公司的愿景和核心价值观。两个源点在平衡整个组织变革的发展方向，这是我认为源点组织论蕴含的非常重大的一个创新。因为现在谈及以客户为中心的组织、以消费者为中心的组织，只谈消费者这一端，没谈组织的愿景与追求。

源点组织论中组织变革的发展方向不是简单地满足消费者需求，而是全员要对应公司的整体目标，目标对应全员，内部高效协同，最终满足消费者的需求。所以，一端是组织需求，一端是消费者需求，整个组织变革依据两个需求进行。

源点组织论的核心思想是"四去"——去领导化、去部门、去科层、去审批，使得整个组织走向简化。

源点组织论强调强组织、自组织。强组织是指企业内部虽然没有领导，但是对每个职能或者节点，在遇到新问题或者规范中没有涉及的流程时，不允许当事人拍脑袋、找领导，而要当事人带着解决方案在内部发起会议，大家一起研讨怎么解决这个问题。由相关职能岗位流程管控中心建立虚拟组织，一起参与研究、重新建立规范和标准，把结果固化到流程上，由自组织去执行。所以建标准、建规则是通过跨团队、跨职能的强组织，解决问题是靠自组织，这样解决了统一性和个性化的问题。

请分析：

（1）有哪些因素促使红领公司要进行组织变革？

（2）你认为源点组织论的"四去"核心思想——去领导化、去部门、去科层、去审批，在组织变革中会有哪些阻力，该如何消除阻力？

（3）收集中国企业组织变革与模式创新的新案例，并运用本情景知识进行分析。

6.3.4 实践活动安排

情景 6 任务 3 实践活动安排如表 6-2 所示。

表 6-2　情景 6 任务 3 实践活动安排

活动 16	力场分析：分析消极因素和积极因素
活动目标	通过力场分析，使学生了解如果对立的两组力量的实力均衡，组织就会处于均衡状态
活动安排	某公司决定开发一种新产品，有人主张独立自主开发，也有人主张寻找合作伙伴联合开发。将学生分成对立的两组，对合作开发这种产品开发方式进行力场分析。 找到赞成和反对合作开发这种产品开发方式的各种力量，然后进行充分的分析和讨论，制定处理这些反对意见的措施，使这些反对意见不再是阻力，最终使合作开发这种产品开发方式得到大家的赞成和支持

续表

活动 16	力场分析：分析消极因素和积极因素
教师任务	1. 事先准备一张大白纸，在它的中间用白板笔画出一个大大的"T"字图形，在 T 的上面写上需要分析的论点和问题，在 T 的右上方写出希望争取的理想情况。 2. 将学生分成对立的两组，组织集中讨论，想出实现理想情况时所有内在的和外在的赞成意见或者推动力，将这些意见写在 T 的左边；想出阻碍理想情况实现的所有反对意见或者阻碍力，将这些意见写在 T 的右边。 3. 比较和分析赞成与反对的两种意见，将重点放在如何转化或者削弱反对意见的阻碍方面
活动结果	通过讨论，运用意见归类或重复投票之类的方法使项目团队最终达成一致意见

【能力培养图】

学习型任务

1. 了解组织系统和组织职能的内容
2. 理解组织结构的基本形式和设计原则
3. 掌握管理幅度和管理层次的关系
4. 理解授权的定义和过程
5. 了解组织协调和组织变革的方法和相关知识

职业行动能力训练项目

活动
1. 组织结构调研
2. 力场分析：分析消极因素和积极因素

案例
1. 企业组织结构的选择
2. 分权是事实还是虚构
3. M公司的问题
4. X公司的组织结构变化
5. 腾讯、阿里巴巴集团为何热衷于组织变革
6. 红领：数据驱动运营——一场个性化定制的革命

职业行动能力

1. 能分析某一企业的组织结构形式，并提出修改意见
2. 能找到扩大管理幅度、减少管理层次、使组织结构扁平化的好方法
3. 能进行全面授权，让管理者有时间做更重要的事
4. 能综合运用多种组织手段和技术，消除组织中的不和谐因素
5. 能进行力场分析，减小组织变革的阻力

借鉴实践经验

1. 罗莱非常道：极为聪明的商业模式
2. 国美vs苏宁：中国零售业的价值链竞争
3. 如何管理非正式组织？

坚持拓展阅读

《组织结构设计：规范分工协作体系》
《组织架构与部门职能设计案例精选》
《组织变革：理论和实践》
《放好风筝牵好线：有效授权的6个关键词》

掌握相关理论

组织协调理论
组织变革理论
扁平化理论

运用管理方法

集权与分权
授权
敏感性训练

【拓展阅读】

1. 趣味阅读

任务型团队——新兴企业的基本组织形式

目前，任务型团队已成为许多企业尤其是新兴企业的基本组织形式。按照任务型团队的内部职位规范程度和权力关系强度，可以将任务型团队分为如下图所示的4类。

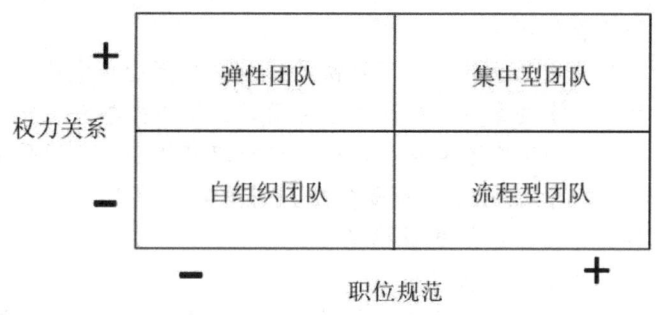

4类任务型团队

在上图中，职位规范"+"意味着职位职责明确，职位体系（横向、纵向结构）清晰、规范；职位规范"-"则含义相反，团队内部的分工更加灵活、更加模糊，团队不是按照职位而是按照角色组建起来的，甚至连角色也没有预先设定。权力关系"+"代表权力强连接，即权力具有高权威性和有效性；权力关系"-"代表权力弱连接，决策、指挥中心基本上不存在。

流程型团队无须权力协同，自动、自发地连接流程运行（例如，飞机飞行航线上接力指挥的空管员团队、高考阅卷的教师团队、企业流水线上的团队等）。集中型团队分工规范、责任分明、听从指挥（例如，企业工程项目建设团队、交响乐团队等）。这两种团队的连接机制无须再进行说明。

弹性团队内部存在强权力关系，权力集中，指挥有力，但内部结构不固化。有些弹性团队弹性大一些，内部成员有相对确定的角色定位；有些弹性团队弹性小一些，连角色都是在特定情境中按需要设定的。例如，在"全攻全守"战术下，足球队的每个队员事先可能有前锋、后卫等位置（角色）安排，但一旦进入比赛，队员的位置（角色）则动态变化——需要进攻时进攻，需要防守时防守，做到攻守兼备。足球比赛过程中，双方球队常常需根据场上局面调整战术，实现的手段往往是队员交叉换位。在企业中，弹性任务团队主要是研发、创意团队。

在企业实践中，自组织现象并不多见。有些企业构建了分布式、原子式结构，但并不是真正的自组织。自组织必定是分布式（去中心化的分布式结构是自组织的必要条件），而分布式未必是自组织。自组织意味着分布式组织的自我、自发协同。结合互联网空间内自组织运行的一些案例，下面介绍几种自组织形态。

（1）平台上的自组织

这里的平台是社交网络的基础，包括互联网技术基础、社交通信基础以及叠加其上的规则基础。在这个平台上因主题、功能而聚焦大量的发生横向联系（社交）的人群，他们自发地根据任务聚焦，因任务完成而解散。社交网络中没有绝对的中心，任务可由任何人发起；任务小组中可能有大家推举的协调人，但其并无激励、约束的手段，因此除了一定的影响力，权力的成色不足。例如，网络上喜欢翻译的朋友因某本书形成翻译小组，某领域的专业人士因某个知识服务项目形成研究小组，等等。

（2）特定情境下的自组织

这里的特定情境是指突然发生、猝不及防的事件：小至局部灾祸，大至社会灾难——当然未必全部是负面、不幸的事件。在突发事件面前，相关当事人自发组织起来应对；等事件过去、情境消失，这些组织不复存在。自发组织起来的小组、团队中，有自然形成的领导人，但他们并无正式的权力来源，而是凭个人魅力影响周围。事件涉及空间范围越大，影响时间越长，这样的自发小组的数量越多。

（3）分布式结构下的单元团队自组织

分布式结构下，每个具有独立责任权力利益边界的小组／团队，如果可以自由对接和组合，整个组织就有了自组织的属性。自由组合的结果，可能是良币驱劣币，分布式结果趋于优化；但也可能是劣币驱良币，分布式结构趋于恶化。这也提醒我们，自组织未必是最优化的系统演变方式。

自组织连接属于文化连接和共识性权力连接。共识未必都是高尚的。如果参与自组织的个体／团队／机构是为了利益，那么自组织连接也有一定的交易属性。从全社会看，市场经济是最大的自组织机制。

2. 推荐书籍

请登录华信教育资源网（www.hxedu.com.cn），在本书相关资源中免费下载推荐书籍清单。

【过程考核】

一、单选题

1. 当代组织结构变革的一大趋势是（　　　）。
　　A. 管理层次复杂化　　　　　　　　B. 组织结构的扁平化
　　C. 管理幅度日益缩小　　　　　　　D. 锥型结构更受欢迎

2. 下列哪些企业最适合采用矩阵制组织结构？（　　　）
　　A. 纺织厂　　　　　　　　　　　　B. 医院
　　C. 电视剧制作中心　　　　　　　　D. 学校

3. 一家产品单一的跨国公司在世界许多地区拥有客户和分支机构，该公司的组织结构应考虑按什么因素来划分部门？（　　　）
　　A. 职能　　　　　B. 产品　　　　　C. 地区　　　　　D. 顾客

4. 某公司随着经营范围的扩大，其由总经理直辖的营销队伍也从3人增加到100人，最近，公司发现营销队伍似乎有点松散并且对公司的一些做法有异议。从管理的角度看，你认为出现这种情况的最主要原因最可能在于（　　　）。

    A．营销人员太多，产生了鱼龙混杂的情况

    B．总经理投入的管理时间不够，致使营销人员产生了看法

    C．总经理的管理幅度太小，以致无法对营销队伍进行有效管理

    D．营销队伍管理层次太多，使总经理无法与营销人员沟通

  5．某公司有员工 64 人，假设管理幅度为 8 人，该公司的管理人员应为多少人？管理层次有多少层？（　　　）

    A．10 人、4 层　　　B．9 人、3 层　　　C．9 人、4 层　　　D．8 人、3 层

  6．某公司下属的分公司的会计科长一方面要向分公司经理汇报工作，另一方面要遵守由总公司财务经理制定的会计规章和设计的会计报表，会计科长的直接主管应该是（　　　）。

    A．分公司经理　　　　　　　　　　B．总公司财务经理

    C．总公司总经理　　　　　　　　　D．上述 3 人都是

  7．主管的决策性工作越多，其管理幅度应（　　　）。

    A．缩小　　　　　　B．扩大　　　　　　C．不变　　　　　　D．制度化

  8．适合于中小规模且产品、技术较为简单稳定的企业的组织结构形式是（　　　）。

    A．直线制　　　　B．矩阵制　　　　C．直线职能制　　　　D．事业部制

  9．适合于规模较大的一些公司的组织结构形式是（　　　）。

    A．直线制　　　　　B．职能制　　　　　C．直线职能制

    D．事业部制　　　　E．矩阵制

  10．对于管理者来说，进行授权的直接原因在于（　　　）。

    A．使更多的人参与管理工作　　　　B．充分发挥骨干员工的积极性

    C．让管理者有时间做更重要的工作　　D．减轻管理者自己的工作负担

  11．组织中权力集中的优点具体表现为（　　　）。

    A．形成政策和行动的一致性　　　　B．有利于快速决策

    C．有利于激发下属的工作热情　　　　D．决策更符合所在地的实情

  12．下列权力中，与职位有关的是（　　　）。

    A．专家权　　　　　B．奖励权　　　　　C．参照权

  13．当营销部经理与生产部门发生联系时，营销部经理拥有（　　　）。

    A．直线职权　　　　B．参谋职权　　　　C．职能职权

  14．企业业务范围广、市场区域大，则应采用（　　　）来划分部门。

    A．职能部门化　　　B．地区部门化　　　C．产品部门化

  15．跨国公司一般应采用哪种组织结构形式？（　　　）

    A．直线职能制　　　B．事业部制　　　C．矩阵制

  16．目前，我国很多企业根据部门的职能将整个企业划分为生产部门、营销部门、财务部门、人事部门和公关部门，这种划分方法（　　　）。

    A．能够提高效率，部门之间各自为政，不容易产生矛盾

B．使部门之间协调差、缺乏沟通、产生矛盾，且谁都不对企业利润负责

C．适合于产品种类多、地理分布广的企业

D．适合于跨国公司这样的大企业

17．随着公司业务的不断壮大，矩阵制组织应运而生。以下对矩阵制组织的描述中，错误的是（　　）。

A．其实质是在同一组织机构中把按职能划分部门和按产品划分部门结合起来

B．这种组织结构保持了专业分工

C．能够保证组织中权力明确

D．加强了横向联系，专业人员调用灵活，资源保持较高利用率

18．"三个臭皮匠胜过诸葛亮"，所以在企业中，常采用小组决策法，集思广益。但这种方法也有其弊端，表现在（　　）。

A．阻碍各部门的协调

B．若存在不同意见，则全体或多数成员都同意的观点往往是在最小共同点上一致的

C．信息传递不畅通

D．人们接受和执行任务时，缺乏积极性

19．H市某研究所主要研究特种材料。在计划经济时期，该所承担了多项国家下达的科研攻关任务，取得了十分突出的成就，同时形成了良好的协同攻关气氛和机制，造就了一批优秀的技术人才。但改革以后，国家任务逐渐减少，目前完全取消。为了扭转目前这种局面，从管理上看，你认为该所需要做的是（　　）。

A．强化决策职能，提高科研效率　　B．进一步增强研究所的技术力量

C．强化内部协调，提高科研效率　　D．补充资金以弥补国家投入的减少

二、判断题

1．管理幅度与管理层次成正比关系。　　　　　　　　　　　　　　　（　　）

2．一个组织中，授权者对受权者的行为负有最终责任。　　　　　　　（　　）

3．事业部制一般适用于规模较大且业务范围广的企业。　　　　　　　（　　）

4．授权过程应该是先授权再授责。　　　　　　　　　　　　　　　　（　　）

5．直线制是最早、最简单的组织结构形式。　　　　　　　　　　　　（　　）

6．影响管理幅度的最主要因素是管理者的素质和能力。　　　　　　　（　　）

7．影响管理层次最主要因素是企业的业务性质。　　　　　　　　　　（　　）

8．矩阵制的缺点之一是破坏了统一领导的管理原则。　　　　　　　　（　　）

三、简答题

1．简述组织结构设计的原则。

2．什么是管理幅度和管理层次？两者之间是什么关系？

3．管理幅度的大小受哪些方面影响？

4．组织职能的内容包括哪些？

5．授权应坚持的原则有哪些？

情景 7 　领导方法与艺术

【职业行动能力】

1. 能丰富专业知识，培养个性特征，基本具备领导的非职位性影响力
2. 能查阅有关领导理论与领导艺术的文献资料
3. 能运用各种领导理论，解决实际管理问题
4. 能灵活运用各种激励方法
5. 能消除管理沟通障碍，进行有效沟通

【学习型任务】

1. 理解领导的实质和领导权力的构成
2. 了解各种领导特性理论
3. 了解各种领导行为理论
4. 理解激励的基本原理和各种激励理论应用原则
5. 理解沟通的基本模式和有效沟通的特征

【关键概念】

领导、激励、正强化、负强化、沟通

【相关理论】

领导特性理论、领导行为理论、权变领导理论、期望理论、公平理论、强化理论

【管理方法】

工作丰富化、参与管理

任务 1 领导与领导者

7.1.1 任务导入

有效领导者应具备的素质

苏·雷诺兹，今年 22 岁，即将获得哈佛大学人力资源管理的本科学位。在过去的两年里，她每年暑假都在康涅狄格州的互助保险公司打工，填补去度假的员工的工作空缺，因此她在这里做过许多不同类型的工作。目前，她已接受该公司的邀请，毕业之后将加入互助保险公司并成为保险单更换部的主管。

康涅狄格州的互助保险公司是一家大型保险公司，仅苏所在的总部就有 5000 多名员工。公司奉行员工的个人开发，这已成为公司的经营哲学，公司自上而下都对所有员工十分信任。

苏将要承担的工作要求她直接负责 25 名员工。他们的工作不需要什么培训而且具有高度的程序化，但员工的责任感十分重要，因为员工要先将更换通知送到原保险单所在处，要列表显示保险费用与标准表格中的任何变化；如果某份保险单因没有更换通知的答复而将被取消，员工还需要通知销售部。

苏工作部门的群体成员全部为女性，年龄为 19～62 岁，跨度大，平均年龄为 25 岁。其中大部分人是高中学历，没有过工作经验，薪金水平为每月 1420～2070 美元。苏将接替梅贝尔·芬彻的职位。梅贝尔为互助保险公司工作了 37 年，并在保险单更换部做了 17 年的主管工作，现在她要退休了。苏去年夏天曾在梅贝尔的群体里工作过几周，因此比较熟悉她的工作风格，并认识大多数群体成员。她预计除了丽莲·兰兹，其他将成为她的下属的成员都不会有什么问题。丽莲今年 50 多岁，在保险单更换部工作了 10 多年，而且作为一个"老太太"，她在员工群体中很有分量。苏断定，她的工作如果得不到丽莲·兰兹的支持，将会十分困难。

苏决心以正确的步调开始她的职业生涯。因此，她一直在认真思考一名有效的领导者应具备什么样的素质。

小视频：领导与领导者

问题：影响苏成功地成为领导者的关键因素是什么？

7.1.2 相关知识

1. 领导的实质

领导就是对组织内每个成员（个体）和全体成员（群体）的行为进行引导和施加影响的活动过程，其目的在于使个体和群体能够自觉自愿而有信心地为实现组织的既定目标而努力。领导者则是指担负领导职责、负责实施领导过程的个人。从定义上看，领导者必须有追随者，必须拥有影响其追随者的能力或力量，领导的目的是通过影响群体的行为来实现共同的目标。领导实质示意图如图7-1所示。

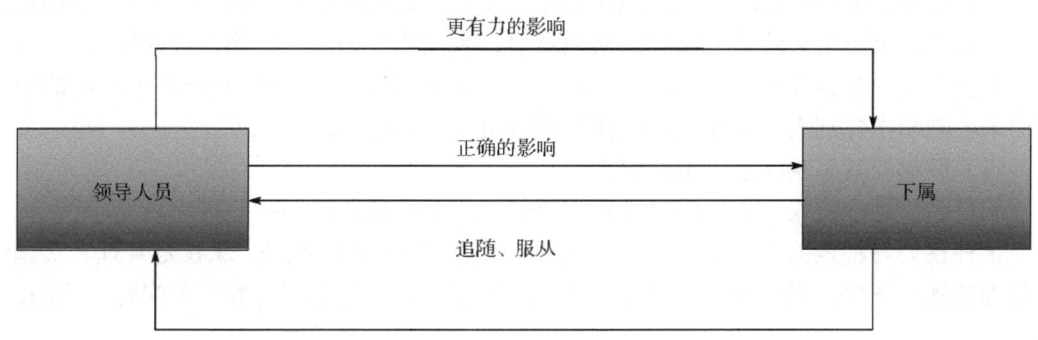

图7-1 领导实质示意图

领导工作主要有以下作用：

（1）更有效、更协调地实现组织目标

计划的制订、组织机构的建立、人员的配备以及有效控制的实行等各项职能都要靠人来完成。领导工作的作用就在于引导组织中的全体人员有效地领会组织目标，使全体人员能充满信心。领导工作可协调组织中各部门各类各级人员的活动，使全体人员步调一致地加速组织目标的实现。

（2）有利于调动人的积极性

社会活动中人的因素是由具有不同的需求、欲望和态度的个人所组成的。它蕴藏着任何一个组织所需要的生产力。领导工作就是去诱发这一力量。领导工作就是要把人们的精力引向组织目标，并使他们都热情地、满怀信心地为实现目标做出贡献。

（3）有利于把个人目标与组织目标紧密结合

人们都要工作，他们希望找到一种工作环境，在这种工作环境中除货币收入外还能得到某些其他方面的收益。所以人们都期望在气氛愉快、有知己一般的同事、进行有趣味的活动、受到重视、有较大的成功机会等这样的环境中工作，这正是他们个人目标的部分表现。一旦他们加入某个组织时，就会感到组织目标对实现个人目标有所影响，尤其当他们对组织目标缺乏理解或不理解时，他们对自己的工作、对整个组织的活动就必然缺乏应有的关心。显然，这不利于组织目标的实现。领导工作就是让人们看到自己在组织中所处的地位，让他们看到自己对组织、对社会所承担的义务，让他们体察到个人与组织是紧密地联系在一起的，而不是站在一边的旁观者，从而使他们自觉地服从组织目标，主动地放弃一些不切实际的要求。同时，领导者要创造一种环境，在实现组织目标的同时，在条件允许的范围内，满足个人的需求，使人们对组织产生自然的信赖和依赖的感情从而为加速实现组织目标而努力。这种个人目标与组织目标的有机结合，正是领导作用的体现。

2. 领导权力的构成

领导是一个领导者影响人们努力完成一些特殊目标的过程。这种影响力有两个基本来源：一个来源是领导者的地位权力，即伴随一个工作岗位的正常权力，我们称之为职权或正式的权力；另一个来源是下属的服从的意愿，我们称之为威信或非正式的权力。

职权与威信是领导者之所以能够实施领导的基础，领导者正是以自己所拥有的职权和威信来影响和指挥别人，来体现自己在组织成员中的影响力的。

（1）职权及其影响因素（组织权力）

职权是一种法定权，它是由组织正式授予管理者并受法律保护的权力。

这种权力与特定的个人没有必然的联系，它是同职务相联系的。职权是管理者实施领导行为的基本条件，组织授予管理者的职权一般包括以下几方面内容：支配权、强制权、奖赏权。

构成职权影响力大小的主要因素：

① 传统的观念。传统观念认为领导者不同于普通人，领导者或者有权或者有才干，总之比普通人要强，由此被领导者产生了对领导者的服从感。这种传统观念从小就影响着每一个人的思想，从而使领导者的言行增强了影响力。

② 职位的左右。领导者凭借组织所授予的、指挥他人开展具体活动的权力可以左右被领导者的行为、处境，甚至前途、命运，被领导者从而对领导者产生敬畏感。领导者的职位越高、权力越大，下属对他的敬畏感越甚，领导者的影响力也越大。

③ 资历的影响。一般而言，人们对资历较深的领导者在心目中比较尊敬，因此这种领导者的言行也容易在人们的心灵中占据一定的位置。

（2）威信及其组成因素（个人权力）

威信是指由管理者的能力、知识、品德、作风等个人因素所产生的影响力，这种影响力是与特定的个人相联系的，与其在组织中的职位没有必然的联系。由于这种影响力是建立在下属信服的基础之上的，因此有时能发挥比正式职位更大的作用。威信包括两方面内容，即专长的和品质的。

影响一个人威信高低的主要因素：

① 品格。品格主要包括领导者的道德、品行、人格等。优良的品格会给领导者带来巨大的影响力。这是因为品格是一个人的本质表现，好的品质能使人产生敬爱感，并能吸引人，使人模仿。下属常常希望自己能像领导者一样。

② 才能。一个有才能的领导者会给事业带来成功，从而会使人们对他产生敬佩感，吸引人们自觉地接受其影响。

③ 知识。知识本身就是一种力量。知识丰富的领导者容易取得人们的信任，人们由此产生依赖感和依赖感。

④ 感情。人与人之间建立了良好的感情关系便能产生亲切感，相互的吸引力越大则彼此的影响力也越大。因此，一个领导者平时和蔼可亲，关心体贴下属，与群众的关系融洽，他的影响力就往往较大。

3. 领导者的领导艺术

企业组织常常是一个由多种要素组成的、比较复杂的社会性组织。这对企业中的领导者的领导方法提出了更高的要求,同时决定了领导者的工作在很大程度上是创造性的。领导艺术就是富有创造性的领导方法的体现。在领导职能的履行过程中,科学是与艺术结合、交织在一起的。领导者要具备灵活运用各种领导方法和原则的能力与技巧,才能率领和引导职工克服前进道路上的障碍,实现企业的既定目标。

领导艺术是指在领导的方式方法上表现出的创造性和有效性。一方面是创造性,是真善美在领导活动中的自由创造性。"真"是指把握规律,在规律中创造升华,升华到艺术境界;"善"就是要符合政治理念;"美"是指使人愉悦、舒畅。另一方面是有效性,领导实践活动是检验领导艺术的唯一标准。

领导艺术是领导者个人素质的综合反映,是因人而异的。"世界上没有完全相同的两片叶子",同样也没有完全相同的两个人,没有完全相同的领导者和领导模式。有多少个领导者就有多少种领导模式。

领导艺术具有随机、非模式化的特征。领导模式就是领导方法,哪位领导者在错综复杂的矛盾中抓住了主要矛盾,他就能把领导艺术演绎得出神入化。例如,牵牛要牵牛鼻子,十指弹钢琴,统筹兼顾,全面安排,这些就是所谓的模式化。

(1)领导艺术的特点

领导艺术的特点包括突破性和创造性、非模式化和非规范性、随机性和灵活性。

(2)领导艺术的分类

① 履行职能的艺术。主要包括沟通、激励和指导的艺术,决策艺术,用权艺术,授权艺术,用人艺术等。

② 提高领导工作有效性的艺术。

③ 人际关系的协调艺术。

(3)主要领导艺术

① 用人艺术。用人的方法和艺术在领导工作中占有特别重要的位置。领导者的用人艺术主要包括:合理选择,知人善任;扬长避短,宽容待人;合理使用,积极培养;要正激励人才。

② 用权艺术。要规范化用权、实效化用权、体制外用权。

③ 授权艺术。授权艺术包括:合理选择授权方式;授权留责(领导者将权力授予下级后,下级在工作中出问题,则下级负责任,领导者也应负领导责任,即士卒犯罪,过及主帅);视能授权(领导者向下级授权时,授什么权、授多大的权应根据下级能力的高低而定);明确责权(领导者向下级授权时,应明确所授工作任务的目标、责任和权力,不能含糊不清、模棱两可);适度授权(领导者授权时应分清哪些权力可以下授,哪些权力应该保留);监督控制(领导者授权后,对下级的工作要进行合理的、适度的监督控制,防止放任自流或过细的工作而导致两种极端现象);逐级授权(领导者只能对自己的直接下级授权,不能越级授权);防止反向授权。

④ 决策艺术。决策艺术：根据科学与经验的结合以及综合性知识做出创造性决策。决策艺术包括：运筹艺术——统筹兼顾，把握关键；决断艺术——指令明确、决断及时；判断力、想象力、洞察力、应变力；善于调动他人的积极性；借用外脑。

小知识：领导者的10个管理小技巧

⑤ 人际关系艺术。人际沟通艺术：态度和蔼、平等待人；尊重别人、注意方法；简化语言；积极倾听；抑制情绪；把握主动；创造互信环境。处理人际纠纷艺术：严己宽人；分寸得当、审时度势；讲究策略；把握主动。

7.1.3 分组案例分析

稻盛和夫：领导者要有能让员工迷恋的人格魅力

年轻时，正是繁忙的时候，我（稻盛和夫）和部下的联络也通过走廊谈话的方式进行，此种工作方式后来出了问题。部下认为他确实说过，而我认为根本没有听到——这种事情发生过好几次以后，我取消了在走廊等地方接受部下报告的工作方式。——稻盛和夫

在京瓷（原名"京都陶瓷"）公司成立后的第三年，"奖金怎么发，工资怎么涨"，11名新员工为此来进行集体交涉。稻盛花三天三夜说服了他们，并由此明确了公司的经营理念——"追求全体员工物质与精神两方面的幸福"。

稻盛说："办企业的首要目的，不是为股东，更不是为我个人，而是为员工。为了员工，我作为经营者正在拼命努力，希望员工们也能跟我一起努力，这就是我作为经营者的基本想法。"

当时京瓷还是一个规模很小的企业，付不出足额的加班费，员工经常工作到深夜，经常有人发牢骚、表示不满。这时稻盛就明确地说："我们公司刚成立，基础薄弱。为了营造员工能够长期安于工作生活的条件，大家都齐心协力拼命工作，你却只强调你个人的待遇，这样的人我们公司不需要，你干脆辞职算了。""社长，我愿与你同甘共苦。"稻盛只与这样的员工，就是认同他的理念、被他的人格魅力所吸引的人，共同奋斗。

越是在中小型企业，在社长与员工之间越要建立这样的人际关系——"与社长一起干，我什么苦都能吃"，就是说要让员工迷恋社长。即使交给员工有难度的工作，员工也会毫不犹豫地说："社长，行！我干！"总之，与员工建立这样的关系，就是经营的第一要诀。

稻盛还指出，人格魅力是领导者以自己高尚的道德品质和情操在长期的领导工作中形成和发展的独特的感染力、影响力、吸引力、号召力等的总和。它是领导者建立良好人缘的基础和关键。

人格魅力是一种影响力，是一种使人潜移默化地接受对方影响的心理因素，是一种客观存在的社会心理现象。与影响领导者人缘的其他因素相比，它具有非强制性、无形性、渗透性等特征。

拥有令人钦佩的人格魅力的领导者，具有强大的威慑力和号召力，能扶正祛邪，与各种影响安定团结的力量进行斗争，维护、巩固和发展良好人缘，能以独特的智慧、方式和力量获得他人衷心的理解、关心和支持，创造真实、稳固、和谐的人缘。

对于企业领导者来说，具备智慧、幽默、乐观、进取、正直、公平、宽容、有爱心等个性品质，将创造出一种独特的风格而把其他人吸引到你身边、凝聚在你周围，营造一种活力化的、充满人情味的、可信赖的氛围，并以此来激励下属发挥潜能、提高工作效率。

因此，企业领导者要积极参与各种领导活动，主动接受挑战，在实践中增长才干，锻炼人格；要经常与人沟通思想，感染他人、教育他人、鼓舞他人，要从小事做起，探寻和创造建立良好人缘的切入点，要定期反省自己的人缘发展状况，及时总结成功的经验和失败的教训，虚心听取多方面的意见，及时发现和改正自己的缺点；使用反对自己的人，鼓励他人批评和监督自己。

只要领导者用爱心和榜样的力量去感化人，用尊重和理解的方法去帮助人，用能力和积极的品格去影响人，用设法提供舞台和机遇去吸引人，那么，他就一定会成为一个有着强烈的吸引力和感召力、深受下属和群众拥戴的领袖人物，就能拥有令人钦佩的人格魅力。

请分析：怎样使领导者有能让员工迷恋的人格魅力？

7.1.4　实践活动安排

情景 7 任务 1 实践活动安排如表 7-1 所示。

表 7-1　情景 7 任务 1 实践活动安排

活动 17	关于领导者领导艺术的分析
活动目标	1. 巩固和加强学生对领导艺术知识的学习和认识。 2. 锻炼运用领导艺术及相关知识分析问题的能力
活动内容	1. 在当地去拜访两位较成功企业的老总，了解并总结他们在工作方面的问题。 2. 运用自己所掌握的领导理论知识分析其在领导中的问题
活动考核	1. 写成简要书面分析报告。 2. 在班级组织一次交流与讨论。 3. 教师根据分析报告与讨论表现评估打分

任务 2　现代领导理论

7.2.1　任务导入

克莱斯勒汽车面临问题

在 20 世纪 80 年代，艾柯卡因拯救濒临破产的美国汽车巨头之一克莱斯勒公司而再次扬名。后来，克莱斯勒公司又面临一场挑战：在过热的竞争和预测到的世界汽车产业生产能力过剩的环境中求生存。为了度过这场危机并再次成功地进行竞争，克莱斯勒不得不先解决以下问题。

第一个问题是，世界汽车产业的生产能力过剩，这意味着所有汽车制造商都将竭尽全力保持或增加它们的市场份额。美国的汽车公司要靠增加投资来提高效率，日本的汽车制造商也不断在美国建厂。欧洲和韩国的厂商也想增加他们在美国的市场份额。艾珂卡承认，需要对某些车型削价。为此，他运用折扣和其他激励手段来吸引消费者进入克莱斯勒的汽车陈列室。艾珂卡和克莱斯勒认为，价格是得到更多买主的唯一方法，但从长期性来看，这不是最好方法。

克莱斯勒必须解决的第二个问题是改进它所生产的汽车的质量和性能。艾珂卡承认，把注意力过分集中在市场营销和财务方面而把产品开发拱手让给了其他厂家是不好的。他还认识到，必须重视向消费者提供的售后服务的高质量。

艾珂卡的第三个问题是把美国汽车公司（AMC）和克莱斯勒的动作结合起来。兼并美国汽车公司意味着克莱斯勒要解雇许多员工，这包括蓝领和白领阶层。剩余的员工对这种解雇的态度由愤怒转为担心，这给克莱斯勒的管理产生巨大的压力：难以和劳工方面密切合作，难以回避骚乱，从而无法确保汽车质量和劳动生产率。

为了生存，克莱斯勒承认，公司各级管理人员与设计、营销、工程和生产方面的员工应通力协作，以团队形式开发和制造与消费者的需要相匹配的优质产品。克莱斯勒的未来还要以提高效率为基础。克莱斯勒一直注重降低成本、提高质量，靠团队合作的方式提高产品开发的速度，并发展与供应商、消费者的更好关系。在其他方面，艾珂卡要求供应商提供降低成本的建议——他已收到上千条这样的提议。艾珂卡说，降低成本的关键是"让全部一万名员工都谈降低成本"。

艾珂卡从克莱斯勒公司总裁的职位退休后，有些分析家开始预言克莱斯勒的艰难时光。一位现任主管却说，克莱斯勒有一项大优势——它从前有过一次危机，却度过了危机并生存下来，所以，克莱斯勒能够向过去学到宝贵的东西。

小视频：领导管理理论

请分析：

（1）如何用当代管理学方法解决克莱斯勒面临的问题？

（2）如何用权变管理的思想解决克莱斯勒面临的问题？

（3）克莱斯勒在今天该怎么做？

7.2.2　相关知识

1. 领导特性理论

领导特性理论是通过对领导者个人品质的分析研究，以期找出有效领导的特征的理论。其目的是科学地选拔出能够最有效地影响他人完成组织目标并能取得最佳领导效果的人。这种理论可追溯到第一次世界大战期间，当时美国曾运用智力测验方法选拔陆军军官。后来由于心理学家们对领导特性的来源有不同解释，领导特性理论被划分为传统领导特性理论和现代领导特性理论。

传统领导特性理论认为，一个人能成为领导者的根本因素在于天赋遗传，即领导者的特性是先天禀赋，不具有这种领导特性的人就不能当好领导。这是一种唯心主义遗传决定论。现代领导特性理论侧重于从能否胜任领导工作的要求来研究领导者应具备的能力、才智及个性品质等。它强调领导是一种动态的过程，领导者的特性和品质是在实践中形成和发展起来的，所以领导特性是可以训练和培养的。不少心理学家根据本国的具体条件，提出了合格领导者应该具备的基本条件。现代领导特性理论强调训练和培养，因此在发达国家特别是美国和日本受到普遍重视。目前虽然各国对领导者的特性或品质所包含的项目、种类众说纷纭，但却有明显的一致性，都强调领导者要了解下属、尊重他人、善于激励、以身作则、精明果断等。这些一致性反映了有效领导者的行为是有一般规律的。

2. 领导行为理论

（1）勒温的领导风格类型理论

美国艾奥瓦大学的研究者、著名心理学家勒温和他的同事们从 20 世纪 30 年代起就进行关于团体气氛和领导风格的研究。勒温等人发现，团体的任务领导者并不是以同样的方式表现他们的领导角色，领导者通常使用不同的领导风格，这些不同的领导风格对团体成员的工作绩效和工作满意度有着不同的影响。勒温等研究者力图科学地识别出最有效的领导行为，他们着眼于 3 种领导风格，即专制型、民主型和放任型的领导风格。

① 专制型领导风格。这是一种由领导者个人决定一切、靠命令组织实施、对员工实行严格监督控制的领导风格。这种风格的领导者独断专行、依靠强迫使下属被动地执行，下属没有选择和发挥的自由。这种风格是一种"管、卡、压"式简单的领导风格，其领导权力完全来自职位，没有权威可言。

② 民主型领导风格。这种风格的领导者讲求民主，在决策前广泛采纳各家意见，在执行时给下属以充分的自由发挥空间，这种领导权力来自领导者个人魅力和权威。这是一种最佳的领导风格。

③ 放任型领导风格。这种风格的领导者把一切权力放给下属，从决策到执行都由下属自由完成，又没约束。实际生活中，很少有典型的放任领导。

勒温指出，实际工作中，很少有领导者完全表现出某一种风格特征，他们的风格往往介于 3 种风格（即家长式风格、多数裁定风格、下级自决风格）之间，表现为混合型风格，如图 7-2 所示。

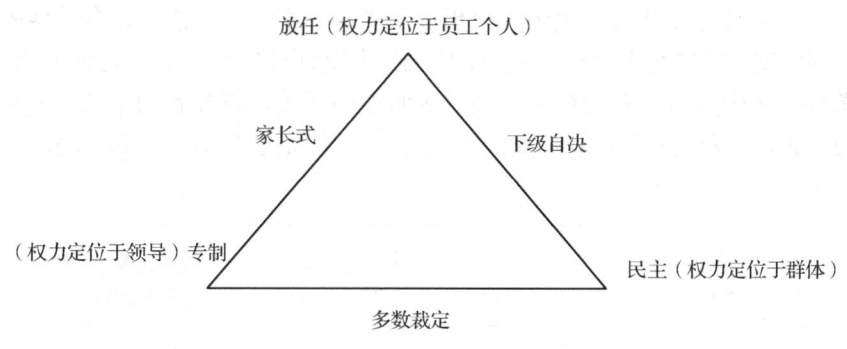

图 7-2　勒温领导风格理论剖视图

（2）领导行为四分图理论

领导行为四分图理论是由美国俄亥俄州立大学的领导行为研究者们在1945年提出来的，他们列出了一千多种刻画领导行为的因素，通过高度概括归纳为两个方面：创立结构和关怀体谅。研究结果认为，领导者的行为是创立结构与关怀体谅两个方面的任意组合，即可以用两个坐标的平面组合来表示。用4个象限来表示4种类型的领导行为，它们是：高结构高关怀，低结构低关怀，高结构低关怀，低结构高关怀。这就是所谓的"领导行为四分图"理论，如图7-3所示。

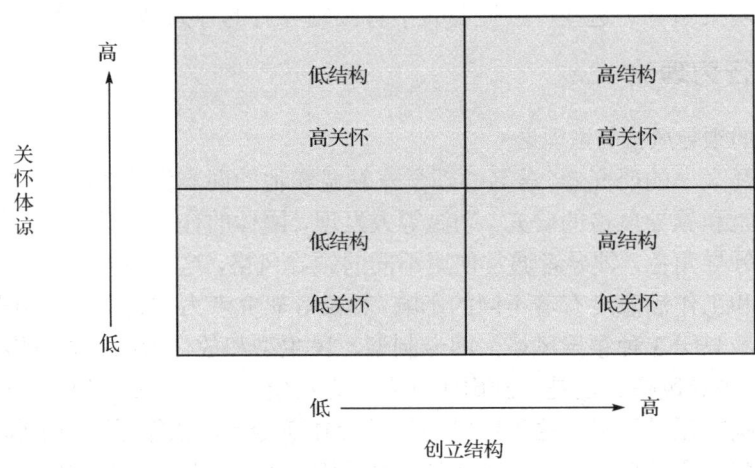

图7-3　领导行为四分图

创立结构是指领导者规定他与工作群体的关系，建立明确的组织模式、意见交流渠道和工作程序的行为。具体包括：设计组织机构，明确职责、权力、相互关系和沟通办法，确定工作目标与要求，制定工作程序、工作方法与制度。

关怀体谅是建立领导者与被领导者之间的友谊、尊重、信任关系方面的行为。具体包括：尊重下属的意见，给下属以较多的工作主动权，体贴下属的思想感情，注意满足下属的需要，平易近人，平等待人，关心群众，作风民主。

4种领导行为中，究竟哪种最好呢？结论是不肯定的，要视具体情况而定。例如有人认为在生产部门中效率与"结构"成正比，而与"关怀"成反比，而在非生产部门中情况恰恰相反。一般来说，高结构低关怀带来更多的旷工、事故和抱怨。许多其他的研究证实了上述的一般结论，但也有人提供了相反的证据。出现这种情况的原因是他们只考虑了"结构"和"关怀"两个方面，而没有考虑领导所面临的环境。研究者们形成一种被称为"双高假说"的认识，认为最好的、最有效的领导方式应兼顾关怀与结构、关系和任务两方面，如图7-4所示。

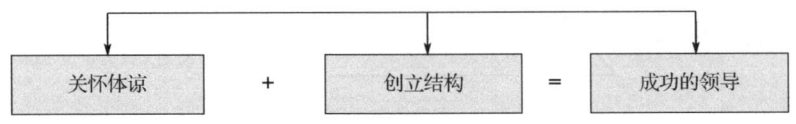

图7-4　关怀、结构与成功领导的关系

（3）管理方格理论

管理方格理论是美国管理学家罗伯特·布莱克和简·莫顿于 1964 年提出的。他们认为领导主要通过处理人与工作关系来体现。他们从对人的关心和对工作的关心两个方面去研究领导的风格。如图 7-5 所示，在管理方格图中，横坐标表示对工作的关心，纵坐标表示对人的关心，纵横各 9 格交叉构成 81 个方格，每个格都代表领导者对人和对工作的关心。

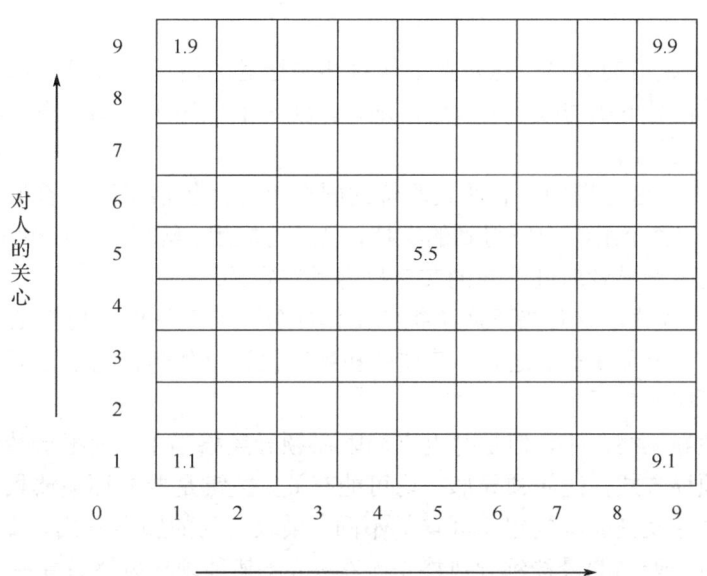

图 7-5　管理方格图

根据企业管理者"对工作的关心"和"对人的关心"的程度的组合可以将领导风格分为 5 种典型的类型。

① 贫乏式领导者（1.1）：对工作和对人的关心都少，实际上，他们已放弃自己的职责，只想保住自己的地位。

② 俱乐部式领导者（1.9）：对工作的关心少，对人的关心多，他们努力营造一种人人得以放松、感受友谊与快乐的环境，但对协同努力以实现企业的生产目标并不热心。

③ 小市民式领导者（5.5）：既不偏重于关心工作，也不偏重于关心人，风格中庸，不设置过高的目标，能够得到一定的士气和适当的产量，但不是卓越的。

④ 专制式领导者（9.1）：对工作的关心多，对人的关心少，作风专制，他们眼中没有鲜活的个人，只有需要完成生产任务的员工，他们唯一关注的只有业绩指标。

⑤ 理想式领导者（9.9）：对工作和对人都很关心，对工作和对人都很投入，在管理过程中把企业的生产需要同个人的需要紧密结合起来，既能带来生产力和利润的提高，又能使员工得到事业的成就与满足。

3. 权变领导理论

（1）菲德勒的权变领导理论

权变领导理论是对领导行为有效性的评价，实际上领导行为有效性并不取决于领导者所采用的某一特定领导方式，而是根据该领导方式所应用的情境而定。由此，菲德勒提出了领导方式对特定情境的适用性标准：与特定情境相适合的领导方式，可以是有效的；而与特定情境不适合的领导方式，则往往是无效的。研究发现，在一种情境下具有相当效能的领导方式，在另一种情境下可能失去效能。

菲德勒在分析领导者风格之后，认为领导效果取决于环境条件，而影响环境条件的根本因素有 3 个：

① 领导者与成员的关系。这是指下属对其领导者的信任、喜爱、忠诚和愿意追随的程度，以及领导者对下属的吸引力。通俗地说，就是上下级之间的关系，这是最为重要的影响因素，起决定作用。

② 职位权力。这是指领导者所处职位的固有权力，包括其所处的职位能提供的权力和权威，在上级和整个组织中所得到的支持，以及对雇用、解雇、晋升和增加工资的影响。领导者的地位是由领导者对其下属的实有权力所决定的。

③ 任务的具体化。这是指下属承担的工作任务的明确程度，也指工作团体要完成的任务是否明确，有无含糊不清之处，其规范和程序化程度如何，能否让下属明确他所承担的任务的上下所属的关系。

菲德勒从领导风格入手，但是并没有局限在领导风格当中。他很清楚地知道，没有什么固定的最优领导方式，任何领导形态均可能有效，关键是要与环境情景相适应，即应当根据领导者的个性及其面临的组织环境的不同，采取不同的领导方式。菲德勒指出，适用于任何环境的独一无二的最佳领导风格是不存在的，某种领导风格只能在一定的环境中才能获得最好的效果。任何领导形态均可能有效，其有效性完全取决于所处的环境是否适合。

（2）领导生命周期理论

领导生命周期理论是由科曼首先提出而之后由保罗·赫塞和肯尼斯·布兰查德予以发展的理论，也称情境领导理论。这是一个重视下属的权变理论。赫塞和布兰查德认为依据下属的成熟度，选择正确的领导风格就会取得领导的成功。赫塞和布兰查德重视下属在领导效果方面的作用，这是因为下属可以接纳或拒绝领导者的命令。领导者的领导效果经常取决于下属的行为和活动。

领导生命周期理论（见图 7-6）使用的两个领导维度与领导行为理论的划分相似：工作行为和关系行为。但是，赫塞和布兰查德更向前迈进了一步。他们认为每一维度有低有高，从而组成以下 4 种具体的领导方式：

① 命令型领导方式，即低关系高工作，领导者定义角色，告诉下属应该干什么、怎么干以及何时何地去干。

② 说服型领导方式，即高关系高工作，领导者同时提供指导性的行为与支持性的行为。

③ 参与型领导方式，即高关系低工作，领导者与下属共同决策，领导者的主要角色是提供便利条件与沟通。

④ 授权型领导方式，即低关系低工作，领导者提供极少的指导或支持。

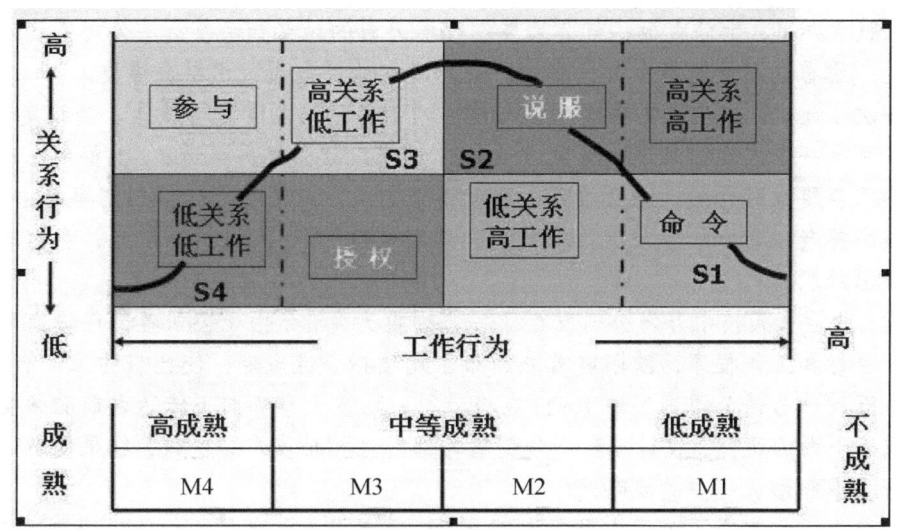

图 7-6　领导生命周期理论

赫塞与布兰查德的领导生命周期理论对下属成熟度的 4 个阶段的定义如下。

第一阶段：这些人对于执行某任务既无能力又不情愿。他们既不胜任工作又不能被信任。

第二阶段：这些人缺乏能力，但愿意执行必要的工作任务。他们有积极性，但目前尚缺足够的技能。

第三阶段：这些人有能力，却不愿意干领导者希望他们做的工作。

第四阶段：这些人既有能力又愿意干领导者让他们做的工作。

领导生命周期曲线模型概括了情境领导模型的各项要素。当下属的成熟水平不断提高时，领导者不但可以不断减少对下属行为和活动的控制，还可以不断减少关系行为。在第一阶段 M1 中，下属需要得到具体而明确的指导。在第二阶段 M2 中，领导者需要采取高关系高工作行为，高工作行为能够弥补下属能力的欠缺，高关系行为则试图使下属在心理上"领会"领导者的意图。对于在第三阶段 M3 中出现的激励问题，领导者运用支持性、非领导性的参与风格可获最佳解决。最后，在第四阶段 M4 中，领导者不需要做太多事，因为下属愿意又有能力担负责任。

7.2.3　分组案例分析

欧阳健经理的管理方式

蓝天技术开发公司由于在一开始就瞄准成长的国际市场，在国内率先开发出含有某高技术的产品，其销售额得到了超常规的增长，公司的发展速度十分惊人。然而，在竞争对手如林的今天，该公司和许多高科技公司一样，也面临着来自国内外大公司的激烈竞争。当公司在经济上出现了困境时，公司董事会聘请了一位新的常务经理欧阳健来负责公司的全面工作。而原先的那个自由派风格的董事长仍然留任。欧阳健来自一家办事古板的老牌企业，他照章办事，十分古板，与蓝天技术开发公司的风格相去甚远。公司管理人员对他的态度是：看看这家伙能待多久！看来，一场潜在的"危机"迟早会爆发。

第一次"危机"发生在常务经理欧阳健首次召开的高层管理会议上。会议定于上午9点开始，可有一个人姗姗来迟，直到9点半才进来。欧阳健厉声道："我重申一次，本公司所有的例会要准时开始，谁做不到，我就请他走人。从现在开始，一切事情由我负责。你们应该忘掉老一套，从今以后，就是我和你们一起干了。"到下午4点，竟然有两名高层主管提出辞职。

然而，此后蓝天技术开发公司发生了一系列重大变化。由于公司各部门没有明确的工作职责、目标和工作程序，欧阳健首先颁布了几项指令性规定，使已有的工作有章可循。他还三番五次地告诫公司副经理徐钢，在将公司一切重大事务向下传达之前必须交由他审批，他抱怨下面的研究、设计、生产和销售等部门互相扯皮、踢皮球，结果使蓝天技术开发公司一直没能形成统一的战略。

欧阳健在详细审查了公司人员工资制度后，决定将全体高层主管的工资削减10%，这引起公司一些高层主管向他辞职。

研究部主任这样认为："我不喜欢这里的一切，但我不想马上走，因为这里的工作对我来说太有挑战性了。"

生产部经理也是个不满欧阳健做法的人，可他的一番话颇令人惊讶："我不能说我很喜欢欧阳健，不过至少对于他给我那个部门设立的目标，我能够达到。当我们圆满完成任务时，欧阳健是第一个感谢我们干得棒的人。"

采购部经理牢骚满腹。他说："欧阳健要我把原料成本削减20%。他一方面拿着一根胡萝卜来引诱我，说假如我能做到的话就给我油水丰厚的奖励；另一方面则威胁说如果我做不到，他将另请高就。但干这个活简直就不可能，欧阳健这种'大棒加胡萝卜'的做法是没有市场的。从现在起，我另谋出路。"

但欧阳健对被人称为"爱哭的孩子"的销售部胡经理的态度则让人刮目相看。以前，销售部胡经理每天都到欧阳健的办公室去抱怨和指责其他部门。欧阳健对付他很有一套，让他在门外静等半小时，见了他后对其抱怨也充耳不闻，而是一针见血地谈公司在销售上存在的问题。过不了多久，大家惊奇地发现胡经理开始更多地跑基层而不是欧阳健的办公室了。

随着时间的流逝，蓝天技术开发公司在欧阳健的领导下恢复了元气。欧阳健也渐渐地放松控制，开始让设计部和研究部更放手地去干事。然而，对生产部和采购部，他仍然勒紧缰绳。蓝天技术开发公司内再也听不到关于欧阳健去留的流言蜚语了。大家这样评价他：欧阳健不是那种对这里情况很了解的人，但他对各项业务的决策无懈可击，而且确实使我们走出了低谷，公司也开始走向辉煌。

请分析：

（1）欧阳健进入蓝天技术开发公司时采取了何种领导方式？这种领导方式与留任的董事长的领导方式有何不同？他对研究部和生产部各自采取了何种领导方式？当蓝天技术开发公司各方面的工作走上正轨后，为适应新的形势，欧阳健的领导方式将做何改变？为什么？

（2）有人认为，对下属人员采取敬而远之的态度对一个经理来说是最好的行为方式，所谓"亲密无间"会松懈纪律。你如何看待这种观点？你认为欧阳健属于这种领导者吗？

任务3 激励

7.3.1 任务导入

四川海底捞餐饮激励制度

四川海底捞餐饮股份有限公司成立于 2001 年，是一家以经营川味火锅为主、融汇各地火锅特色于一体的大型跨省直营餐饮民营企业。虽然海底捞是一家火锅连锁店，但它的核心业务却不是餐饮，而是服务。在将员工的主观能动性发挥到极致的情况下，"海底捞特色"日益丰富。海底捞的员工激励措施与效果主要概括为以下几点。

一、良好的晋升通道

海底捞为员工设计好在本企业的职业发展路径，并清晰地向他们表明该发展途径及待遇。每位员工在入职前都会得到这样的承诺："海底捞现有的管理人员全部是从服务员、传菜员等基层的岗位做起，公司会为每一位员工提供公平公正的发展空间。如果你诚实与勤奋，并且相信用自己的双手可以改变命运，那么，海底捞将成就你的未来！"该措施满足了职工对自我实现的需要，激励了员工对更好未来的追求。

二、独特的考核制度

海底捞对管理人员的考核非常严格，除了业务方面的内容，还有创新、员工激情、顾客满意度、后备干部的培养等，每项内容都必须达到规定的标准。

对这几项不易评价的考核内容，海底捞都有自己衡量的标准。例如，对于"员工激情"，总部不定期地会对各个分店进行检查，观察员工的注意力是不是放在客人的身上，观察员工的工作热情和服务效率。如果有员工没有达到要求，就要追究店长的责任。海底捞通过独特的考核制度，既规范了管理人员的管理行为，又使得管理人员可以通过不同的措施激励员工的工作热情。

三、尊重与关爱，创造和谐大家庭

海底捞的管理层都是从基层提拔上来的，他们都有切身的体会，都能了解下属的心理需求。这样，他们才能发自内心地关爱下属，并且给予员工在工作与生活上的支持和帮助，同时得到员工的认可。

在海底捞，尊重与善待员工始终被放在首位。海底捞实行"员工奖励计划"，给优秀员工配股。此外，海底捞的管理人员与员工都住在统一的员工宿舍，并且海底捞规定，必须给所有员工租住正式小区或者公寓中的两居室或三居室，不能是地下室，所有房间配备空调、电视、电脑，宿舍有专门人员管理、保洁，员工的工作服、被罩等也统一清洗。若是某位员工生病，宿舍管理员会陪同他看病、照顾他的饮食起居。同时，海底捞的所有岗位除了有基本工资，都有浮动工资与奖金，作为对员工良好工作表现的鼓励。考虑到绝大部分员工的家庭生活状况，公司有针对性地制定了许多细节上的待遇。

在尊重与善待员工的问题上，海底捞还有不少创意。例如，经员工本人同意后，将发给先进员工的奖金直接寄给他的父母。

在如此和谐的文化与工作氛围的激励下，员工的热情日益高涨，提出很多建议。并且，只要是合理的，公司都会采纳。这些激励措施既满足了员工的基本需求又满足了他们的尊重需求与自我实现的需求，激发了员工的主人翁意识。

海底捞的成功服务是取胜的关键，但是如何做到将服务差异化战略成功灌输给所有员工并激励每一个员工共同努力才是真正至关重要的。要做到真正的顾客满意，必须将标准化的流程和制度与服务员的判断力和创造力结合起来。员工的创造力不是管理出来的，而是通过一整套系统激励出来的。这些激励系统提升了员工的满意度，满意的员工就会带来优质的服务、提高顾客满意度以及降低许多餐饮企业都很头痛的浪费和损耗等隐形成本。

小视频：激励

海底捞更多依靠的是对餐饮业服务员这种工作的理解，而不是生搬硬套一些书本上的理论。在实际操作中，恰恰是其激励机制符合了海底捞自身的实际，满足了员工各个层次的需求，使员工最大限度地发挥了个人潜力，使得海底捞在激烈的市场竞争中站稳了脚跟并得到了稳步发展。

问题：海底捞的激励制度对你有哪些启发？

7.3.2　相关知识

1. 激励的基本原理

管理学中，激励是指主管人员促进、诱导下级形成动机，并引导行为指向目标的活动过程。由于人们一般是跟随那些他们认为有助于达到个人目标的人的，因此，主管人员应了解什么最能激励其下级，以及这些激励因素如何发挥作用，并把这些认识体现在管理活动中，这样他们才有可能成为有效的领导者。

激励的主要作用：

① 激励是调动员工积极性的手段。缺乏激励，员工只能发挥出潜力的 20%～30%；良好激励环境下，员工却能发挥潜力的 80%～90%。由此可见，激励可使人员的工作能力和效率成倍增长，甚至可以使员工超水平发挥。

② 激励是提高人员素质的重要手段。提高人员素质的途径主要有两个：一是培训，二是激励。任何一个被激励的行为都应是高素质的外在表现，这种激励进一步强化其提高素质的动力；而任何一个被惩罚的行为都应是其低素质的必然结果，对其惩罚促使其不再犯错，进而尽快提高其管理素质。

③ 激励是形成良好企业文化的有效途径。通过激励，好的价值观在企业和员工心目中被肯定和坚持而不良的价值观被抛弃，好的制度得以保留而不良制度被取消或改进。

2. 激励理论

（1）马斯洛的需求层次理论

美国心理学家马斯洛把人的需求按照其重要性和发生的先后次序分成生理需求、安全需求、社交需求、尊重需求和自我实现需求五类，由较低层次到较高层次排列。

（2）赫茨伯格的双因素理论

赫茨伯格的双因素理论是目前极具争论性的激励理论之一，也许这是因为它具有两个独特的方面：首先，这个理论强调一些工作因素能产生满意感，而另外一些则只能防止产生不满意感；其次，对工作的满意感和不满意感并非存在于单一的连续体中。这种理论把需求的因素分成两部分：一部分是保健因素，保健因素若得不到满足会促使人们对工作产生不满意感；另一部分是激励因素，其中包括职业上的成长与认同、成熟感、工作挑战性等。

（3）麦克利兰的成就激励理论

哈佛大学心理学家麦克利兰从另一个侧面论述了人的需求，他把人的高级需求分为3类，即权力需求、合群需求和成就需求。

权力需求：即具有较高权力需求的人对影响和控制别人表现出很大兴趣，总是追随领导者的地位。

合群需求：具有合群需求的人通常从友爱与情谊的交流中得到欢乐和满足。

成就需求：具有高度成就需求的人对成功有一种强烈的要求，同样也强烈担心失败。

（4）弗鲁姆的期望理论

美国心理学家弗鲁姆在 1964 年提出期望理论，他采用动态分析的方法考察了人们对劳动付出与奖酬价值的认识。他认为，一个人从事某项活动的动力，取决于他对这项活动的全部价值的预期结果及其成功的概率乘积的总和，公式为：激励力量 ＝ Σ 目标价值 × 期望概率。

目标价值也称为效价，即达成目标后的效用价值。期望概率是实现目标的可能性的大小。激励力量即效价和期望概率的结合。弗鲁姆通过考察人们的努力与其所获报酬之间的因果关系来解释激励的过程。努力与报酬及需求满足之间的关系：努力→绩效→报酬→需求。期望理论认为，激励是随着以下三种情况增大的：一是当自己的努力能产生高效时，二是当绩效产生特定结果（报酬）时，三是当报酬对自己有强大的吸引力时。

（5）亚当斯的公平理论

公平理论又称社会比较理论，该理论侧重于研究工资报酬分配的合理性、公平性及其对职工生产积极性的影响。该理论的基本要点：人的工作积极性不仅与个人实际报酬多少有关，而且与人们对报酬的分配是否感到公平更为密切。人们总会自觉或不自觉地将自己付出的劳动代价及其所得到的报酬与他人进行比较，并对公平与否做出判断。公平感直接影响职工的工作动机和行为。因此，从某种意义来讲，动机的激发过程实际上是人与人进行比较，做出公平与否的判断，并据此指导行为的过程。

公平理论可以用公平关系式来表示。当某人感觉到公平时，以下公式成立：

$$op \, / \, ip = oc \, / \, ic$$

其中：op——自己对个人所获报酬的感觉

oc——自己对他人所获报酬的感觉

ip——自己对个人所做投入的感觉

ic——自己对他人所做投入的感觉

当上式为不等式时，可能出现以下两种情况：

① op／ip＜oc／ic

在这种情况下，他可能要求增加自己的收入或减小自己今后的努力程度，以便使左方增大、趋于相等；第二种办法是他可能要求组织减少比较对象的收入或者让其今后增大努力程度，以便使右方减小、趋于相等。此外，他可能另外找人作为比较对象，以便达到心理上的平衡。

② op／ip＞oc／ic

在这种情况下，他可能要求减少自己的报酬或在开始时自动多做些工作，但久而久之，他会重新估计自己的技术和工作情况，终于觉得自己确实应当得到那么高的待遇，于是产量便又会回到过去的水平了。

除了横向比较，人们也经常做纵向比较，即把自己目前所投入的努力与目前所获得的报酬的比值，同自己过去所投入的努力与过去所获得的报酬的比值进行比较。只有相等时，他才认为公平，如以下公式所示：

$$op／ip=oh／ih$$

其中：op——自己对个人现在所获报酬的感觉

oh——自己对个人过去所获报酬的感觉

ip——自己对个人现在投入的感觉

ih——自己对个人过去投入的感觉

当上式为不等式时，也可能出现以下两种情况：

① op／ip＜oh／ih

当出现这种情况时，人也会有不公平的感觉，这可能导致工作积极性下降。

② op／ip＞oh／ih

当出现这种情况时，人不会因此产生不公平的感觉，但也不会觉得自己多拿了报酬从而主动多做些工作。

调查和试验的结果表明，不公平感在绝大多数情况下是由于经过比较认为自己目前的报酬过低而产生的；但在少数情况下，也会由于经过比较认为自己的报酬过高而产生。

我们看到，公平理论提出的基本观点是客观存在的，但公平本身却是一个相当复杂的问题，这主要是由于下面几个原因：

① 它与个人的主观判断有关。上面公式中无论是自己的或他人的投入和报酬都是个人感觉，而一般人总是对自己的投入估计过高，对别人的投入估计过低。

② 它与个人所持的公平标准有关。上面的公平标准有采取贡献率的，也有采取需要率、平均率的。例如，有人认为助学金应改为奖学金才合理，有人认为平均分配才公平，也有人认为按经济困难程度分配才适当。

③ 它与绩效的评定有关。我们主张按绩效付报酬，并且各人之间应相对均衡。但如

何评定绩效？是以工作成果的数量和质量，还是按工作中的努力程度和付出的劳动量？是按工作的复杂、困难程度，还是按工作能力、技能、资历和学历？不同的评定办法会得到不同的结果。最好是按工作成果的数量和质量，用明确、客观、易于核实的标准来度量，但这在实际工作中往往难以做到，有时不得不采用其他的方法。

④ 它与评定人有关。绩效由谁来评定？是由领导者评定还是由群众评定或自我评定？不同的评定人会得出不同的结果。在同一组织内往往不是由同一个人评定，因此会出现松紧不一、回避矛盾、姑息迁就、抱有成见等现象。

然而，公平理论对我们有着重要的启示：首先，影响激励效果的不仅有报酬的绝对值，还有报酬的相对值；其次，激励时应力求公平，使等式在客观上成立，尽管有主观判断的误差，也不致造成严重的不公平感；最后，在激励过程中应注意对被激励者公平心理的引导，使其树立正确的公平观，一是要认识到绝对的公平是不存在的，二是不要盲目攀比，三是不要按酬付劳，按酬付劳是在公平问题上造成恶性循环的主要杀手。

为了避免职工产生不公平的感觉，企业往往采取各种手段，在企业中造成一种公平合理的气氛，使职工产生一种主观上的公平感。例如，有的企业采用保密工资的办法，使职工不了解彼此的收支比率，以免职工互相比较而产生不公平感。

（6）斯金纳的强化理论

美国心理学家斯金纳在 20 世纪 50 年代提出人的行为是其所获刺激的函数。斯金纳通过实验研究得出结论，认为人的行为可分为 3 类：本能行为，这是人生来就有的行为；反应性行为，这是环境作用于人而引起的行为；操作性行为，这是人为了达到一定目的而作用于环境的行为。

操作性行为是来自环境的刺激反复作用的结果。人具有学习的能力，如果以前的某种行为满足了其某种需要，为了满足同类需要，便会根据学到的经验重复此种行为，使这种行为的频率增强，这种状况即成为强化刺激。能增强这种行为发生频率的刺激物被称为强化物。由于操作性行为会随着强化刺激的增强而增强，也会随着强化刺激的减弱而减弱，人们就可以通过控制强化物来控制行为，引起行为的改变。这一理论由于中心思想在于通过强化刺激来改变人们的行为方向，故又被称为行为改造理论。

利用强化的手段改造行为，一般有 4 种类型，其区别如表 7-2 所示。

表 7-2　4 种不同的强化类型

事件的出现/取消	强 化 类 型	
	对令人愉快或所希望的事件	对令人不愉快或不希望的事件
事件的出现	正强化 （行为变得更加可能发生）	惩罚 （行为变得更不可能发生）
事件的取消	自然消退 （行为变得更不可能发生）	负强化 （行为变得更加可能发生）

① 正强化。正强化是用某种有吸引力的结果或奖酬，如认可、赞赏、提升、增资等，对某一行为进行奖励和肯定，使其重现和加强。应用正强化时要注意：一是所选的强化物要恰当，对被强化对象要有足够的奖酬威力；二是强化要有明确的目的性和针对性，必须

按所希望的行为的出现而施予；三是反应与强化的顺序，必须安排得确实能激发今后所希望的行为会再度出现。

② 负强化。负强化是当某种不符合要求的行为有了改变时，减少或消除施于其身的某种不愉快的刺激（批评、惩罚等），从而使其改变后的行为再现和增加。负强化和正强化的目的一样，都是想维持和增加某一有利的行为。应用负强化时应注意两个点：一是事先必须确有不利的刺激存在；二是通过除去不利刺激来鼓励某一有利行为与后果的联结关系。

③ 自然消退。自然消退有两种方式：一是对某种行为不予理睬，以表示对该行为的轻视或某种程度的否决，使其自然消退；二是对原来用正强化建立起来的、认为是好的行为，由于疏忽或情况改变，不再给予正强化，使其出现的可能性下降并最终完全消退。大量的研究表明，一种行为如果长期得不到正强化，便会逐渐消退。如领导对职工的积极行为不予奖励，本身就是给这种行为泼冷水，是不表态的表态。

④ 惩罚。惩罚是用批评、降薪、降职、罚款等带有强制性、威胁性的结果，来创造一种令人不愉快乃至痛苦的环境，或取消现有的令人满意的条件，以示对某一不符合要求的行为的否定，从而消除这种行为重复发生的可能性。

上述4种强化类型中，正强化是影响行为发生的最有力的工具。因为它能增强或增加有效的工作行为，惩罚和自然消退只能使职工知道不应该做什么，但没有告诉职工应该做什么。此外，负强化则会使职工处于一种波动的、压抑的环境之中，因此可能产生适得其反的结果。

强化理论具体应用的一些行为原则如下：

① 经过强化的行为趋向于重复发生。所谓强化因素，就是会使某种行为在将来重复发生的可能性提高的任何一种"后果"。例如，当某种行为的后果是受人称赞时，这种行为重复发生的可能性就提高了。

② 要依照强化对象的不同采取不同的强化措施。人们的年龄、性别、职业、学历、经历不同，需求就不同，强化措施也应不一样。如有的人更重视物质奖励而有的人更重视精神奖励，就应先区分情况再采用不同的强化措施。

③ 小步子前进，分阶段设立目标，并对目标予以明确规定和表述。关于人的激励，首先要设立一个明确的、鼓舞人心而又切实可行的目标，只有在目标明确而具体时才能进行衡量和采取适当的强化措施。同时还要将目标进行分解，完成每个小目标后都及时给予强化，这样不仅有利于目标的实现，而且通过不断的激励可以增强信心。如果目标一次定得太高，会使人感到不易达到或者说能够达到的希望很小，这就很难充分调动人们为达到目标而做出努力的积极性。

④ 及时反馈。所谓及时反馈就是通过某种形式和途径，及时将工作结果告诉行动者。要取得最好的激励效果，就应该在行为发生以后尽快采取适当的强化方法。一个人在实施了某种行为以后，即使是"领导者表示'已注意到这种行为'"这样简单的反馈也能起到正强化的作用；如果领导者对这种行为不予注意，这种行为重复发生的可能性就会降低以至消失。所以，必须利用及时反馈作为一种强化手段。

⑤ 正强化比负强化更有效。所以在强化手段的运用上，应以正强化为主，同时必要时也要对坏的行为给以惩罚，做到奖惩结合。

强化理论有助于对人们行为的理解和引导。因为，一种行为必然会有后果，而这些后

果在一定程度上会决定这种行为在将来是否重复发生。那么，与其对这种行为和后果的关系采取一种碰运气的态度，就不如加以分析和控制，使大家都知道该行为有什么后果最好。这并不是对职工进行操纵，而是使职工有一个最好的机会在各种明确规定的备选方案中进行选择。因而，强化理论已被广泛地应用在激励和人的行为的改造上。

3. 激励的原则

（1）目标结合原则

在激励机制中，设置目标是一个关键环节。目标设置必须同时体现组织目标和员工需求。

（2）物质激励和精神激励相结合的原则

物质激励是基础，精神激励是根本。在两者结合的基础上，逐步过渡到以精神激励为主。

（3）引导性原则

外激励措施只有转化为被激励者的自觉意愿，才能取得激励效果。因此，引导性原则是激励过程的内在要求。

（4）合理性原则

激励的合理性原则包括两层含义：其一，激励的措施要适度，要根据所实现目标本身的价值大小确定适当的激励量；其二，奖惩要公平。

（5）明确性原则

激励的明确性原则包括三层含义：其一，明确，激励的目的是明确需要做什么和必须怎么做；其二，公开，特别是涉及分配奖金等大量员工关注的问题时，公开更为重要；其三，直观，实施物质奖励和精神奖励时都需要直观地表达它们的指标。直观性与激励影响的心理效应成正比。

（6）时效性原则

要把握激励的时机，"雪中送炭"和"雨后送伞"的效果是不一样的。激励越及时，越有利于将人们的激情推向高潮，使其创造力持续有效地发挥出来。

（7）正激励与负激励相结合的原则

所谓正激励就是对员工的符合组织目标的期望行为进行奖励。所谓负激励就是对员工违背组织目标的非期望行为进行惩罚。正负激励都是必要而有效的，不仅作用于当事人，而且会间接地影响周围其他人。

（8）按需激励原则

激励的起点是满足员工的需求，但员工的需求因人而异、因时而异，并且只有满足最迫切的需求（主导需求）的措施，其效价才高，其激励强度才大。因此，领导者必须深入地进行调查研究，不断了解员工在需求层次和需求结构上的变化趋势，有针对性地采取激励措施，才能收到实效。

4. 精神激励的主要方法

（1）工作丰富化

所谓的工作丰富化是指在工作中赋予员工更多的责任、自主权和控制权。工作丰富化与工作扩大化、工作轮调都不同，它不是水平地增加员工的工作内容，而是垂直地增加工作内容。这样员工会承担更重的任务、更大的责任，有更大的自主权和更高程度的自我管理。

（2）目标激励

所谓目标激励，就是确定适当的目标以诱发人的动机和行为，达到调动人的积极性的目的。目标是组织对个体的一种心理引力，作为一种诱引，具有引发、导向和激励的作用。只有不断启发一个人对高目标的追求，才能启发其奋发向上的内在动力。具体的目标能把业务员的行为引导到经理最希望他们去做的事情上，并激发他们发挥最大潜能、取得满意的业绩。以业务员经过奋斗能获得的成就与结果来进行激励，应该是基本的激励方式。

（3）组织成员参与管理

参与管理（Management by Participation）就是指在不同程度上让员工和下级参加组织的决策过程及各级管理工作，让他们与企业的高层管理者处于平等地位而研究和讨论组织中的重大问题。他们可以感到上级、主管的信任，从而体会到自己的利益与组织发展密切相关，进而产生强烈的责任感；同时，参与管理为他们提供了一个获得别人重视的机会，成就感油然而生。员工因为能够参与商讨与自己有关的问题而受到激励。参与管理既对个人产生激励，又为组织目标的实现提供了保证。

（4）职业生涯规划

小知识：十大激励员工的要点

公司成员都希望了解自己的潜力和成长机会。而在激励的重要因素中，职业生涯规划经常被遗忘。事实上，在团队内部为员工设计职业生涯可以产生非常明显的激励效应，如是否重视从内部提升的问题。尽管特殊的环境会要求公司从外部寻找有才干的人，但如果公司内部出现职位空缺时总是最先想到内部人员，这将会给员工发出积极的信息：在公司里的确有更长远的发展。

7.3.3　分组案例分析

阿里巴巴集团的股权激励制度

阿里巴巴集团很早就发展了自己的股权激励制度——经过马云等高管的研究、发展和完善，"受限制股份单位计划"在集团内部诞生。这个制度很像创投模式中的股份兑现条款，员工逐年取得期权，这样有利于保持团队的稳定性和员工的积极性，也能为集团的收购大局提供筹码。

"在行权之日，第一件事是交税！"阿里巴巴集团的员工都知道，当你要借一大笔钱交税的时候，多半是你股权激励变现的钱可以交购房首付或者买高配轿车的时候。而阿里巴巴集团的中高层，一到奖励日，常向属下大派"红包"。

"在阿里巴巴集团内部（可以说）有一个共识——（现金）奖金是对过去表现的认可，而受限制股份单位计划则是对未来的预期，是公司认为你未来能做出更大贡献才授予你的。"谈及阿里巴巴集团的股份相关的激励措施，一位曾在阿里巴巴集团任职的人士对记者表示。

在阿里巴巴集团的股权结构中，管理层、雇员及其他投资者的股份合计占比超过40%。根据阿里巴巴网络技术有限公司的招股资料，授予员工及管理层的股权报酬包括了受限制股份单位计划、购股权计划和股份奖励计划三种，但对外界来说，奖励如何获得、规模多大却不得而知。

"阿里巴巴员工一般都有受限制股份单位（RSU），它每年随着奖金发放，发年终奖时或者发半年奖时都有可能。"上述人士表示，阿里巴巴集团的员工每年都可以得到至少一份受限制股份单位奖励，每一份奖励的具体数量则可能因职位、贡献的不同而存在差异。

阿里巴巴集团成立以来，曾采用 4 项股权奖励计划发放股权报酬，包括阿里巴巴集团1999 年、2004 年、2005 年及 2007 年的购股权激励计划。

上述人士指出，实际上，在 2007 年阿里巴巴集团旗下 B2B 业务阿里巴巴网络技术有限公司在香港上市后，购股权奖励就越来越少，受限制股份单位计划逐渐成为一个主要的股权激励措施。

受限制股份单位计划采用 4 年分期授予。无论是在曾经上市的阿里巴巴网络技术有限公司，还是在未上市的阿里巴巴集团，受限制股份单位计划都是其留住人才的一个重要手段。"本质上就是（股票）期权。"该人士指出，员工获得受限制股份单位后，入职满一年才可以行使期权。而每一份受限制股份单位的发放则分 4 年逐步到位，每年授予 25%。而由于每年都会伴随奖金发放新的受限制股份单位奖励，员工手中所持受限制股份单位的数量会滚动增加。

请分析：阿里巴巴集团的股权激励制度对集团的发展起了哪些作用？

7.3.4　实践活动安排

情景 7 任务 3 实践活动安排如表 7-3 所示。

表 7-3　情景 7 任务 3 实践活动安排

活动 18	爱泼斯坦个人激励调查
活动目标	游戏指导学生进行一个小测试，用于衡量学生的激励能力。通过游戏，引导学生掌握管理过程中自我激励、他人激励的相关内容与基本技能。并通过展开相关讨论，探讨加强激励能力的途径与方法
活动安排	**活动介绍** 指导教师向学生提供《爱泼斯坦个人激励能力调查表》，要求学生在规定时间内完成，之后统计成绩。学生根据最终成绩统计以及测试内容进行关于自我激励与他人激励的主题讨论。 **活动条件** （1）参与人数：集体参与，单独操作。 （2）时间：20 分钟。 （3）道具：每人一份《爱泼斯坦个人激励能力调查表》材料（多媒体教室可以通过演示文稿的方式公示材料）。 （4）场地：教室。 **活动步骤或提示** （1）将材料分发给每个学员（也可以将它用演示文稿的形式显示出来），材料内容见附件。 （2）学生完成测试（时间控制在 10 分钟左右）后，指导老师提供参考答案，要求学生对自我表现进行评分，最终获得管理环境、管理思想、设定目标以及保持健康生活方式的 4 种激励能力和得分。 （3）根据成绩统计以及测试内容进行关于自我激励与他人激励的主题讨论。 **相关讨论** （1）你在哪方面的激励能力比较强？在哪些方面你的激励能力有所改进？ （2）你对这些测试的结果感到惊讶吗？为什么？

续表

活动18	爱泼斯坦个人激励调查
附件： 参考点评	1. 在很大程度上，我们可以控制我们的激励水平，此技能被称为激励能力。它能被测量，也可以获得提高。当我们做完这个测试之后就会对自己的激励水平有一个大致的了解，从而可以帮助我们认识到不足、加以改进、更好地激励自己做好工作。 2. 激励自己和激励别人同样重要，因为一个人只有斗志昂扬的时候，才能够发挥出自身的最大潜力。你有活力就能做出好的成绩，你的同伴有了活力就可以帮助你更好地完成任务，所以在工作中，不要吝啬，积极地激励自己也激励别人吧！

任务 4 沟通

7.4.1 任务导入

老外与农民的沟通

一个外国人来中国旅游，隔着车窗，看见一群农夫在耕地。老外就对导游说："停车，让我下去跟这些农民聊一聊。"导游说："可是，他们一般不说英语。"老外说："不怕，全地球人民是一家，我下去用手语沟通。"

外国人下车后拍拍农民的肩膀，伸出一只手，然后伸伸大拇指，一句话也没说。这个农民看看外国人也不说话，伸出两个手指；外国人见状，伸出4个手指；农民伸出5个手指；外国人又看农民，两手一起，伸出7个手指；农民伸出一个中指并在空中甩了甩。

外国人转身上了车，高兴地说："中国的农村了不起！"导游吃惊地问那个外国人："你们俩说什么了？"

外国人回答说："我告诉他，全世界只有一个地球，而且农民是地球保卫者，我尊重农民。农民马上回答说，地球有南北两极。我又说咱们有四大洋，他立刻回答我还有五大洲。我又说有七大行星，他接着说七大行星全部围绕一根轴心转。"

导游很吃惊，说："没那么悬吧？我下去问问。"导游下去问农民："刚才老外跟你说了什么？"农民回答道："来了一个老外，个子很高，还长胸毛，我认为他很壮。他跟我说他一顿能吃一个馍，我说我儿子都能吃俩馍。他说他饿了能吃4个馍。我又说，废话，老子饿了能吃5个馍。他越吹越不像话，他说他一顿能吃7个馍。我说再吹牛，我就要扁他。他赶紧走了。"

小视频：沟通

问题：哪些因素导致什么老外与农民在沟通时会出现不同理解？

7.4.2　相关知识

1. 沟通的基本模式

（1）沟通的概念

沟通指信息交流，是指将某一信息传递给客体，以期取得客体做出相应反应的过程。

（2）沟通的过程

完整的沟通联络过程应包括 7 个环节，即主体（发送者）、编码、媒体（传递渠道）、客体（接收者）、译码、做出反应（沟通效果）和反馈。

信息沟通模型如图 7-7 所示。

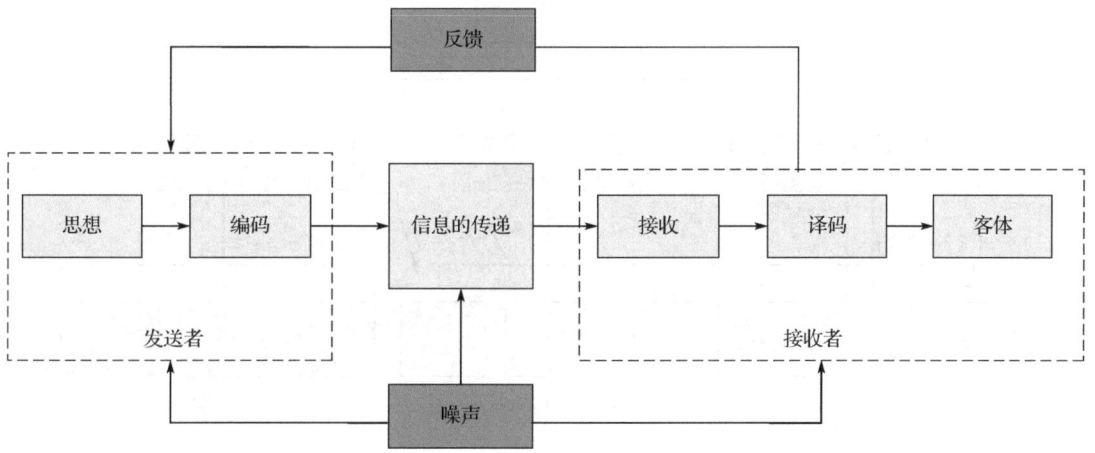

图 7-7　信息沟通模型

（3）人与人沟通的特殊性

在领导工作中，沟通联络是指人与人之间的交流，即通过两人或更多人进行关于事实、思想、意见和感情等方面的交流，来取得相互之间的了解，以及良好的人际关系。

人与人之间的沟通过程有不同于其他沟通过程的特殊性：

① 人与人之间的沟通主要是通过语言（或语言的文字形式）来进行的。

② 人与人之间的沟通不仅涉及消息的交流，而且涉及情感思想、态度、观点的交流。

③ 在人与人之间的沟通过程中，心理因素有着重要意义。

④ 在人与人之间的沟通过程中，会出现特殊的沟通障碍。

2. 沟通的类型

（1）正式沟通与非正式沟通

正式沟通是通过组织明文规定的渠道进行信息传递和交流。非正式沟通是在正式沟通渠道之外进行的信息传递和交流。人们的真实思想和动机往往是在非正式的沟通中表露出来的。这样的沟通中，信息传递快而且不受限制，非正式沟通起着补充正式沟通的作用。

（2）上行沟通、下行沟通和平行沟通

上行沟通是指组织中的成员、群体通过一定的渠道与决策层进行的信息交流，如下级向上级定期或不定期地汇报工作、进行情况或问题的反映、征求意见等。下行沟通指自上而下的信息传递和沟通。如果长期使用下行沟通，一方面易形成一种"权力气氛"，影响士气；另一方面容易使下级养成依赖上级、一切听从上级裁决的权威性人格，从而使下级缺乏工作的积极性和创造性。平行沟通，又称横向沟通，指在组织系统中处于相同层次的人、群体、职能部门之间进行的信息传递和交流。横向沟通可以加强各部门之间的相互了解和协调，消除相互之间的冲突、扯皮，增进团结。

沟通的信息流向如图7-8所示。

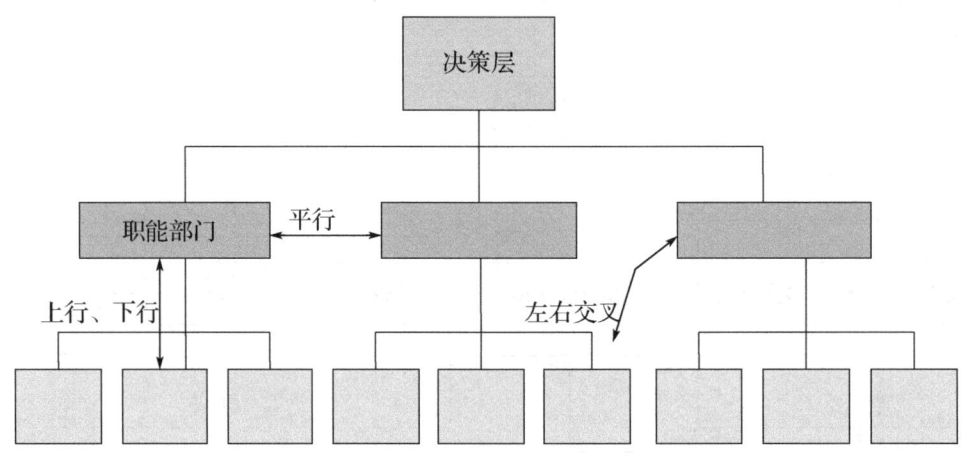

图7-8　沟通的信息流向

（3）单向沟通和双向沟通

一般来说，单向沟通指没有反馈的信息传递。双向沟通指有反馈的信息传递，是发送者和接收者相互之间进行信息交流的沟通。在时间上，双向沟通比单向沟通需要更多的时间；在信息和理解的准确程度上，在双向沟通中，接收者理解信息和发送者意图的准确程度大大提高；在接收者和发送者的置信度上，在双向沟通中，接收者和发送者都比较相信自己对信息的理解；在满意度上，接收者比较满意双向沟通，发送者比较满意单向沟通；在噪音方面，由于与问题无关的信息较易进入沟通过程，双向沟通的噪音比单向沟通要大得多。

（4）口头沟通、书面沟通、非语言和文字形式的沟通

书面沟通能使传递的情报作为档案或参考资料保存下来，往往比口头情报更为仔细，有时也能省钱和省时。书面沟通一般比较正式，可以长期保存，接收者则可反复阅读。写得不好的书面信息，往往随后需要用很多书面和口头的情报来澄清。这既增加了情报沟通费用，又引起了混乱。非语言和文字形式的沟通也就是用非语言的某些重要方法来沟通，如说话声调、语气、面部表情、手势、比喻等。

3. 沟通联络的作用

① 使组织中的人们认清形势。

② 使决策更加合理和有效。

③ 稳定职工思想，统一组织行动。

沟通把组织与外部环境联系了起来。企业主管通过信息交流了解客户的需要、供应商的供应能力、股东的要求、政府的法规条例及社会团体关心的事项等。任何一个组织只有通过沟通才能成为一个与其外部环境发生相互作用的开放系统。

对组织内部来说，沟通是使组织成员团结一致、共同努力来达成组织目标的重要手段。只有通过沟通，才能把抽象的组织目标转变成为组织中每一个成员的具体行动。没有良好的沟通，一个群体的活动就无法进行，群体既不可能实现协调合作，也不可能进行必要而及时的变革。

4. 沟通障碍与有效沟通

（1）沟通障碍的主要因素

① 空间距离因素。上级与下级之间的空间距离减少了他们面对面的沟通，会导致误解或不能理解所传递的信息，还会使得上级和下级之间的误解不易澄清。

② 沟通的曲解。当一个人分不清实际材料和自己的观点、感觉、情绪等的界限时，就会发生曲解。上级和下级都倾向于根据自己的观点、价值观念、意见和背景来解释信息，而不对信息进行客观的解释，由于语言及媒介使用不当，接收者对信息发生误解而造成沟通的曲解。

③ 层次差异及知识经验水平的限制。上级和下级的层次之间存在着各种差异，主要表现在上级和下级的知识及专业技术层次差异。上级忽视了下级的知识层次，倾向于使用主管术语（或者是技术性的，或者是行政性的），下级对这些术语却一无所知；若发送者与接收者在知识水平上相差太大，在发送者看来很简单的内容，而接收者却由于知识水平太低理解不了，双方没有"共同的经验区"，接收者不能正确理解发送者的信息，则沟通就会出现障碍。

④ 缺乏信任。信任障碍主要与下级和上级相处的经历有关：一方面，如果下级觉得把坏消息报告给上级于自己无益，就会隐瞒这些消息或把不利信息过滤掉；另一方面，如果上级利用下级来为自己谋私利，从而提升职位、显示功劳以及树立良好的形象，那么下级对上级的信任就会损毁。

⑤ 态度、观点、信念等的不同，造成沟通过程中的障碍。例如，下级向上级反映情况往往有"打埋伏"的现象，报喜不报忧、夸大成绩、缩小缺点等。上级向下级传达指示，下级往往不是如实地理解这些指示，而是猜测这种指示的"言外之意""弦外之音"等。这都说明人们在传递和接收信息时，往往会把自己的主观态度掺杂进去。

⑥ 职责不明确。当一个下级的职责不明确时，他们就会找替罪羊或者搪塞责任，导致职责和作用的含糊。

⑦ 沟通渠道的选择及媒介没有被恰当地利用。信息沟通有多种渠道，各种渠道又有各自的优缺点，如果不考虑本组织机构的实际情况和具体要求就随便选择沟通方式和渠道，也会造成沟通的障碍。组织在沟通中通常使用的媒体有通知单、小册子、板报、信函、年度报告、通信刊物、图表、工资单、标语、电话、闭路电视、建议书等。一些媒体对个

人及组织的沟通都是适用的，然而对媒体的选择却是沟通的一个极其重要的方面。

组织沟通的改善需要依据组织的具体情况来对症下药。例如，在组织设计时明确各部门间的分工合作关系，经常进行沟通检查，完善信息沟通的准则，改进信息沟通的手段等。

（2）有效沟通的特征

① 准确清晰。沟通是信息互通的过程，在这个过程中，信息的准确度和清晰度直接影响沟通的效果。所有的工作人员都希望接受准确又简单的指示，一旦信息传递失真或者信息过于琐碎，员工不能及时准确地从中了解工作任务和工作要求，那么这样的沟通也就成了无效沟通，也会因此影响到员工的工作效率。

② 双向、多层面。有效的沟通应该是双向的、多层面的，应该在企业内部提倡上下级之间、各部门之间互相沟通，让每个员工对企业的管理拥有发言权。这能够使员工感受到管理层对员工的重视，进而有利于上下级、同级之间的理解和交流，为企业的良好发展扫清了沟通的障碍。

③ 高效。提高沟通效率的关键在于明确管理中的主要矛盾，也就是抓住沟通的方向和目标并对症下药才能避免沟通的盲目性和低效。提高沟通效率还可以通过开放式沟通来实现。开放式沟通即没有固定模式的沟通；沟通既可以是从上到下的，也可以是从下到上的。

（3）提高管理沟通技巧的途径

① 掌握基本的表达技能。口头表达能力要好，通过书面或者电子邮件形式来表达的能力也要好。如果不能条理清晰地沟通，对方就不能确信对你有何期待。

② 想清楚你准备说什么。经理人应该充实和丰满自己的思路。

③ 为会议做好准备。会议的资料要提前分发，并且表述要简明扼要。很多会议经常在开始之前就偏离了主题，原因就是经理人和员工们在说话之前没有花时间思考一下他们要说些什么。

④ 参与讨论。时常发生的情况是，要么是因为时间紧迫，要么可能是因为太过自以为是，高管们没有表明他们想要听到不一样的观点。这就导致会议结果都是"集体的思想"，因为没有人畅所欲言。

⑤ 认真聆听。经理们在开会时查看他们的手机，这表明他们没有集中注意力，就像在开会时读报纸一样。我们在口头和书面沟通技巧方面下的功夫已经够少了，而花在聆听上的时间就更少了。因此，太多的经理人最终不了解相关信息，从而做出了错误的决策，酿成大错。多花点时间倾听，可能就会避免这样的灾难。

7.4.3　分组案例分析

业务主管与办事员的沟通

小刘刚办完一个事务回到公司，就被主管马林叫到了他的办公室。马林："小刘哇，今日事务办得顺利吗？""十分顺利，马主管，"小刘振奋地说，"我花了许多时间向客户解说咱们公司产品的功能，让他们了解到咱们的产品是最合适他们使用的，并且在别家再也拿不到这么合理的价钱了，因而很顺畅地就把公司的机器推销出去一百台。"

"不错，"马林赞赏地说，"但是，你彻底了解了客户的状况吗？会不会呈现反复的状况呢？你知道咱们部的成绩是和推销出的产品数量密切相关的，假如他们再把货退回来，对咱们士气的打击会很大。你对那家公司的状况真的彻底查询清楚了吗？"

"查询清楚了呀，"小刘振奋的表情消失了，取而代之的是绝望的表情，"我是先在网上了解到他们在需求供货方面的消息，又向朋友了解了他们公司的状况，然后才打电话到他们公司去联络的，而且我是经你批准才出去的呀。"马林："我只是出于对你的关心才多问几句的。""关心？"小刘不满道，"是你对我不放心吧。"

请分析：业务员小刘与主管马林的沟通各有什么不妥之处？

7.4.4　实践活动安排

情景 7 任务 4 实践活动安排如表 7-4 所示。

表 7-4　情景 7 任务 4 实践活动安排

活动 19	画图——理解不同沟通方式的差异性
活动目标	理解不同沟通方式的差异性
活动安排	道具：黑板、粉笔、两条丝巾。 时间：30 分钟。 程序： （1）请 3 位男生和 3 位女生上台。 （2）两位男生和两位女生各面对黑板左右两侧；另一位女生和另一位男生分别站在这两位男生和这两位女生的后面。 （3）请学生用丝巾蒙上看图的男生和女生的眼睛，然后背对着黑板。 （4）蒙上眼睛的同学陈述所看到的图片。 （5）面对黑板的同学根据后面同学的描述画出图形。 （6）陈述的同学摘下丝巾，背对画图者，对画图者的提问可以用语言回答。 （7）陈述的同学面对黑板，回答画图者的提问。 规则： （1）在程序的第 4～5 步中，画图的同学可以提问，但陈述的同学只能用"点头"或"摇头"作答。 （2）在程序的第 6 步中，禁止陈述的同学回头看黑板。 （3）在程序的第 7 步中，禁止陈述的同学到黑板前指着图形讲解应如何修改
教师任务	1. 准备两条丝巾。 2. 把 3 位男生和 3 位女生编成 2 男 1 女和 2 女 1 男两组。 3. 给 1 女生和 1 男生看一幅图。 4. 在程序的第 4～5 步中，监控陈述的同学是否用"点头"或"摇头"作答。 5. 在程序的第 6 步中，监控陈述的同学是否背对黑板回答问题。 6. 在程序的第 7 步中，监控陈述的同学是否到黑板前指点画图。 7. 请 6 位同学回到座位上，给同学们展示要画的图片。 8. 组织同学讨论，请部分同学谈谈感想。 9. 总结活动：沟通的障碍是什么？如何进行有效的沟通？
考核标准	所绘图形与所示图片相同者获胜（没有获胜者的概率很高）

【能力培养图】

学习型任务

1. 理解领导的实质和领导权力的构成
2. 了解各种领导特性理论
3. 了解各种领导行为理论
4. 理解激励的基本原理和各种激励理论应用原则
5. 理解沟通的基本模式和有效沟通的特征

职业行动能力训练项目

活动
1. 关于领导者领导艺术的分析
2. 爱泼斯坦个人激励调查
3. 画图——理解不同沟通方式的差异性

案例
1. 有效领导者应具备的素质
2. 稻盛和夫：领导者要有能让员工迷恋的人格魅力
3. 克莱斯勒汽车面临问题
4. 欧阳健经理的管理方式
5. 四川海底捞餐饮激励制度
6. 阿里巴巴集团的股权激励制度
7. 老外与农民的沟通
8. 业务主管与办事员的沟通

职业行动能力

1. 能丰富专业知识，培养个性特征，基本具备领导的非职位性影响力
2. 能查阅有关领导理论与领导艺术的文献资料
3. 能运用各种领导理论，解决实际管理问题
4. 能灵活运用各种激励方法
5. 能消除管理沟通障碍，进行有效沟通

借鉴实践经验

1. 管理者形象设计
2. 商人的100个错误
3. 企业团队沟通的36字秘诀

坚持拓展阅读

《一分钟经理人》
《青梅煮酒论领导》
《心随心动：激励与认可他人的行动指南》
《有效沟通》

掌握相关理论

领导特性理论
领导行为理论
权变领导理论
期望理论
公平理论
强化理论

运用管理方法

工作丰富化
参与管理

【拓展阅读】

1. 趣味阅读

稻盛和夫：领导者必备的7种资质

稻盛和夫认为，企业要想获得成功，首先团队成员要获得成长和进步；这样就需要领

导者将团队成员的利益和幸福放在心间，本着善意和关爱之心进行指导和培养；在这个过程当中，不仅是团队成员，领导者本身也会因此而获得同样的升华。所以那些优秀的领导者都需要具备以下这 7 种资质。

（1）付出不亚于任何人的努力

领导者是一个部门的代表，也是企业的代表。领导者的一个重要职责就是必须率先垂范，向全体组织成员展示自身勤奋的工作姿态，并以此带领团队成员、统率整个团队。

每当我（本文中指稻盛和夫）向大家询问"你对于工作是否努力"时，众人的回答都是"我已经尽了全力在努力工作"。然而，我这里所指的，是超于常人的那种努力。在现实中，即便我们认为自己已经非常努力了，但是如果我们的竞争对手付出的努力在我们之上，那么我们最终还是会在竞争中失败，自己之前付出的努力也将全部化为泡影。

所以，领导者必须在工作中付出无人能及的努力才行。也许这意味着难以承受的辛劳，但是要想获得成功，领导者只此一种选择。

京瓷哲学中有一条是"成为漩涡的中心"。领导者在工作时必须把周围的人卷进工作的"漩涡"。如果一个领导者能够为了集体成员的幸福不断付出超于常人的努力，那么他就必然能够赢得所有集体成员的拥戴和追随。

（2）取得团队成员的认同感

企业的领导者作为经营首脑，首先必须明确自身所领导事业的目的和意义，并且将其向团队成员明示，尽一切可能取得他们的认同，从而获取众人的鼎力协助。这对中小型企业的团队成员而言，可以起到很大的激励作用。

领导者中或许有些人把兴办事业的目的和意义看作"赚钱"。企业要想获得发展，利润的获取的确必不可少，但是在兴办事业时，不仅要兼顾到由此产生的社会意义，同时还必须注意发挥人的能动力量。

因此，我认为，一项事业的目的和意义必须是能够让不管是领导者还是团队成员都能感受到自身是在"为了一个崇高目的而工作"，这种大义是一种超越一般层次的存在。

在京瓷还是一家小企业时，我就一直向团队成员们诉说我自己的梦想。"我们生产的特殊陶瓷对于全世界电子产业的发展必不可缺。让我们向全世界供货吧！"我向他们说，"如果能做到这一点，那么，虽然我们只是一个毫不起眼的街道工厂，但我想把它变成街道第一，之后成为中京区第一，继而是京都第一，日本第一，世界第一。"

虽然那时的京瓷还只是租借他人厂房一角、拥有几十个团队成员、年销售额不足一亿日元的小企业，但从那时起，我就不断向团队成员们宣告要立志成为日本第一、世界第一的企业。我就是通过揭示这样一种高层次的、能够获得所有人认同的企业目的，并向企业团队成员号召"让我们共同实现这个理念"，才得以与京瓷的全体团队成员团结一心，共同奋斗至今。

正是因为事业的目的成功地赢得了京瓷团队成员们的一致认同并且成员们为此勤奋工作，才会有京瓷的今天。因此，当自己作为一名领导者率领一个组织时，明确自身事业的目的和意义并赢得组织成员对此的认同就显得极其重要。

（3）与团队成员共同制订计划

领导者在明确事业的目的和意义并且与部下取得共识之后，接下来就需要确立具体目标，制订相应的计划。

在制订计划的过程当中，领导者必须居于核心地位，广泛听取团队成员的意见，做到集思广益。这样做的目的是让组织成员在计划制订阶段就参与其中，从而让他们拥有"这是我们大家共同制订的计划"的意识。

然而，当需要开创一项新的事业或者捕捉到一个巨大商机时，领导者又有必要迅速果断地担负起责任，主导新目标的制定。

这个时候，领导者不仅要制定未来目标，还必须找出实现这个目标的有效方法和途径。与此同时，必须向团队成员揭示、说明制定这个目标的理由、领导者对于这个目标的认识和想法，以及具体的实施方法和途径。

领导者在这个过程当中必须与团队成员展开彻底的沟通，以期获得他们的真心认同。只有当团队成员的工作热情上升到与领导者相同的层次时，才真正有可能做到团结一切力量实现企业的最终目标。

（4）心怀"爱情"与团队成员相处

许多企业经营的最初形态就是自己单枪匹马或者夫妻一起创业，开个个人商店或者小型企业。但靠这种形式，不管个人多么勤奋，拓展空间仍然有限。要想扩大事业规模，不能不雇佣团队成员。因此，经营者必须把身边的几位团队成员当作共同经营的伙伴，让他们与自己想法一致、同甘共苦，以支撑事业的发展。

通过建立心心相通的关系，企业具备"一体感"且内部想法一致，这就是企业运营的第一步。企业首先要有"我要依靠你"这样一句话，接着要有把团队成员当作共同经营伙伴的这样一种姿态。

管理者要心怀"爱情"与团队成员相处，与团队成员建立发自内心的、心心相连的人际关系。所谓"爱情"，就是关爱、体贴、利他之心。用自我牺牲打动团队成员的心，让团队成员发自内心地爱戴你；换句话说，就是让团队成员"迷恋"你，为你的魅力而倾倒。

（5）不断激励团队成员士气

我的经营实践是建立在"愿则成"这个信念之上的。之所以会意识到这一点，完全源自我在许多年前的一次亲身体验。

创建京瓷之初，一次我有幸在京都出席了一场松下幸之助先生的演讲会，在会上他介绍了著名的"水库式经营"的理念，也就是说"企业应该在经营状态良好的时候像在水库中蓄满水一样保证充裕的内部资金留存，以备不时之需"。

在演讲结束后有一名听众提问："水库式经营的理念虽然完美，但是那些根本就无法确保充足资金的企业又该如何是好？"这个问题让幸之助先生稍微一愣，然后他回答说："你自己首先得要有企业必须保证充裕资金的想法才成。"这个回答等于什么都没有说，于是引发了会场听众的爆笑，然而幸之助先生的这一番话却让我心头为之一震："经营者首先得具备确保企业资金充裕的强烈愿望，然后才谈得上其他。"

领导者必须首先确保自身具有强烈的意愿，再将这种强烈的意愿传递给所有团队成员，这才有助于既定目标的实现。要想创造一个充满激情、不断进取的集体，就需要让所有成员都能够对工作怀有高度的热情，不断鼓舞团队成员的士气。为此，我会召开"恳亲

会""酒话会"等，敞开胸襟，向部下彻底地阐述实现目标的意义。

（6）提升和拥有高尚的人格

日本有句格言："恃才者，败于才。"就是说，越是才华出众、越是热情高涨的人，他们的能量就越大，就越需要有一种东西控制他们的能量。我认为这种东西就是人格。只有人格才能驾驭才华和努力发挥的方向。

先天的人格千差万别，任何人的先天人格都不可能完美无缺。领导者必须具备杰出的人格，或者能够充分认识到具备杰出人格的重要性，并不懈地去提升自身人格。我认为提升人格时这两条准则十分重要：一条是反复学习优秀哲学；另一条是天天自我反省。两条必不可少。这样做就能够弥补自身人格中的原有缺陷，塑造第二人格。

此外，"高尚的人格"并非仅仅指拥有高尚的哲学观，还指必须同时坚持诸如"诚实待人""不说谎""正直""不贪婪"等基本的伦理观。如果一个人能够随时随地以此警示自己，并努力付之于实际行动的话，自然就能够实现自我人格的升华。

（7）拥有角斗士般的坚韧意志和好胜心

领导者必须由那种不管遭遇任何困难，都不会因此投降，而将"永不放弃"作为自身信条的人来担当。

我经常用"燃烧的斗魂"来表达这层意思。在激烈的商业竞争中，领导者只有拥有像角斗士一样的坚韧意志和好胜心，才能率领团队和构建企业的繁荣。领导者必须具备坚强的意志。如果一个组织的领导者缺乏坚强的意志，则将会给这个组织带来灾难性的后果。

2．推荐书籍

请登录华信教育资源网（www.hxedu.com.cn），在本书相关资源中免费下载推荐书籍清单。

【过程考核】

一、单选题

1．某国有企业管理部门每月均对工程师的工作进行分等考评并将考评结果与报酬挂钩。这样做最可能产生的后果是什么？（　　　）

    A．获得高等级的优秀工程师们会再接再厉，而等级低的则会努力改进工作以求提高

    B．优秀工程师由于意识到了自己的价值而产生跳槽思想，差一些的则会留在企业

    C．对这样的严格控制，工程师很有意见，致使今后工作难以分配

    D．差一些的工程师由于面子过不去而另谋职业，结果只留下优秀的工程师

2．俗话说，"一山难容二虎"，"一条船不能有两个船长"。从管理的角度看，对这些话的如下解释中，你认为哪一种最适当？（　　　）

    A．在领导班子中，如果有多个固执己见的人物，最终会削弱管理效果

    B．需要高度集权管理的组织不能允许存在多个直线领导核心

C．一个组织中的能人太多必然造成内耗增加从而导致效率下降

D．组织中不能允许存在两种及以上的观点，否则易造成管理混乱

3．喜好风险的人往往会选取风险程度（　　）而收益（　　）的行动方案。

A．较高、较高
B．较高、较低

C．较低、较低
D．不确定、不确定

4．领导方式可以分成专制、民主、放任三种，其中民主型领导方式的主要优点是（　　）。

A．纪律严格，管理规范，赏罚分明

B．组织成员具有高度的独立自主性

C．按规章管理，领导者不运用权力

D．员工关系融洽，工作积极主动，富有创造性

5．企业要不断创新，首先必须有锐意进取的（　　）。

A．创新型企业家
B．创新型科技人员

C．创新型工人
D．创新型理论工作者

6．对大多数企业主管来说，最令他们困扰的不是如何与竞争对手抢夺市场，而是如何找到、训练和留住优秀的员工，对高技术企业尤其如此。请你为这些主管在以下几种应对方式中找出最佳的一种。（　　）

A．提供诱人的薪水和福利
B．提供舒适的工作环境

C．提供具有挑战性的工作
D．提供自由工作的便利

7．按照管理方格理论，哪种类型效率最高？（　　）

A．贫乏式领导
B．俱乐部式领导

C．小市民式领导
D．专制式领导

8．在方案评估过程中，决策者以及决策的组织者要注意处理好以下哪几方面？（　　）

A．统筹兼顾
B．要注意反对意见

C．要有决断的魅力
D．以上都有

9．某公司总经理委派其下属去参加一个重要的商务谈判，该下属缺乏经验导致谈判破裂，而相应的合同对公司关系重大。在追究责任时，存在以下几种说法，你认为哪一种最为合理？（　　）

A．该下属应该承担全部责任，因为总经理授权他去进行谈判

B．总经理应承担一部分责任，因为该谈判对公司关系重大，他应该亲自参加谈判，至少应该承担用人不当与监督检查失职的责任

C．总经理若委托一位经验丰富的下属参加谈判，则可避免承担全部责任

10．管理者发布的一项命令是否有权威，主要取决于（　　）。

A．下属是否接受命令
B．管理者所在的层次

C．命令是否符合组织目的
D．违背命令是否受惩罚

11．在管理工作中，责、权、利和能力之间存在着密切的关系，正确处理这种关系对激发组织成员的积极性和提高组织的效率均有很好的作用。关于四者之间的关系，可以正确的描述为：（　　）。

A．责、权、利和能力完全是对等的关系

B．责任是管理的基础，应当大于权力、利益和能力

C．责、权、利是相等的，而人的能力可以略小一些

D．责、权、利是相等的，而人的能力应大于其承担的责任

12．有人说："外行不能领导内行。"但有时在某些业务上"外行"领导"内行"也有许多成功的事例。从管理学的角度分析，业务上的外行更适合担任（　　　）。

A．基层管理者，因为管理的内容比较简单

B．中层管理者，因为对中层管理者来说业务并不重要

C．高层管理者，因为高层管理者重在决策，而不在具体业务

D．外行在任何情况下都不宜领导内行

13．某位领导很关心下属，对下属提出的需求尽可能给以满足，经常批条子，但效果并不好。群众反映说："会哭的孩子有奶吃，不会哭、不会闹的乖孩子望奶兴叹。"这说明：（　　　）。

A．所满足的需求必须是全体下属人员的共同需求，而不能是个别人的需求

B．满足需求不能采取批条子的形式

C．满足需求应经过组织程序，防止偏听偏信

D．A 和 C

14．某处长对下属做思想工作，引用孟子的话说："鱼，我所欲也；熊掌，亦我所欲也。二者不可得兼，舍鱼而取熊掌者也。"这是在教育下属：（　　　）。

A．在不同的需求中进行最佳抉择

B．在不同的需求中选择高层次需求

C．把低层次需求引导到高层次需求上来

D．A 和 B

二、判断题

1．领导的权威完全是由职务所赋予的。　　　　　　　　　　　　　　　　（　　　）

2．管理方格理论认为 9.9 类型的领导风格是最理想的领导风格。　　　　（　　　）

3．水平沟通有助于增进独立部门之间的协调和合作。　　　　　　　　　（　　　）

4．领导的实质就是管理者对下属及组织的影响力，而领导的基础在于下属追随和服从。　　　　　　　　　　　　　　　　　　　　　　　　　　　　　　　（　　　）

5．组织权力是管理者运用权威的基本的形式，也是管理者实施领导的首要和基本的手段。　　　　　　　　　　　　　　　　　　　　　　　　　　　　　　　（　　　）

6．在经济上对员工进行的处罚不属于激励的一种方式。　　　　　　　　（　　　）

7．负强化是指用批评、降薪、降职等带有强制性、威胁性的结果，来创造一种令人不愉快乃至痛苦的环境，以表示对某一不符合要求的行为的否定，从而消除这种行为重复发生的可能性。　　　　　　　　　　　　　　　　　　　　　　　　　　　　（　　　）

三、简答题

1. 领导者的影响力从何而来？
2. 如何适应专制式领导？
3. 如何理解期望值原则？请举例说明。
4. 如何进行更有效的沟通？
5. 简述激励的原则。

情景 8 控制过程与方法

【职业行动能力】

1. 能确定关键控制点，强调例外控制
2. 能正确对待工作中出现的偏差，并进行有效控制
3. 能使正式组织控制、非正式组织控制和自我控制趋于一致
4. 能采用各种控制技术和方法对企业进行全面控制

【学习型任务】

1. 理解控制的目标和内容
2. 熟悉控制的各种分类方法和类型
3. 了解控制过程
4. 了解各种控制技术与方法

【关键概念】

控制、反馈控制、实时控制、前馈控制、自我控制、控制标准、关键控制点

【相关理论】

控制论

【管理方法】

预算控制、量本利分析、平衡计分卡

任务 1 控制类型

8.1.1 任务导入

古代故事

魏文王问名医扁鹊："你们家兄弟三人都精于医术，到底哪一位最好呢？"

扁鹊答："长兄最好，中兄次之，我最差。"

魏文王再问："那么你为什么最出名呢？"

扁鹊答："我的长兄治病，是治病于病情发作之前。由于一般人不知道他能事先铲除病因，所以他的名气无法传出去，只有我们家的人知道。我的中兄治病，是治病于病情初起之时。一般人以为他只能治小病，所以他的名气只及于本乡里。而我扁鹊治病，是治病于病情严重之时。一般人都看到我做了在经脉上穿针管来放血、在皮肤上敷药等大手术，以为我的医术高明，我的名气因此响遍全国。"

问题：

（1）故事中的控制有哪些类型？

（2）请试着叙述控制的必要性。

8.1.2 相关知识

1. 控制的目标与特点

（1）企业管理的控制职能

控制是指管理者按计划和标准对各项生产经营活动进行监督、检查、衡量和纠正，以确保企业的目标以及为此而拟订的计划得以实现的管理活动。

控制的目的在于指出工作中的缺点和错误，以便加以纠正并避免重犯。对物、对人、对行动都可以进行控制。控制是每一个管理人员的职责。上至厂长、经理，下至基层班长，都要进行控制活动。虽然各级管理人员的控制范围不同，但他们都负有执行计划的职责，控制是各级主管人员的主要职能。

控制是使企业的各项活动最终能够实现目标的技术保证，是实现企业目标的管理手段。一方面，任何组织、任何活动都需要进行控制。另一方面，控制的重要性还表现在它在管理职能中所处的地位及其相互关系：控制通过纠正偏差的行动与其他几个职能紧密地结合在一起，使管理过程形成了一个相对封闭的系统；控制存在于管理活动的全过程中，它不仅可以维持其他职能的正常活动，而且在必要时，可以采取纠正偏差的行动来改变其他管理职能的活动。

（2）控制的目标

① 限制偏差的累积。小的差错和失误并不会立即给组织带来严重的损害，然而时间一长，小的差错就会得以积累、放大，并最终变得非常严重。工作中出现偏差在很大程度上是不可完全避免的，关键是要能够及时获取偏差信息并及时采取有效的纠正措施。

② 适应环境的变化。如果管理者能够建立起目标并立即实现，那么就不需要进行控制。事实上，从制定目标之后到目标实现之前，总有一段时间。在这段时间内，组织内部和周围环境会有许多情况发生：竞争对手可能推出新产品和新的服务项目，新材料和新技术可能出现，政府可能制定新的法规或对原有的政策进行修正，组织内部人员可能产生很大的变动，等等。这些变化不仅会阻止目标的实现，甚至可能要求对目标本身进行修改。因此，需要构建有效的控制系统来帮助管理者预测和确定这些变化，并对由此带来的机会和威胁做出反应。

③ 处理组织内部的复杂局面。如果一个企业只购买一种原材料，生产一种产品，组织设计简单，并且市场对其产品需求稳定，那么管理者只需一个非常基本简单的系统就能保持对企业生产经营活动的控制。但在现实中大多数企业要选用很多原材料，制造多种产品，市场区域广阔，组织设计复杂并且竞争对手林立。管理者需要复杂的系统来保证有效的控制。

④ 降低成本。低成本优势是企业获得竞争优势的一个主要来源，它要求积极建立达到有效规模的生产设施，强化成本控制，减少浪费。为了达到这些目标，有必要在管理方面对成本控制予以高度重视，通过有效的控制可以降低成本、增加产出。

（3）控制的特点

① 整体性。这包含两层含义：一是管理控制是组织全体成员的职责，完成计划是组织全体成员的共同责任，参与控制是全体成员的共同任务；二是控制的对象是组织的各个方面，确保组织各部门、各单位彼此在工作上的均衡与协调是管理工作的一项重要任务。为此，需要了解掌握各部门和单位的工作情况并予以控制。

② 动态性。管理工作中的控制不同于电冰箱的温度控制。后者的控制是高度程序化的，具有稳定的特征。组织不是静态的，其外部环境及内部条件随时都在发生着变化，从而决定了控制标准和方法不可能固定不变。管理控制应具有动态的特征，这样可以提高控制的适应性和有效性。

③ 能动性。管理控制是保证工作按计划进行并实现组织目标的管理活动，而组织中的各项工作要靠人去执行。控制不仅是监督，更重要的是指导和帮助。管理者可以制订纠正偏差计划，但这种计划要靠职工去实施。只有当职工认识到纠正偏差的必要性并具备纠正能力时，偏差才会真正被纠正。通过控制工作，管理者可以帮助职工分析偏差产生的原因，端正职工的工作态度，指导他们采用纠正措施。这样，既能达到控制的目的，又能提高职工的纠错能力。

小视频：控制的目标与特点

2. 控制的内容和控制的要求

（1）控制的内容

① 对人员的控制。企业的目标是要由人来实现的，员工应该按照管理者制订的计划

去做，为此就必须对人员进行控制。对人员控制最常用的方法是直接巡视，发现问题马上进行纠正。还有一种方法是对员工进行系统化的评估。通过评估，对绩效好的，予以奖励，使其保持良好表现；对绩效差的，管理者就采取相应的措施，纠正出现的行为偏差。

② 对财务的控制。为保证企业获取利润和维持企业的正常运作，必须进行财务控制，包括审核各期财务报表，以保证一定的现金存量，保证债务的负担不致过重，保证各项资产都得到有效的利用等。

③ 对作业的控制。企业中的作业质量在很大程度上决定了企业提供的产品或服务的质量。作业控制就是通过对作业过程的控制，来评价并提高作业的效率和效果，从而提高企业提供的产品或服务的质量。常见的作业控制有生产控制、质量控制、原材料采购控制、库存控制等。

④ 对信息的控制。随着人类步入信息社会，信息在企业运行中的地位越来越高，不精确、不完整、不及时的信息会大大降低企业效率。因此，在现代企业中对信息的控制显得尤为重要。对信息的控制就是要求建立一个管理信息系统，使它能及时地为管理者提供充分、可靠的信息。

⑤ 对企业绩效的控制。无论是企业内部的人员，还是企业外部的人员，如证券分析人员、潜在的投资者、贷款银行、供应商以及政府部门，都十分关注企业的绩效。要有效实施对企业绩效的控制，关键在于科学地评价、衡量企业绩效。一个企业的整体效果很难用一个指标来衡量，生产率、产量、市场占有率、员工福利、企业的成长性等都可能成为衡量指标，关键是看企业的目标取向，即要根据企业完成目标的实际情况并按照目标所设置的标准来衡量企业绩效。

（2）控制的要求

① 目的性。控制活动是为组织目标的最终实现而服务的，它有明确的目的性。不同的组织有不同的工作，其控制目标是不同的，一个组织可能有多重目标，但其中总有一个或几个是主目标，控制活动的目的就是努力达到主目标。

② 全局性。企业是一个系统，通过对整个企业的经济活动进行控制，从而达到企业的整体目标，并努力达到最佳状态。这就要求企业各部门、各环节、各项作业活动的控制目标、控制方式、控制技术等相互协调，考虑全局利益，以保证整体目标的实现。

③ 时效性。控制的时效性就是要求管理者及时发现偏差，并及时采取相应的措施加以纠正。时滞现象是反馈控制的一个难以克服的困难。从计划完成情况的检查，工作结果的评价，信息的收集，纠偏措施的提出，直到措施的具体实施，这之间任何一个环节的停滞都可能导致纠偏行动的失败，因为事物一直在发展，实际情况一直在变化。解决这一问题的方法是采用前馈控制，即预先估计可能发生的偏差，采取预防措施，防止偏差发生。

④ 经济性。控制的经济性要求管理者将实施控制所获取的成果与实施的费用相比较，进行经济分析，只有当通过控制获得的价值大于所需费用时，才实施控制。即使一项控制方法在一系列备选方案中是最科学的，并且它可以带来最好的控制结果，但实施该项方案所需的费用高于实施该方案所获得的价值时，该方案就变得毫无意义，应坚决地舍弃它。

⑤ 关键控制点。关键控制点是指控制应突出重点。管理者的精力是有限的，管理者应控制那些对计划完成有举足轻重影响的关键问题，把重点放在容易出现偏差或偏差易造

成较大危害的环节。

⑥ 例外情况。例外情况是指在一个职责分明的组织机构中，每个问题应由相应的职能部门或主管人员去处理，最高主管应主要负责处理例外的情况。这类情况一般是超出标准、没有制度规定而又脱离正常状态的事件，可能细小的偏差就会给企业目标的实现造成较大的威胁。管理人员应集中精力抓住关键点上的例外事件。

小知识：关键控制点

3. 控制的类型

（1）按照控制信息的性质划分：实时控制、反馈控制、前馈控制

① 实时控制。实时控制又叫现场控制，主管人员通过深入现场来亲自监督检查、指导和控制下属人员的活动。这类控制适用于正在进行的计划执行过程，主要为基层主管人员所采用。控制的有效性取决于主管人员的个人素质、个人作风、指导的表达方式以及下属对这些指导的理解程度。其中，主管人员的"言传身教"具有很大的作用。在进行实时控制时，要注意避免单凭主观意志进行工作。

② 反馈控制。反馈控制主要是分析工作的执行结果，将它与控制标准相比较，发现已经发生或即将出现的偏差，分析其原因和对未来的可能影响，及时拟定纠正措施并予以实施，以防止偏差继续发展或防止其今后再度发生。这类控制工作是一个不断提高的过程。它的工作重点是把注意力集中在历史结果上，并将它作为未来行为的基础。目前，在组织中应用较广泛的反馈控制方法有下面 4 种：财务报告分析；标准成本分析；质量控制分析；工作人员成绩评定。其中，最重要的又最困难的是工作人员成绩评定。简单的反馈系统如图 8-1 所示。

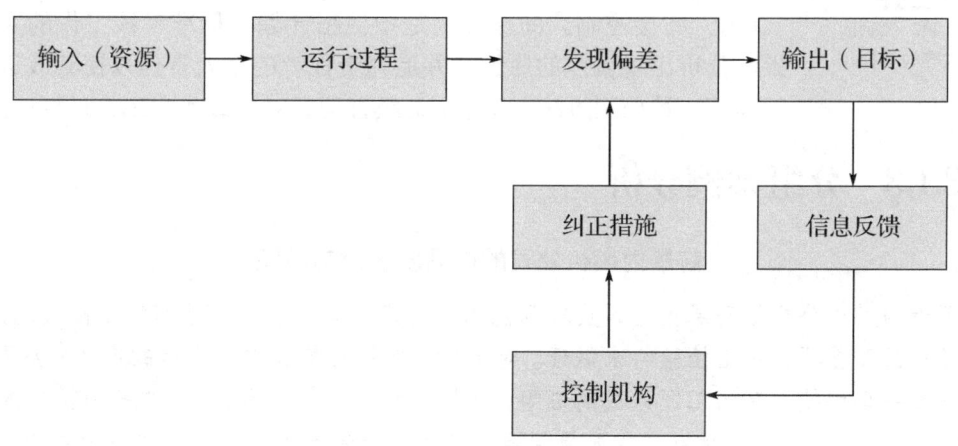

图 8-1　简单的反馈系统

③ 前馈控制。前馈控制又叫预先控制，是主管人员运用所能得到的最新信息（包括上一个控制循环所产生的经验教训），反复认真地对可能出现的结果进行预测，然后将其同计划要求进行比较，从而在必要时调整计划或控制影响因素，以确保目标的实现。和反馈控制不同，它的纠正措施往往是预防式的，作用在计划执行过程的输入环节上，工作重

点是防止所使用的各种资源在质和量上产生偏差，而不是控制行动结果，这是前馈控制在现代化管理中的一个重要的特点。

实行前馈控制的优越性在于，前馈控制能使主管人员及时得到信息以便采取措施，也能使他们知道如果不及时采取措施就会出现问题。它克服了反馈控制中时间滞差所带来的缺陷。

（2）按照控制来源划分：正式组织控制、非正式组织控制、自我控制

① 正式组织控制。正式组织控制是利用由管理人员设计和建立起来的一些机构或规定来进行控制，规划、预算和审计部门是正式组织控制的典型例子。组织可以通过规划来指导组织成员的活动，通过预算来控制消费，通过审计来检查各个部门或个人是否按照规定进行活动，并提出更正措施。

② 非正式组织控制。非正式组织控制是基于非正式组织成员之间的不成文的价值观念和行为准则进行的控制。非正式组织尽管没有明文规定的行为规范，但组织中的成员都十分清楚这些规范的内容，都知道如果自己遵守这些规范将得到奖励。这种奖励可能是得到其他成员的认可，也可能是强化自己在非正式组织中的地位。

③ 自我控制。自我控制是指个体对自身的心理与行为进行主动掌握，调整自己的动机与行动，以达到所预定的模式或目标的自我实现过程。它是一种人格特质。

（3）按控制所采用的手段划分：直接控制、间接控制

小视频：控制的
内容与类型

① 直接控制。直接控制是相对于间接控制而言的，它着眼于培养更好的主管人员，使他们能熟练地应用管理的概念、技术和原理，能以系统的观点来进行和改善他们的管理工作，从而防止出现管理不善所带来的不良后果。

② 间接控制。间接控制是指根据计划和标准考核工作的实际结果，分析出现偏差的原因，并追究责任者的个人责任以使其改进未来工作的一种控制方法，多见于上级管理者对下级人员工作过程的控制。

8.1.3 分组案例分析

前景内燃机公司的产品质量控制问题

前景内燃机公司最高层主管人员感到忧虑：生产车间的工人对他们的工作缺乏兴趣。结果是产品质量不得不由检验科来保证。对于那些在最后检验中不合格的产品，公司的方法是设置一个由技术高的工匠组成的班组，将其安排在生产线的最后，在那里解决质量问题。这种方法费用高，而且发现的质量问题大多是装配时不小心等可以实现预防的差错所造成的，因此，公司中很多人对于使用这种事后处理方法感觉不满意。

公司总经理召集主管开会研究解决方法。生产经理刘伟断言，这些问题是工程设计方面的事情。他认为，只要仔细地设计部件和整体结构，许多质量问题就不会出现。他又责怪人事部门没有更好地挑选工人。他特别指出装配工人的流动率每月高达5%以上，且星期一的旷工率经常达到20%。他的见解：用这样的劳动力，没有一个生产部门能够有效地运作。

总工程师王选认为，部件和整体结构都设计得很好。如果标准要求再严格一点儿，生产就会非常困难和费时，成本就会大幅度提高。

人事经理刘彦从多方面来说明人事问题。首先，由于本公司有强有力的工会，她的部门对公司雇佣和留用工人有很少或根本没有控制权。其次，她观察到车间的工作是单调和非常辛苦的，所以公司不应该期望工人对于这种工作除领取工资外还会有什么兴趣。但是刘彦说，她相信公司可以想办法提高工人的兴趣。她向公司推荐两件事：一是要工人掌握集中操作技能，而不是只从事一项简单的工作；二是工人每星期轮流换班，从生产线的一个位置换到另一个位置上，这样可以为工人提供新的和更有挑战性的工作。

这些建议被采用并付诸实行。令人意外的是，工人对新计划表示极大的不满。一个星期后，装配线关闭罢工。工人们声称，新计划使他们要做比以前更多的工作，并且训练他们去替代其他工人而不增加任何工资。

请分析：

从该案例中我们可以看到，该公司对产品质量的控制不够。管理控制主要有三大类，你认为该公司在产品生产过程中没有采用哪类控制？

8.1.4 实践活动安排

情景 8 任务 1 实践活动安排如表 8-1 所示。

表 8-1 情景 8 任务 1 实践活动安排

活动 20	名家讲坛：李践《时间管理》
活动目标	观看李践的《时间管理》，加深学生对时间控制和管理的认知
活动安排	播放李践的《时间管理》25 分钟
活动考核	1. 在班级组织一次交流与讨论。 2. 教师根据交流与讨论中的参与表现给予平时分
活动 21	罐子有多大
活动目标	通过教师演示、学生参与的方式，引导学生了解时间管理的重要性并掌握时间管理相关的基本原则与方法
活动内容	指导教师向学生演示如何将相关材料（鹅卵石、碎石、细沙、水）填满柱状透明罐，探索实现填充最大化的最佳方法。在演示过程中，指导教师应积极鼓励学生参与，引导学生思维演变
活动组织	1. 教师在桌子上放一个罐子，然后从桌子下面拿出一些正好可以从罐口放进罐子里的鹅卵石。当教师把鹅卵石放好后，询问学生："你们说这罐子是不是满的？" 2. 在所有的（或大部分）学生异口同声地回答"是"之后，指导教师从桌下拿出一袋碎石，把碎石从罐口倒下去，摇一摇，再加一些，再问学生："这罐子现在是不是满的？" 3. 在学生回答"是"或"不是"后，教师从桌下再拿出一袋细沙，把细沙慢慢地倒进罐子里。倒完后，再问班上的学生："现在这个罐子满了吗？" 4. 在询问学生意见后（往往此时大部分学生将持保留或反对意见），指导老师从桌底下拿出一大瓶水，把水倒在看起来已被鹅卵石、碎石、细沙填满了的罐子
活动启示	结束后，老师向同学提问："我们从这件事情得到什么重要的启示？"并要求小组讨论、轮流发言

任务 2　控制过程

8.2.1　任务导入

乐视一步一步走向崩溃

乐视网信息技术（北京）股份有限公司（以下简称"乐视"）成立于2004年，通过"平台+内容+终端+应用"经营模式，建设了7个互不关联的垂直业务，再通过业务整合，形成独特的乐视"生态圈"。随着乐视的不断发展，2010年8月乐视在我国创业板上市，其业务版图不断扩张，在2014年业务总收入达100亿元，2016年业绩报告显示其实现营业收入219.87亿元。看似一片欣欣向荣的背后却隐藏着巨大的财务危机。乐视在大量融资的同时所拖欠的手机供应商的款项高达150亿元，超过60%的版权费未能支付。2017年7月7日董事长贾跃亭辞职，公司的五大"重量级"高管也陆续辞职，乐视股价一路下跌，直至乐视退市。

（一）内部环境

1．组织架构。2016年11月6日贾跃亭首次公开承认，乐视存在发展节奏过快、组织能力和人员匹配失衡等问题。公司董事会下设众多支持机构，包括战略委员会、审计委员会、提名委员会等，却没有预算机构和绩效考评机构，这不利于权责明晰。虽然乐视设置了众多机构，但内部控制并不完善，主要表现为将财务部与审计部划分在一起，二者均没有独立，这样的结果是内部审计的独立性无法保障。

2．人力资源政策。乐视迅速扩张，对人才的需求也在不断加大，但贾跃亭并没起到表率的作用。在公司发展的业务上，所选拔的人员存在冗余，在各个业务执行的时候也没提供相应的智力和能力支撑。在人浮于事的团队中，贾跃亭所要付出的管理成本大大增加。2016年12月以来，乐视高管，包括乐视体育总编辑敖铭和总裁张志勇、乐视汽车的约尔格·萨默尔和马可·马蒂亚奇，陆续离职。贾跃亭曾高薪聘请各个领域的专家，这些专家在"乐视模式"中却没有发挥他们应有的作用。

（二）风险评估

在目标设立方面，乐视确定了其战略目标。但是，乐视生态模式的提出并没有使乐视提升到新的高度，该模式遭到外界多方的质疑。经济分析说，这根本就是顶层设计的错误导致的。乐视在经营目标设立过程中也存在差异。乐视在经营的有效性、创新业绩跟盈利上都没有得到成果反而不断负向发展。这就表明乐视的经营目标在制定的过程中存在不足，未能合理预估企业可承受的风险。乐视在公司资金紧缺的情况下仍然引入、合并其他企业，企业发展战略明显不契合公司发展水平。

乐视的外部融资能力在不断下降，其偿债能力指标逼近上限，企业的资产负债比率高，而流动性比率只有 1.39——相对较低。公司偿债风险上升且资金使用效率低,难以确保资金的安全性和完整性。文化市场竞争日益激烈,需求趋于多元化,而贾跃亭的经营风格比较冒险,对本有的市场没有进行巩固和深化,反而利用可周转的资金激进扩张其他的业务。

乐视所面临的固有风险是国家出台的一系列严格的互联网视频内容监管政策,这是同行业都必须面对的风险。剩余风险是管理者采取了相应措施应对风险后仍然存在的风险。关联方资金的紧张,影响了乐视正常的融资渠道。乐视为解决这一问题,通过与金融机构谈判合作以及债转股等方式,缓解了暂时的资金压力,但并没有从根本上解决融资问题。

乐视自上市后,机遇与风险并存,企业负债不断在增加,但是乐视没有建立风险识别系统。168 亿元巨额资金流入后,乐视股价仅迎来一个涨停板后就持续下跌。在停牌诊股并亏损 16.516 亿元前,乐视并没有在风险应对方面建立完善的风险识别系统,没有及时收集风险及与风险变化相关的各种信息,导致乐视在面对一系列的危机时难以抵抗。

(三)控制活动

乐视合理设置了分工,科学划分了职责权限,贯彻了不相容职务相分离及每一个人的工作能自动检查另一个人或更多人的工作的原则,形成了相互制衡机制。乐视自成立以来,乐视的最高决策人只有创始人贾跃亭。董事会虽然设立了,但是基本形同虚设,无法对贾跃亭的最高决策权力形成有效的牵制。

乐视曾经所有重要事务的审批手续均需通过贾跃亭一人过目和签字,集体决策审批无从体现。贾跃亭的集权,追求的不是效率,而是控制。在企业的预算上,贾跃亭起决策的最主要作用,根据自己的判断而忽略其他决策人的意见;在职能分工上,贾跃亭以一人之力承担公司的几个岗位职责,包括执行、考核、决策等,其中心作用突出,大大降低授权这个动作的重要性,将公司职权的权力掌握在一人手中。贾跃亭一味地追求产业现代化潮流,不但没有提高公司的实力,反而造成资金链断绝,导致其公司陷于债务风波,直至今天其创造的神话也只是曾经。

(四)信息与沟通

乐视在发展中长期拖欠供应商的货款。在 2016 年被诉讼的案件中,乐视涉及超过 16 亿元的拖欠款,最大的一笔是 3.02 亿元。从中可以发现,乐视没有通过有效的形式与供应商就信用政策、结算方式等问题进行良好的沟通,也没有及时发现和解决可能存在的控制不当的问题。乐视拖欠版权费,被供应商追债,这些使得公司陷入经济危机,造成无可挽回的结果。

(五)内部监督

乐视的审计部门与财务部门的职权并未完全划分开来,审计部门的人员偏少,不能全面地开展审计工作,内审职能无法完整履行,因而内审部门的独立性和工作效率值得质疑。另外,审计过程中需要编制工作底稿且按统一的规则编号,建立索引,以备查询和引用,但乐视的工作底稿存在严重的缺失现象,这就在很大程度上存在舞弊的嫌疑,同时在很大程度上影响了整个审计的质量。

(肖莉、姜大柱、雷轶超:"乐视内部控制案例分析",载《合作经济与科技》2018 年。有删节)

问题:

(1)乐视是如何从内部控制失控走向崩溃的?

(2)根据案例内容,请帮乐视提一些可行建议。

8.2.2　相关知识

一般说来，管理控制的基本过程可分为 3 个基本步骤：制定控制标准，衡量工作绩效，纠正偏差。管理控制的具体过程如图 8-2 所示。

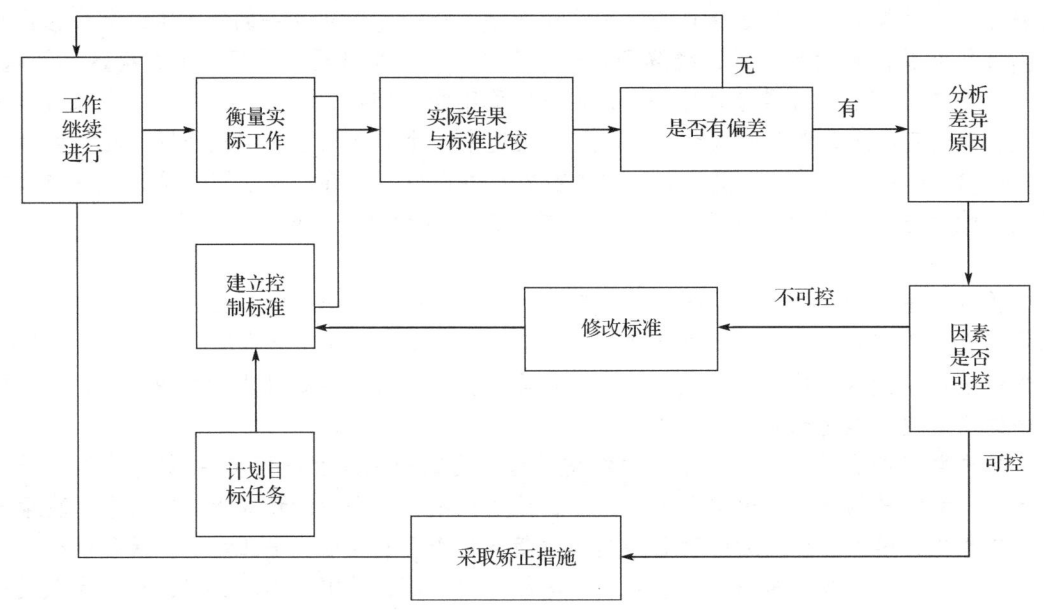

图 8-2　管理控制的具体过程

1．制定控制标准

标准就是计量实际或预期工作成果的尺度。最理想的标准是可以考核的目标。在实际工作中，按照不同的依据，可把标准分成不同的类型。例如，分成实际标准和财务标准，其中财务标准又包括费用标准、资本标准和收入标准等；或者分成无形标准和有形标准等；或者分为定性标准和定量标准等。但不管采用哪类标准，都需要按控制的对象来决定。

（1）实物标准

这是一类非货币标准，普遍适用于使用原材料和雇员、提供劳务和产品等的基层单位。这些标准反映了定量的工作成果。可以说，实物标准是计划工作的基石，也是控制的基本标准。

（2）费用标准

这是一类货币标准。同实物标准一样，费用标准普遍适用于基层单位。这种标准把货币价值加到各种经营费用之中，如单位产品或工时的人工费用。

（3）资金标准

这是费用标准的变种，是用货币来计量实物项目而引起的。但是，它与投入一个企事业的资金有关，而与经营费用无关。对于新的投资和综合控制来说，最广泛运用的标准就是投资加收率。

（4）收入标准

这是把货币价值与销售额相联系而产生的。这类标准多种多样，例如公共汽车每乘客/千米的收入、每销售一吨钢材的货币收入、每治愈一个病人的收入等。

（5）计划标准

为了控制，指派一个主管人员去编制一个可变的预算计划，如编制一个要正式实施的新产品发展计划或提高医务人员素质的计划。在评价计划执行情况时难免有主观判断的因素，因此，利用计划规定的时间日程以及其他的因素作为客观的判断标准。

（6）无形标准

虽然心理学家和社会学家所提出的试验、调查和抽样方法使得判断人们的行为和动机已有可能，但是对于人们相互关系的许多管理控制却仍要以无形的标准、主观的判断、反复的试验，有时甚至是以纯粹的预感等作为依据。

管理者通过制定具体的、可执行的标准，来了解计划方案执行过程中每一个具体环节和步骤，以及了解和调控整个运作过程和组织系统的进展情况。然而，各企业、各部门千差万别的特殊性使得企业的产品和服务活动的种类数不胜数，等待执行的计划方案举不胜举，因此，对标准而言，就难以想象会有一套可供所有管理者使用的通用模式。但所有管理者必须要求自己的控制工作、控制标准与自己的管理目的、控制工作需求保持一致，有机统一。计划、标准、控制工作及组织目标的关系如图 8-3 所示。

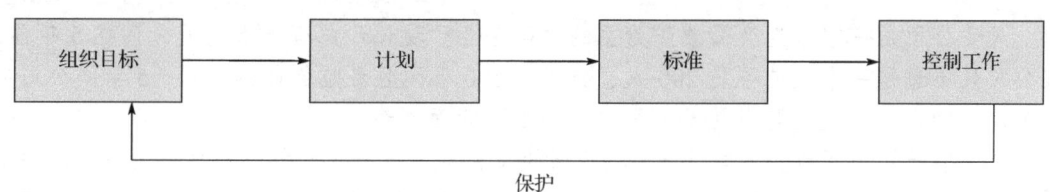

图 8-3　计划、标准、控制工作及组织目标的关系

2.　衡量工作绩效

根据建立的标准，监督各项工作开展的过程，衡量当前工作中是否出现偏差，评价各项工作开展的情况，发现问题和揭示问题。对于没有定量考核标准的工作，不易给出评价，必须灵活掌握，进行定性判断评定。企业开展监督检查工作的常用制度与方法：定期报表制度、汇报制度、统计制度、核算制度、检验制度、巡查法、抽查法等。

衡量绩效就是要对系统运转的结果进行衡量，找出实际运转结果与预定目标之间的差异。事实上，关于如何评定管理活动的成效，在拟定标准时就已经部分地得到了解决。也就是说，制定可考核的标准的同时也就将计量的单位、计算的方法、统计的口径等确定下来了。因此，对于衡量成效而言，主要的问题实际上就是信息的收集、处理与传递的过程。为了取得真实的管理效果的信息，组织信息的及时性、可靠性和适用性就显得非常重要。

因此，在衡量绩效偏差时，必须根据实际的管理运行方式，获取真实可靠的信息，使控制本身不离开正常的轨道，才能保证控制的有效性。

3. 纠正偏差

纠正偏差是控制的关键，它之所以重要就在于它体现了执行控制职能的目的，同时，它将控制工作与其他管理职能结合在一起。

纠正偏差首先要寻找主要偏差及产生偏差的主要原因，再确定纠偏对象，最后选择适当的纠偏措施以达到控制目标。

小视频：控制过程

如果制定的标准反映了组织结构中的实际情况，也就是在实际的衡量中，通过将该标准与计划的执行情况进行比较，能将那些对产生偏差负有责任的人找出来，那么就能迅速纠正偏差。因为主管人员能根据组织结构而准确地知道必须在什么地方采取纠正措施。主管人员通过对获得的偏差信息进行分析，就可以找出偏差出现的原因和应该对此负责的人员，然后通过重新制订计划或修改目标来纠正偏差，或者通过其他管理工作职能（例如，重新委派主管人员、加强对人员的培训或明确职责）来纠正偏差，也可以通过改善指导与领导的方法（例如，更充分地阐明所布置的任务或采用精神奖励和物质奖励相结合的激励方法）来纠正偏差。

8.2.3　分组案例分析

天安公司的管理创新

天安公司是一家以生产微波炉为主的家电企业。现该厂总资产5亿元，而在5年前，该公司只不过是一个人员不足200人、资产仅300万元且濒临倒闭的小厂。5年间公司有了如此大的发展，这主要得益于公司内部的如下管理创新。

一、生产管理创新。公司对产品的设计设立高起点，要求严格；依靠公司设置的关键质量控制点对产品的生产过程全程监控，同时，利用PDCA（计划、执行、检查、处理）等方法，持续不断地提高产品的质量；加强了员工的生产质量教育和岗位培训。

二、供应管理创新。天安公司把所需采购的原辅材料和外购零部件，根据性能、技术含量以及对成品质量的影响程度，划分A、B、C三类，并设置了不同类别的原辅材料和零部件的具体质量控制标准，进而协助供应厂家达到质量控制要求。

三、服务管理创新。公司通过大量的市场调研和市场分析活动制定了售前决策，进行了市场策划，树立了公司形象；与经销商携手寻找最佳点，共同为消费者提供优质服务；公司建立了一支高素质的服务队伍，购置先进的维修设备，建立消费者投诉制度和用户档案制度，开展多形式的售后服务工作，提高了消费者满意度。

请分析：

（1）天安公司"设置了不同类别的原辅材料和零部件的具体质量控制标准"，这些标准属于哪些控制标准？为什么？

（2）该案例中"公司设置的关键质量控制点"体现了有效控制原则中的哪一项？为什么？

8.2.4 实践活动安排

情景 8 任务 2 实践活动安排如表 8-2 所示。

表 8-2 情景 8 任务 2 实践活动安排

活动 22	控制职能在管理过程中的运用与分析
活动目标	1. 增强对控制职能的感性认识。 2. 能熟练掌握并运用控制过程在现代企业中的应用，了解企业的管理者应如何有效地利用控制职能，提高分析问题和解决问题的能力
活动内容	1. 将每个班级分成若干小组，分别到企事业单位中、互联网上或报刊中，寻找或搜集我国加入世界贸易组织以来关于我国国企、私企、中外合资企业和外商独资企业如何进行有效控制的成功典范或失败教训的案例或资料。 2. 各小组将运用自己所掌握的控制职能的种类及其有效控制过程，分析企业的管理者应如何提高控制在管理中的地位和作用
活动考核	1. 要求写成简要的实践小结和详细分析的书面报告。 2. 能到企事业单位进行一次交流和讨论，并将实践经验在班级组织一次心得交流会。 3. 各小组推选一名代表发言，专业教师应根据各小组的发言情况、分析报告与讨论表现等进行评估，给各小组评价实践总结

任务 3 控制技术与方法

8.3.1 任务导入

工程承包合同

今年年初，某书店计划修建一座规模较大的图书城，工程总造价为 423 万元，其中装饰工程造价为 100 万元。同年 6 月，该书店与建筑公司签订了关于修建书城的基建工程合同，合同及其附件写明只将土建部分分包给建筑公司，装饰工程剥离出来另行发包。

在例行的审计中，审计人员发现该合同中工程造价未将装饰工程部分的 100 万元剥离出来，仍然按 423 万元的总额包给建筑公司，这样工程总造价就高达 523 万元。这意味着建筑公司未干装饰工程的活儿却可以拿到装饰工程 100 万元的造价款，该书店白白送给了建筑公司 100 万元。

小视频：格雷格厂长的目标能实现吗？

问题：

（1）为什么书店会白白送给了建筑公司 100 万元？

（2）从控制的角度分析，是哪些环节出现了问题？

8.3.2　相关知识

1. 专项控制与综合控制的方法

（1）审计法

审计法是一种常用的控制方法，它是指由独立的专门机构或人员接受委托或根据授权，对国家行政单位、事业单位和企业单位及其他经济组织的会计报表和其他资料及其所反映的经济活动进行审查并发表意见，从而为控制和决策提供依据。审计的一般过程如图 8-4 所示。

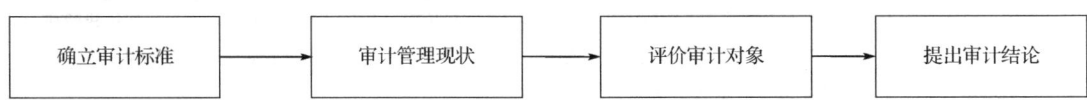

图 8-4　审计的一般过程

（2）利润（损益）控制法

它是根据一个组织（企业）的损益表，对其经营和管理成效进行综合控制的方法。损益表能够反映该企业在一定期间内收入与支出的具体情况，从而有助于从收支方面说明影响企业绩效的直接原因，并有利于从收入和支出的方面进一步查明影响利润的原因。所以，损益控制的实质是对利润和直接影响利润的因素进行控制。

（3）投资报酬率控制法

投资报酬率控制法是以投资额和利润额之比，从绝对数和相对数两方面来衡量整个企业或企业内部某一部门的绩效。与损益控制法的主要区别在于，投资报酬率控制法不是把利润看成一个绝对的数字，而是把利润理解为企业运用投资的效果。

小视频：专项控制与综合控制

2. 预算控制方法

（1）预算控制

预算就是用数字编制未来某一个时期的计划，也就是用财务数字（例如在财务预算和投资预算中）或非财务数字（例如在生产预算中）来表明预算的结果。预算控制是在管理控制中使用极其广泛的控制方法。

预算控制最清楚地表明了计划与控制的紧密联系。预算是计划的数量表现。预算的编制是作为计划过程的一部分而开始的，而预算本身又是计划过程的终点，是已转化为控制标准的计划。

（2）预算的种类

① 经营预算。经营预算是指企业日常发生的各项活动的预算。它主要包括销售预算、生产预算、直接材料采购预算、直接人工预算、制造费用预算、单位生产成本预算、推销及管理费用预算等。

② 投资预算。投资预算是对企业固定资产进行购置扩建、改造、更新等时，在可行性研究的基础上编制的预算。它具体反映在何时进行投资、投资多少、资金从何处取得、何时可获得收益、每年的现金流量为多少、需要多少时间回收全部投资等。

③ 财务预算。财务预算是指企业在计划期内反映有关预计现金收支、经营成果和财务状况的预算。它主要包括"现金预算"、"预算收益表"和"预计资产负债表"。必须指出的是，前述的各种经营预算、投资预算中的资料都可以折算成金额反映在财务预算内。这样，财务预算就成为各项经营业务和投资的整体计划，故亦称"总预算"。

（3）有效预算控制的要求

① 要编制好预算。

② 高层管理部门要重视、支持并参与预算工作。

③ 确定各种标准。

④ 信息及时反馈。

3. 非预算控制方法

除了预算控制方法，管理控制工作中还采用了许多不同种类的控制手段和方法。有些方法属于传统的控制方法，例如亲自观察。另外一些方法，例如标杆管理、平衡积分卡等，则是新一代的计划和控制方法，它们说明科学技术的进步、社会活动规模的扩大必然伴随着管理理论的发展和管理技术的进步。非预算控制方法如下。

（1）现场观察

现场观察也许算得上是最古老、最直接的控制方法，它的基本作用就在于获得第一手的信息。管理人员通过现场观察，可以判断出数量与质量的完成情况、设备运转情况、劳动纪律的执行情况等。

（2）专题报告法

报告是用来向负责实施计划的主管人员全面地、系统地阐述计划的进展情况、存在的问题及原因、已经采取了哪些措施、收到了什么效果、预计能出现的问题等情况的一种重要方式。控制报告的主要目的是提供一种如必要即可用作纠正措施依据的信息。

（3）量本利分析

量本利分析也叫产量成本利润分析、保本分析或盈亏平衡分析，是通过分析生产成本、销售利润和产品数量这三者的关系，掌握盈亏变化的规律，指导企业选择出能够以最小的成本生产最多产品并可使企业获得最大利润的经营方案。

（4）财务报表分析

企业的财务状况综合地反映着企业的生产经营情况。通过对财务状况的分析，可以迅速地、全面地了解一个企业的资金来源和资金运作的情况，了解企业资金利用的效果以及企业的支付能力和清偿债务的能力。

（5）目标管理

目标管理亦称成果管理，是指在企业个体职工的积极参与下，自上而下地确定工作目标，并在工作中实行"自我控制"，自下而上地保证目标实现的一种管理办法。

（6）标杆管理

标杆管理是以在某一项指标或某一方面实践上竞争力最强的企业或者行业中的领头企业或者其内部某部门作为基准，将本企业的产品、服务管理措施或相关实践的实际状况与这些基准进行定量化的评价、比较，在此基础上制定和实施改进的策略和方法，并持续不断反复进行的一种管理方法。标杆管理设定的目标应该既具有一定的挑战性，又具有相当程度的可行性。由于标杆管理与控制的内容和性质非常相似，因此，已将标杆管理看成一种控制方法。

标杆管理通常的步骤如下：

① 确定标杆管理的项目、对象，制订工作计划。

② 进行调查研究，搜集资料，找出差距，确定纠偏方法。

③ 初步提出改进方案，然后修正和完善该方案。

④ 实施该方案，并进行监督。

⑤ 总结经验，并开始新一轮的标杆管理。

（7）平衡计分卡

在平衡计分卡中，企业的远景战略处于核心位置，财务、顾客、内部经营过程、学习和成长环于四周，这些构成一个管理系统。在财务方面，平衡计分卡包含传统的财务指标，如现金流、投资回报率等。在顾客方面，平衡计分卡包含市场份额、客户回头率、新客户获得率、客户满意度等指标。在内部经营过程方面，要根据客户的需求，按照"调查研究→寻找市场→设计和开发产品→生产制造→销售与售后服务"的顺序来创造流程。内部经营过程的指标常常有成品率、次品率、返工率、新产品销售额在总销售额中所占比例、开发新产品所用的时间、对产品故障反应的速度等。在学习和成长方面，重要的因素是人才、信息系统和组织程序。企业可以通过改善企业内部的沟通渠道、强化员工的教育和培训、调动员工的积极性、提高员工的满意度等措施，来促进企业的学习和成长。学习和成长方面的指标通常有培训支出、培训周期、雇员满意度、员工流失率、每个员工提出建议的数量、被采纳建议在总建议中所占的比重、被采纳建议所产生的效果等。平衡计分卡架构如图 8-5 所示。

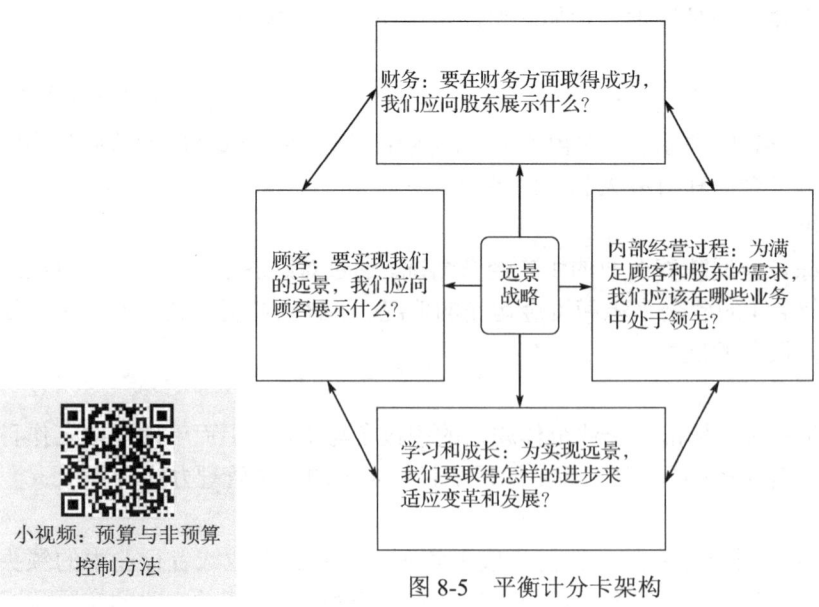

小视频：预算与非预算
控制方法

图 8-5　平衡计分卡架构

8.3.3　分组案例分析

LYL 公司精细化管理

LYL 公司是一家成立两年的服装生产小型企业。为实现产品质量的控制，企业在创办之初就实现了精细化管理。下面是该企业精细化管理制度纲要和条款的部分内容。

LYL 公司精细化管理的总纲：对于企业内部凡有分工协作和前后工序关系的部门与环节，其配合与协作需要精细化管理；与企业生存、发展环境的适宜性需要精细化管理；与企业相关联的机构、客户、消费者需要精细化管理。

"精"就是要加强质量管理体系、来料检验、生产过程检验、出货质量控制、不合格品控制、供应商质量控制、质量成本控制等。

"细"就是要建立和完善各项质量管理制度，包括质量管理体系、来料检验、生产过程检验、出货质量控制、不合格品控制、供应商质量控制、质量成本控制等，同时要涵盖具体操作流程、表单等。

"化"就是在每项制度流程里面都要规定相应的更新完善机制，实现企业战略规划更新和调整机制。

LYL 公司的精细化管理是一个全面化的管理模式，将精细化的思想和作风贯彻到整个企业的所有管理活动中。

① 精细化操作：企业活动中的每一个行为都有一定的规范和要求，每个员工都应遵守规范，从而让企业的基础工作更正规化、规范化和标准化。

② 精细化控制：要求每一业务动作均有一个流程，要有计划、审核、执行和回顾的过程，全程减少企业业务运作失误，杜绝管理漏洞，增强流程参与人员的责任感。

③ 精细化核算：要求凡与财务有关的行为都要记账、核算，通过核算发现经营管理中的漏洞和缺陷，减少企业利润流失。

④ 精细化分析：用现代化专业手段，将经营中的问题从多个角度去展现和从多个层次去跟踪，研究提高企业生产力和利润的方法。

⑤ 精细化规划：企业各职能部门确定的目标和计划必须是有依据的、可操作的、合理的和可检查的。

LYL 公司精细化管理的实施，使员工广泛参与精细化管理实践，培育员工"消灭浪费、精细做事、全员改善"的管理理念，使员工在推行精细化管理的同时感受到参与企业管理的氛围，进而促进员工树立精细化思想、质量意识，提高员工发现产品质量问题、解决质量问题的能力，全面提升企业质量管理水平。

请分析：

（1）理解企业精细化管理的精髓，分析 LYL 公司管理"精细化"的具体体现。

（2）结合服装产品生产工艺流程，简要绘制"成品出仓"精细化控制流程图。

小知识：全面质量管理

8.3.4　实践活动安排

情景 8 任务 3 实践活动安排如表 8-3 所示。

表 8-3　情景 8 任务 3 实践活动安排

活动 23	调查、访问企业管理信息系统
活动目标	1．感知控制过程与方法。 2．了解企业管理信息系统。 3．树立全面质量管理观
活动安排	1．各组选择校园附近的一家企业，围绕企业管理信息系统运行、质量目标控制与质量问题分析、考核方法等进行调查。 2．利用课余时间实施调查，写出调查报告
活动考核	1．以小组为单位提交调查报告。 2．课堂报告：各组陈述，交流体会。 3．由教师根据调查报告及课堂报告表现综合评分

【能力培养图】

学习型任务

1. 理解控制的目标和内容
2. 熟悉控制的各种分类方法和类型
3. 了解控制过程
4. 了解各种控制技术与方法

职业行动能力训练项目

1. 名家讲坛：李践《时间管理》
2. 罐子有多大
3. 控制职能在管理过程中的运用与分析
4. 调查、访问企业管理信息系统

活动

案例

1. 古代故事
2. 前景内燃机公司的产品质量控制问题
3. 乐视一步一步走向崩溃
4. 天安公司的管理创新
5. 工程承包合同
6. LYL公司精细化管理

职业行动能力

1. 能确定关键控制点，强调例外控制
2. 能正确对待工作中出现的偏差，并进行有效控制
3. 能使正式组织控制、非正式组织控制和自我控制趋于一致
4. 能采用各种控制技术和方法对企业进行全面控制

借鉴实践经验

1. 把企业握在手上
2. 丰田式管理：细微之处见精神
3. 顺丰的成本控制策略：智能化投入，解放人力

坚持拓展阅读

《Google是如何控制世界的》
《决胜在控制——欧迪管理改革纪实》
《内部控制评价：Assessing Internal Control——理念·实务·案例》
《内部控制理论与实务》

掌握相关理论

控制论

运用管理方法

预算控制
量本利分析
平衡计分卡

【拓展阅读】

1. 趣味阅读

决堤与修堤

春秋时期，楚国令尹孙叔敖修建了一条水渠——芍陂。这条水渠又宽又长，足以灌溉沿渠的万顷农田，可是一到天旱的时候，沿堤的农民就在渠水退去的堤岸边种植庄稼，有的甚至把农作物种到了堤中央。等到雨水一多，渠水上涨，这些农民为了保住庄稼和渠田，便偷偷地在堤坝上挖开口子放水。这样的情况越来越严重，一条辛苦挖成的水渠被弄得遍体鳞伤、面目全非，因决口而经常发生水灾，变水利为水害了。面对这种情形，历代行政官员都无可奈何，每当渠水暴涨成灾时，便调动军队去修筑堤坝、堵塞漏洞。后来宋代李若谷出任知县时，也碰到了决堤修堤这个头疼的问题。他便贴出告示说："今后凡是水渠决口，不再调动军队修堤，只抽调沿渠的百姓，让他们自己把决口的堤坝修好。"这布告贴出以后，再也没有人偷偷地去堤坝放水了。

这是一个有趣的故事，但是故事的寓意值得我们管理者深思。如果在执行一项政策之前就把这当中的利害关系对相关人士讲清楚，他们也许就不会为了私利而做出损害团队利益的事情了，当然这只是对高素质的团队来说。

有的公司可能因为行业的原因，职员的素质都不太高。遇到这种情况，即使你说明了利害他，职员还是会为了自己的利益偷偷地去做一些损公肥私的事情。怎么办？建立严格有效的监督控制机制就显得非常重要了。

老总挨批

两年前一位记者朋友去一家乡镇企业采访，那位在当地小有名气的企业家、该企业董事长正坐在办公室生闷气。原来，上午在董事会上他再次提出上果汁生产项目，又被否决了，还受了批评。聊起企业的管理问题，他连连抱怨现在的企业越来越难管。他说："企业刚创立的时候，虽然规模小，员工文化素质也不高，但干什么都比较顺心。我指东，没有人往西。现在倒好，规模上去了，效益也翻了几番，又招进了大批高学历的人才，按说工作应该更得心应手了，可实际上呢，我的话现在不灵了，常常有人唱反调。就说生产果汁这件事呢，你知道，一瓶汇源或茹梦在饭店卖十几元、二十几元。咱这个地方有的是果子，要是上了果汁生产线，你想想那利润！可几个副老总愣是不同意，说果汁眼下走俏，从长远来看却……"

两年后，这位董事长在北京参加全国劳模表彰会，又与记者朋友见面了。闲聊时，记者朋友问他那个果汁加工项目后来是否上了。他长吁一口气，说："幸亏当初没上，如果上的话，现在可就背包袱了。邻县上了一家，老本都搭了进去。"

他感慨地说，看来企业里有人说"不"并不见得是坏事。成功的企业背后都有一个能人。创业伊始，这些能人凭个人的胆识和敏锐的市场洞察力为企业赢得了市场份额。但随着改革的深入，市场日趋成熟，经营环境发生了重大变化，新知识、新技术大量应用，竞争日趋激烈，经营风险也进一步提高。现实逼迫企业向高层次转换，高层次的企业需要高层次的人才相匹配。企业若想要继续驰骋"商场"，靠单打独斗显然不行了。企业家首先要战胜自我、超越自我，从知识结构到经营理念进行全面更新。战胜自我的很重要的一个方面就是摒弃以自我为中心的思想，察纳雅言，博采众长。

曾经一位知名企业的老总说过一句话：20年前，我是最强的，带着大家往前冲；20年后，我站在后边运筹帷幄，看着大家往前冲。

对于老总，员工在你面前唯唯诺诺并不一定就是好事。当有人向你说"不"时，你应该庆贺才对。

2. 推荐书籍

请登录华信教育资源网（www.hxedu.com.cn），在本书相关资源中免费下载推荐书籍清单。

【过程考核】

一、单选题

1. 控制被视为组织的一项积极性要素，其理由在于控制可以帮助组织避免（　　）。

    A．变化　　　　　　B．加重错误　　　C．组织复杂化　　　D．有效运作

2. （　　）控制发生在实际的变化过程中。

    A．前馈　　　　　　B．反馈　　　　　C．实时　　　　　　D．预防

3. 前馈控制发生在实际变化过程（　　）。

    A．之前　　　　　　　　　　　　　B．之后

    C．之中　　　　　　　　　　　　　D．之前、之中和之后

4. 控制过程的最后一步是（　　）。

    A．制定标准　　　　　　　　　　　B．评价成绩并纠偏

    C．用标准衡量成绩　　　　　　　　D．质量控制

5. 用标准衡量成绩的过程中，（　　）对纠正偏差无丝毫意义。

    A．改变标准　　　　　　　　　　　B．全力运用反馈控制

    C．保持现状　　　　　　　　　　　D．A和C

6. 某教授讲到管理控制部分时，要求学员做一项练习。教授说："大家都受过高等教育，对大学的情况比较了解，你们是否知道目前大学管理部门都是从哪些方面控制教师的？每人说一个方面即可。"学员发言踊跃，有的说要检查教师的教案更新情况，有的说要检查教师发表论文的数量和质量，有的说要检查教师所教授的学生的成绩……学员边说，教授边记，很快黑板被写满了。面对如此多的控制标准，教授问学员："现在，有谁愿意当老师？请举手。"大家盯着黑板，长时间没有举手。上述控制标准过多的现象的成因是什么？（　　）

    A．没有明确或忽视了控制的目的　　B．没有选择好关键控制点

    C．管理人员希望控制全局的欲望　　D．人们看待和分析问题的角度不同

7. 可以克服对于控制的抵制行为的技术是（　　）。

    A．目标管理　　　B．会计　　　　C．现状分析　　　D．计算机管理

8. 前馈控制又被称为（　　　）。

A．同步控制　　　B．预先控制　　　C．反馈控制　　　D．实时控制

9. 以正在进行的计划实施过程为控制重点的控制工作是（　　　）。

A．前馈控制　　　B．反馈控制　　　C．现场控制　　　D．计划控制

10. 有效管理的（　　　）使系统得以及时地对环境变化做出反应。

A．准确性　　　B．灵活性　　　C．及时性　　　D．经济性

11. 控制的基本目的在于（　　　）。

A．寻找错误　　　　　　　　　B．衡量雇员绩效

C．确保行为依循计划发展　　　D．使人们失去自由

12. 在偏差出现前就预先采取措施"防患于未来"，这种行为属于（　　　）。

A．事前控制　　　B．事后控制　　　C．计划活动　　　D．现场控制

13. 组织的总目标是要靠各部门及成员协调一致的活动才能实现的。所以，合格的主管人员进行控制工作时不能没有（　　　）。

A．面向未来的观点　　　　　　B．全局观点

C．经济效益的观点　　　　　　D．反映计划要求的观点

14. 控制工作得以开展的前提是（　　　）。

A．建立控制标准　　　　　　　B．分析偏差原因

C．采取矫正措施　　　　　　　D．明确问题性质

15. 管理控制工作的一般程序：（　　　）。

A．建立控制标准、分析差异产生原因、采取矫正措施

B．采取矫正措施、分析差异产生原因、建立控制标准

C．建立控制标准、采取矫正措施、分析差异产生原因

D．分析差异产生原因、采取矫正措施、建立控制标准

16. 所有权和经营权相分离的股份公司，为强化对经营者行为的约束，往往设计了各种治理和制衡的手段，包括：①股东们要召开大会对董事和监事人选进行投票表决；②董事会要对经理人员的行为进行监督和控制；③监事会要对董事会和经理人员的经营行为进行检查监督；④要强化审计监督，等等。这些措施（　　　）。

A．均为事前控制

B．均为事后控制

C．①为事前控制，②为同步控制，③、④为事后控制

D．①、②为事前控制，③、④为事后控制

17. 控制活动过程中，管理人员所在的部门、所处的管理层次不同，实施控制的主要任务也不尽相同。一般来说，（　　　）主要从事例行的、程序性的控制活动。

A．高层管理人员　　　　　　　B．中层和基层管理人员

C．重点部门管理人员　　　　　D．科研部门管理人员

18. 预算最大的缺陷是（　　　）。

A．容易导致偏差过大　　　　　B．容易导致本位主义

C．容易掩盖效能低下　　　　　D．缺乏灵活性

二、判断题

1．预算提供了一种测量绩效的方法并可用来在部门间进行绩效比较。　　　　（　　）

2．生产计划和经济预测均属于信息控制的内容。　　　　（　　）

3．预算帮助组织确认在控制系统中所需的各种标准。　　　　（　　）

4．由组织以外的专家进行的财务审计被称为外部审计。　　　　（　　）

5．质量控制是指对组织拥有的建筑和设备进行控制。　　　　（　　）

6．预算目标与企业目标是完全统一的两个概念。　　　　（　　）

7．制定合适的标准是使预算工作发挥作用的关键之一。　　　　（　　）

8．信息是一种特殊的资源，只有将企业的全部信息集中管理，才可能使其成为企业可利用的资源。　　　　（　　）

9．用标准去衡量绩效是控制过程中的最后一步。　　　　（　　）

10．最理想的控制方式是现场控制。　　　　（　　）

三、简答题

1．如何理解控制的含义？

2．控制活动有哪些要求？

3．什么是预算？其作用主要表现在哪几个方面？

4．简述有效预算控制的要求。

5．如何确定关键控制点？控制工作强调例外有何意义？

综合案例题

【综合案例一】

日、美钢铁业的竞争

日本钢铁业从第二次世界大战结束后到 20 世纪 80 年代，取得了巨大的发展。钢产量由 1950 年的 500 万吨，增至 1980 年的 15 000 万吨。长期以来，美国的钢铁厂家一直以其高劳动生产率闻名于世，随着日本钢铁产业的崛起，美国受到了极大的冲击。不过直到 20 世纪 60 年代中期，美国仍领先于日本。当时，美国钢铁企业每万人每小时平均产钢 7 吨，而日本只有 5 吨，但是此后 10 年日本钢铁企业的劳动生产率为每万人每小时产钢 9 吨，而美国只有 8 吨。

关于钢铁企业职工工资增长率，日本比美国高出 2.5 倍。但是在每吨钢成本的工资含量方面日本为 45 美元，低于美国的 47 美元。美国的钢铁厂家从 20 世纪 60 年代初期就受到日本方面越来越大的威胁。日本人通过自己的努力使本国钢铁厂家的竞争能力胜过美国，日产钢铁源源不断地出口到美国，对美国钢铁企业产生了巨大的冲击。在美国钢铁企业的压力下，美国政府不得不出面控制对日本钢铁的进口。

日本钢铁企业的竞争优势源自何处？有人从以下方面进行了分析。

一是低工资优势。日本钢铁企业在第二次世界大战结束后到 20 世纪 70 年代初一直拥有相对于美国的低工资优势，特别是在第二次世界大战后一段时间，日元暴跌，日本职工工资平均为美国职工工资的四分之一。日本钢铁企业充分认识到并利用这一优势，注意扩大生产规模并降低成本，提高了产品在世界市场上的竞争能力。

二是在全球范围选择进口廉价原材料。日本虽是资源贫乏的国家，但在 20 世纪 70 年代初的能源危机之前，原材料价格便宜，日本企业可以在全球范围选择并进口优质而价廉的矿石、煤炭、石油等原材料，并建成了世界顶尖的海底仓库。

以上两个原因是否充分解释了日本钢铁企业的崛起呢？

20 世纪 70 年代以来，日本钢铁企业原有的一些优势实际已经丢失或减弱。从 1957 年到 1975 年，日本钢铁企业单位劳动时间的工资提高了 8 倍，而同时期美国仅提高了 2 倍。对于战后以廉价劳动力为"武器"而取得竞争优势的日本钢铁企业，原来的"武器"越来越不顶用了。为了维持日本钢铁企业的成长，只要有可以降低成本的机会，日本企业从来不放过。举例来说，20 世纪 50 年代末，美国和日本均相继建成了一批容积为 2000 立方米的高炉。10 年以后，日本相继建成了一大批容积超过 5000 立方米的超大型高炉，而美国新建的高炉没有一座超过 4000 立方米，且数量不多。

20 世纪 1982 年，日本 60% 的高炉超过 2000 立方米，而在美国，超过 2000 立方米的高炉不足 10%。从 1951 年到 1970 年的 20 年间，日本钢铁界建成了 12 个从炼铁到炼钢流水作业的钢铁厂，所建成的钢铁厂在当时均是世界上规模顶尖的。美国在 1951 年后仅建成了两个从炼铁到炼钢流水作业的钢铁厂，不仅数量少而且规模小。美国新建的两家连续作业钢铁厂所生产的粗钢仅占美国全年粗钢总产量的 5%，而日本新建的 12 家流水作业钢铁厂所生产的粗钢占日本全年粗钢总产量的75%以上。

日本钢铁企业降低成本的另一个途径是尽可能地采用先进技术。例如，在生产工艺技术方面采用了纯氧顶吹技术、连续浇铸技术，在管理方面则广泛地应用计算机来提高工作效率，这两方面的技术都带来了大量的成本节约。

合理的生产布局是日本钢铁企业获得低成本优势的又一源泉。日本考虑到原料进口和产品出口的特点，厂址选择方面倾向于靠近海港，不少工厂都建在海港内以降低运输成本。例如，日本钢管公司建设的当时世界上顶尖的钢铁厂——扇岛钢铁厂，就建在人工造的小岛上。该小岛系从1971年开始填海而成的。

石油危机之前，日本炼钢投入的主要能源是石油。石油价格成倍上涨后，日本钢铁企业立即着手改变能源技术结构，将用煤炭代替石油与用新技术实现企业的技术改造相结合，从1974年到1980年，日本国内所有钢铁企业全部实现用煤炭代替石油。日本企业为此进行了大量投资，但同时建成了占全国生产能力80%的节能型连续浇铸系统。日本的炼钢能耗比欧美国家的都低。

日本的钢铁企业在顺应环境的变化和不断提高企业的竞争能力方面，不愧是日本企业及至世界企业的典范。但是，由于全球性钢铁需求的下降，全球经济结构的变化，加上兴起的发展中国家也拥有先进技术和廉价劳动力的优势，日本的钢铁企业也不可避免地面临了严峻的挑战。为此，日本的川崎制铁公司于1986年6月设立了"川崎技术研究"部门，从事新事业开发。该部门的方针为"制敌抢先"，只要是能抢在其他企业之前上市的商品，都可能成为开发对象。川崎制铁公司时常利用研修等方式改变干部的观点，强化其应变能力，如1984年的研修论题就是"世界钢铁业的兴衰与公司的应对之策"。

根据以上的案例，回答下列问题：

1．日本在20世纪50年代至70年代建成的12个钢铁厂在生产能力上普遍比美国新建的钢铁厂高，说明日本钢铁业在追求：（　　　）。

　　A．降低钢铁生产的机会成本　　　　B．降低钢铁生产的运输成本
　　C．钢铁生产的规模经济　　　　　　D．钢铁生产的技术进步

2．以下哪种资源条件对日本钢铁业的发展约束最大？（　　　）

　　A．自然资源　　　　　　　　　　　B．劳动力资源
　　C．资本资源　　　　　　　　　　　D．企业家才能

3．钢铁行业属于何种类型产业？（　　　）

　　A．劳动密集型　　　　　　　　　　B．资本密集型
　　C．知识密集型　　　　　　　　　　D．高新技术型

4．20世纪80年代初以前，日本钢铁业的竞争战略属于（　　　）。

　　A．低价格战略　　　　　　　　　　B．差异化战略
　　C．海外市场集中化战略　　　　　　D．新事业开发战略

5．全球性钢铁需求开始下降，说明世界钢铁业处于寿命周期的哪一阶段？（　　　）

　　A．成长期　　　　B．成熟期　　　　C．衰退期　　　　D．投入期

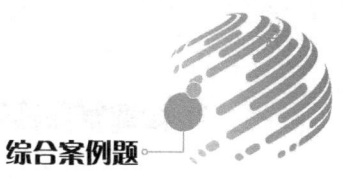

【综合案例二】

通用汽车公司的组织结构创新

　　1916 年，随着联合汽车公司并入通用汽车公司，阿尔弗雷德·斯隆出任通用汽车公司副总裁。斯隆发觉到通用汽车公司在管理上存在的问题，他先后写了 3 份分析通用汽车公司内部管理弱点的报告。但是，总裁杜兰特只是赞赏，不予采纳。1920~1921 年的经济危机期间，公司在经营管理上的问题彻底暴露出来了。公司危机四伏，摇摇欲坠。这时杜兰特引咎辞职，董事长皮埃尔·S. 杜邦兼任总经理。斯隆在他的支持下，开始了改革的进程。这场改革从 1921 年开始一直持续了 10 年。

　　斯隆分析了通用汽车公司的弊病，指出公司过去将领导权完全集中在少数高级领导人身上，他们事无巨细、大包大揽，反而事与愿违，造成了公司各部门失去控制的局面。他认为，大公司较为完善的组织管理体制应以集中管理与分散经营二者的协调为基础。只有在这两种显然相互冲突的原则之间取得平衡，把两者的优点结合起来，才能获得最好的效果。由此他认为，通用汽车公司应采取"分散经营、协调控制"的组织体制。根据这一思想，斯隆提出了改组通用汽车公司的组织机构的计划，并第一次提出了"事业部制"的概念。1920 年 12 月 30 日，斯隆的计划得到公司董事会的一致同意。次年 1 月 3 日这个计划开始在通用公司推行。斯隆在以后的 10 年中改组了通用汽车公司。斯隆将管理部门分成参谋部和前线工作部（前者在总部进行工作，后者负责各个方面的经营活动）的做法很为大家熟悉，这种分组在 19 世纪较大的铁路公司里已经成形。现代军队，特别是 19 世纪的普鲁士军队，也率先使用了这种组织形式，许多概念同时在工业公司里获得发展。斯隆也确实用过军事方面的例子来说明他正要在通用汽车公司里干什么。

　　斯隆在通用汽车公司创造了一个多部门的结构。他废除了杜兰特的许多附属机构，将力量最强的汽车制造单位集中成几个部门。这种战略现在已经为人们所熟悉，但在当时是一流的主意并且被出色地执行了。多年后，斯隆这样说明：我们的产品品种是有缺陷的，通用汽车公司生产一系列不同的汽车，聪明的办法是造出价格尽可能各有不同的汽车，就好像一个指挥一次战役的将军希望在可能遭到进攻的每个地方都要有一支军队一样。"我们的车在一些地方太多，而在另一些地方却没有。"首先要做的事情之一是开发系列产品，在竞争出现的各个阵地上应对挑战。

　　斯隆认为，通用汽车公司的旗下品牌应从凯迪拉克往下安排到别克、奥克兰，最后到雪佛兰。这是 20 世纪 20 年代早期的产品阵容。以后有了改变，即：1925 年增加了庞蒂艾克，以填补雪佛兰和奥尔兹莫比尔中间的缺口；奥克兰被淘汰了，增加了拉萨利，后来它也被淘汰了。

　　不同牌子的汽车都有自己专门的管理人员，每个单位的总经理相互之间不得不进行合作和竞争。这意味着生产别克的部门与生产奥尔兹莫比尔的部门都要生产零件，但价格和式样有重叠之处。这样，许多买别克的主顾可能对奥尔兹莫比尔也感兴趣，反之亦然。这样，斯隆希望在保证竞争的有利之处的同时，享有规模经济的成果。通用汽车公司的零件、卡车、金融和其他单位差不多有较大程度的自主权，其领导人成功则获奖赏，失败则让位。

通用汽车公司后来成为一台巨大的机器,但斯隆力图使它确实保有较小公司所具有的激情和活力。

斯隆的战略及其实施产生了效果。1921年,通用汽车公司生产了21.5万辆汽车,占美国国内产量的7%;到1926年年底,斯隆将小汽车和卡车的产量增加到120万辆。通用汽车公司在2018年已拥有40%以上的汽车市场。1940年该公司产车180万辆,已达该年美国全国总产量的一半。相反,福特公司的市场份额在1921年是56%,而在1940年是19%,不仅远远落后于通用汽车公司,而且次于克莱斯勒汽车公司而成为第三位,后者在1921年时还不曾出现。这是美国商业史上非常戏剧性的沉浮升降之一。

根据以上的案例,回答下列问题:

1. 斯隆认为,在通用汽车公司的组织结构方面,(　　　)。
   - A. 集权有百害而无一利
   - B. 传统的集权式组织结构必须让位于现代的分权式组织结构
   - C. 应在集中管理与分散经营之间取得平衡
   - D. 它与通用汽车公司当时的问题之间的关系不大

2. 关于事业部制,下列说法中不正确的是:(　　　)。
   - A. 它是一种集中指导下的分权管理形式
   - B. 它又被称为斯隆模型
   - C. 各事业部具有相对独立的利益和自主权
   - D. 各事业部之间协调方便

3. 斯隆对通用汽车公司的部门进行划分时,主要依据(　　　)。
   - A. 工艺
   - B. 人数
   - C. 产品
   - D. 营销渠道

4. 在1940年前后,美国汽车市场是一种典型的(　　　)。
   - A. 完全竞争市场
   - B. 垄断竞争市场
   - C. 寡头垄断市场
   - D. 完全垄断市场

5. 对于参谋职权与直线职权,下述说法中不正确的是(　　　)。
   - A. 直线职权是上级指挥下级工作的权力
   - B. 参谋职权旨在协助直线职权有效地完成组织目标
   - C. 二者之间是"参谋建议、直线命令"的关系
   - D. 参谋职权应受直线职权的领导

6. 在产品方面,斯隆(　　　)。
   - A. 把高档车作为目标市场
   - B. 把低档车作为目标市场
   - C. 把所有的汽车作为目标市场
   - D. 对原有的产品品种不进行改动

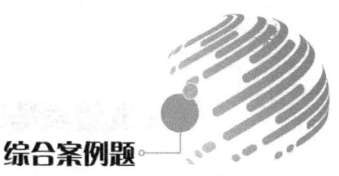

【综合案例三】

AC 航班坠落事件

一个初春的晚上 7 点 40 分，AC 航班正飞行在离目的地 K 市不远处的高空。机上的油量还可维持近两个小时的航程。在正常情况下，像 AC 这样的航班，由此时的飞行到降落 K 机场仅需不到半小时的时间。可以说，飞机的这一缓冲保护措施是安全的。但没有想到的是，AC 航班遭遇了一系列耽搁和问题。

晚上 8:00 整，K 机场航空交通管理员通知 AC 航班飞行员，由于机场出现了严重的交通问题，航班必须在机场上空盘旋待命。8:45，AC 航班的副驾驶员向机场报告他们飞机的"燃料快用完了"。交通管理员收到了这一信息，然而，在 9:24 之前，飞机并没有被批准降落机场。而在此之前，AC 航班机组成员也没有再向 K 机场传递任何情况十分危急的信息，只是飞机座舱中的机组成员在相互紧张地通告说他们的燃料供给出现了危机。

9:24，AC 航班第一次试降失败。由于飞行高度太低及能见度太差等原因，没法保证飞机安全着陆。当机场指示 AC 航班进行第二次试降时，机组乘员再次提到他们的燃料将要用尽，但飞行员还是告诉机场交通管理员新分配的飞行跑道"可行"。几分钟后，准确的时间是 9:32，飞机有两个引擎失灵了。1 分钟后，另外两个引擎也停止了工作。耗尽燃料的飞机在 9:34 坠毁于 K 市，机上 73 名人员全部遇难。

当事故调查人员检查了飞机座舱中的磁带并与当事的机场交通管理员讨论之后，他们发现这场悲剧的原因实际上很简单：机场方面不知道 AC 航班的燃料会这么快耗尽。下面是有关人员对这一事件所进行的调查：

第一，飞行员一直说他们"油量不足"，交通管理员则告诉调查者，这是飞行员们经常使用的一句话。当因故出现降落延误时，交通管理员认为，每架飞机都不同程度存在燃料问题。但是，如果飞行员发出"燃料危急"的呼声，交通管理员有义务优先为其导航，并尽可能迅速地允许其着陆。一位交通管理员这样指出："如果飞行员表明情况十分危急，那么，所有的规则程序都可能不顾，我们会尽可能以最快的速度引导其降落。"事实是，AC 航班的飞行员从未说过"燃料危急"，由此导致 K 机场交通管理员一直未能理解到飞行员所面对的真正困难。

第二，AC 航班飞行员的语调也并未向交通管理员传递有关燃料危急的严重信息。机场交通管理员普遍接受过专门训练，可在多数情况下捕捉飞行员声音中极细微的语调变化。但飞行员向 K 机场传达信息时的语调却是冷静而职业化的。

第三，也应当看到，AC 航班飞行员不愿意声明情况紧急是有一些客观原因的。例如，按条例规定，驾驶员在飞行中进行了紧急情况报告之后，他们事后需要补写出长篇的、正式的书面汇报并交给有关方面。还有，紧急情况报告后，如果飞行员被发现在估算飞机在飞行中需要多少油量方面存在严重的疏漏，那么，飞行管理局就有理由吊销其驾驶执照。这些消极的强化因素在相当程度上阻碍着飞行员发出紧急呼救。在这种情况下，飞行员的专业技能和荣誉感便会变成一种"赌注"！

根据以上的案例，回答下列问题：

1. AC 航班的不幸坠毁从根本上讲是因为何种原因？（　　　）

　　A．飞机燃料储备不足以及飞行员在计算剩余油量方面疏忽大意

　　B．机场交通管理员在工作中的玩忽职守、推卸责任

　　C．飞机燃料危急的信息没有被清晰地传递又未被充分地接受，因而飞机失事的真正原因是沟通过程中的障碍

　　D．AC 航班飞行员在沟通过程中存在用语不当问题

2. AC 航班飞行员在向机场要求准许降落时使用了"油量不足""燃料快用完了"之类的话语，这些在机场交通管理员心中不过是飞行员们的老生常谈和惯用伎俩。这种情况说明，处于紧急状况之中的 AC 航班飞行员本应该格外注意以下哪一点？（　　　）

　　A．使用恰当的编码　　　　　　　　B．选择合适的沟通渠道

　　C．选择合适的发送者　　　　　　　D．选择合适的接收者

3. 从机场交通管理员的角度来说，既然他们认为 AC 航班飞行员关于燃料用完的报告难以令人相信其飞机正处于紧急状态中，这个时候，为稳妥和安全起见，他们最需要做什么？（　　　）

　　A．对报告情况的飞行员进行及时的信息反馈

　　B．使自己在接收信息的同时成为信息发送者

　　C．开展双向沟通

　　D．以上所有方面

4. 事故调查者在收听录音磁带时发现，AC 航班飞行员的报告在语调上没有传递出情况紧急的信息，这可以说是以下哪一方面的典型实例？（　　　）

　　A．不擅长使用口头沟通　　　　　　B．不擅长使用书面沟通

　　C．不擅长使用非语言沟通　　　　　D．不擅长使用对讲机沟通

5. AC 航班飞行员在实际情况紧急时不愿意直接向机场交通管理员报告情况万分危急，相反，在航班机组成员内部却相互紧张地通告燃料供给的危机。这说明了（　　　）。

　　A．组织沟通往往比人际沟通更为复杂

　　B．组织中的制度规定会对信息的有效沟通造成强烈的影响

　　C．组织中的一些控制措施实际上会左右组织成员的沟通行为

　　D．以上均正确

【综合案例四】

忙碌的生产部长

雷尔公司是美国中西部一家专门生产住宅建筑上的特殊制品的小型工厂。布雷尔是该厂的生产部长，他的直接上级是公司总经理。查理是装配车间的主任，他手下的 7 名工人负责装配住房中的各种锁，他是归布雷尔领导的。

去年春季的一天，公司总经理把布雷尔叫进办公室，对他说："我们收到了好几次客户投诉，客户说我们的锁装配得不好。"布雷尔对此事进行了调查之后，向上司汇报："我

对那些蹩脚的锁的装配无须负责，因为那是装配车间主任查理的失职，他没有去检查手下的工人是否按正确的装配程序工作。"

那一天，布雷尔还办了几件事：一是与工会处理了一桩劳资纠纷；二是向厂里的基层管理人员解释了工厂在工伤赔偿政策上打算做哪些改动；三是同销售部经理讨论了产品的更新换代问题；四是打电话给一家供应厂商，告诉他们有一台关键的加工机器坏了、无法修理，请他们速来换一台；五是考虑了如何改进厂里的制造工艺。

根据以上的案例，回答下列问题：

1. 布雷尔和查理分别是这家小型企业哪一层次的管理人员？（　　）

    A．高层和中层的　　　　　　　　B．中层和基层的

    C．高层和基层的　　　　　　　　D．都是中层的

2. 关于锁的装配不善的问题，公司总经理应该首先责成谁负起最终责任？这依据的是什么原则？（　　）

    A．装配车间的主任查理，监督职责明确原则

    B．装配车间的工人们，执行职责明确原则

    C．生产部长布雷尔，责任的不可下授原则

    D．依据责权对等原则，没人该对此负责

3. 劳资纠纷的处理和工伤赔偿政策的解释都需要何种管理技术？（　　）

    A．人际技能　　　　　　　　　　B．技术技能

    C．概念技能　　　　　　　　　　D．体力技能

4. 产品更新换代和制造工艺改进都对管理工作职能和技能有些什么要求？（　　）

    A．它们都是技术方面的问题，与管理工作无关

    B．它们都涉及管理中的决策职能，所以具备概念技能就可能做好该类工作

    C．它们是纯粹技术领域内的业务决策，做好该项决策需要有一定的管理技能，但主要限于技术技能方面

    D．技术领域的决策是一项富有挑战性的管理工作，要求同时具备概念技能和技术技能，甚至有时还需要人际技能

5. 打电话请供应厂商来换一台同目前用坏的机器一样的设备，这是设备简单替换的问题，需要的管理技能主要是（　　）。

    A．概念技能和技术技能　　　　　B．人际技能和技术技能

    C．技术技能　　　　　　　　　　D．人际技能和概念技能

【综合案例五】

辞职引起的薪酬制度变革

一家在同行业居领先地位、注重高素质人才培养的高新技术产品制造公司，不久前有两位精明强干的年轻财务管理人员在提出辞职后到提供更高薪酬的竞争对手公司里任职。其实，这家大公司的财务部门主管早在数月前就曾要求公司给这两位年轻人增加薪酬，因为他们的工作表现十分出色。但人力资源部门的主管认为，按同行业平均水平来说，这两

位年轻财务管理人员的薪酬水平已经是相当高的了，而且这种加薪要求与公司现行的建立在职务、年龄和资历基础上的薪酬制度不符合，因此该主管拒绝给予加薪。

对这一辞职事件，公司里的人议论纷纷。有的人说，尽管这两位年轻人所得报酬的绝对量高于行业平均水平，但他们的表现那么出色，这样的报酬水准是很难令人满意的。也有的人质疑，公司人力资源部门的主管明显地反对该项加薪要求，但是否当由了解其下属表现好坏的财务部门主管对本部门员工的薪酬行使最后决定权？公司制定了明确的薪酬制度，但是否与公司聘用和保留优秀人才的需要相适应呢？公司是否应当制定出特殊的条例来吸引优秀的人才，或者还是让那些破坏现行制度的人离开算了……这些议论引起了公司总经理的注意，他责成人力资源部门牵头与生产、销售、财务等各部门的人员组成一个专案小组，就公司薪酬制度广泛征求各部门员工的意见，并提出几套方案，供下月月初举行的公司常务会讨论和决策之用。

根据以上的案例，回答下列问题：

1. 这家高新技术产品制造公司的组织结构是（　　　）。
　　A. 直线制　　　　　　　　　　　B. 直线职能制
　　C. 事业部制　　　　　　　　　　D. 矩阵制

2. 两位年轻人拿到了高于同行业平均水平的薪酬仍没感到满意，这种现象可用何种激励理论得以解释？（　　　）
　　A. 公平理论　　　　　　　　　　B. 期望理论
　　C. 强化理论　　　　　　　　　　D. 需求层次理论

3. 人力资源部门主管拒绝给财务管理人员增加薪酬，这是行使了（　　　）。
　　A. 直线权力　　　　　　　　　　B. 参谋权力
　　C. 职能权力　　　　　　　　　　D. 个人权力

4. 人力资源部门认为，公司按职务、年龄和资历计付薪酬的制度既已明确颁布，就应严格遵照执行，哪怕因此而流失优秀人才。对这种行为可做出何种评判？（　　　）
　　A. 该行为出现了目标与手段的置换和扭曲
　　B. 人事部门遵循了类似"有法必依，执法必严"的原则
　　C. 制度面前人人平等，优秀人才也不应该例外
　　D. 执行制度者不能违反制度

5. 公司总经理准备考虑薪酬制度的改革问题，这是一种（　　　）。
　　A. 程序化决策　　　　　　　　　B. 非程序化决策
　　C. 战略决策　　　　　　　　　　D. 业务决策

【综合案例六】

陈跃应该干什么

陈跃在大学念的是与他的兴趣不符的园艺，现在在一家规模很大的电子厂担任生产线组长。他知道自己对生产管理是外行，因此工作时就特别认真、卖力。从上班到下班，他总是四处奔忙，干劲十足。

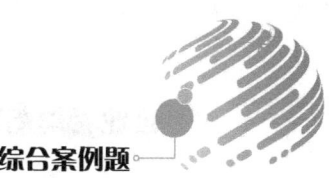

吴亮原是采购科的物料组长，最近被提升为生产科长，他管辖3位组长，陈跃就是其中的一位。吴亮最初对陈跃的印象非常好。不过，后来他发现陈跃所管的生产线常常发生问题，而问题的症结就在陈跃身上。

原来，陈跃常常不在生产线上监督，一会儿跑库房领料，一会儿运不锈钢到清洗房，有时候交成品去给质检科检验，有时候则忙产品入库，做的尽是领班或物料搬运工做的事。

这时候，吴亮才豁然领悟到陈跃终日忙碌的原因。于是吴亮将陈跃唤到办公室，拿出组长工作说明书给他看，当面提示。吴亮希望陈跃把这些琐事交付给领班或物料搬运工，陈跃自己则多在现场监督并多费点心思在生产线的管理事务上。

陈跃受了吴亮的教训后，再也不敢随便离开生产线。只是由于他忙习惯了，一时要他把全部的精神放在生产线上，他也不知道如何着手才对。吴亮看在眼里，先后警告他好几次，但效果不佳，徒增陈跃的焦虑而已。后来吴亮发现陈跃坐在装配工旁整理零件，好像是在逃避什么似的，既可怜又可恨。

陈跃的生产线本来就时有缺料的现象发生，只是每次缺料并不严重，对生产进度没有影响，事后又很快恢复供料。所以当时吴亮仅在口头上提醒陈跃要特别注意物料的供需状况，并希望陈跃能建立一套有效的物料管理办法。前几天，陈跃的生产线发生了严重的缺料，整条生产线都停下来了。缺料的原因仍是陈跃疏忽了物料的供需状况，未能及时向采购物料组反映，以致延误了对外采购的时间。归根结底，问题的主要症结在于陈跃没有建立一套有效的物料管理办法，这导致他无法掌握各项物料的供需状况。吴亮对这件事非常生气，责令陈跃在一周内制定出一套有效的物料管理办法。

陈跃接到命令后，常在办公室苦思却久不得解。期限到了，他还是不知如何下手。吴亮对此甚表不满，但情势迫切，他只好亲自拟定物料管理办法。吴亮认为陈跃是个只动手不动脑的人，所以在办法拟定后，吴亮还向他解说内容，示范给他看。这套办法实施后，吴亮仍不放心，数次巡视现场，看看陈跃的处理过程，确认无误后，才放手让他做。

根据以上的案例，回答下列问题：

1. 陈跃对工作特别认真，是因为（　　　　）。

    A. 陈跃工作责任心强　　　　　　B. 生产线人手不足

    C. 陈跃对生产管理是外行　　　　D. 生产线经常发生问题

2. 陈跃终日忙碌的真正原因是（　　　　）。

    A. 不知道如何当组长　　　　　　B. 尽干一些不该干的工作

    C. 没有把精力放在生产线的管理上　D. 缺乏当组长的能力

3. 对陈跃这样的下级，吴亮应采取什么样的领导方式？（　　　　）

    A. 支持型　　　B. 参与型　　　C. 指导型　　　D. 授权型

4. 吴亮口头提醒陈跃注意物料供需状况，并要他建立一套有效的物料管理办法。这属于什么性质的控制？（　　　　）

    A. 前馈控制　　　B. 现场控制　　　C. 反馈控制　　　D. 间接控制

5. 从生产停工待料一事来看，陈跃最缺乏的管理能力是（　　　　）。

    A. 计划能力　　　B. 沟通能力　　　C. 创新能力　　　D. 激励能力

【综合案例七】

远景拓能公司发动职工参与管理

有些公司能够提高职工的参与管理而转危为安，远景拓能公司就是这样一个成功的典范。该公司过去的许多管理制度都是在权威式的管理思想指导下制定出来的，职工没有提出意见的机会，即使有时职工的意见能够被提出来，也得不到应有的重视。这样做的结果是职工的流动率很高，正式或非正式的罢工事件层出不穷，缺勤率高达8%，产品的退货率为4.5%，公司的营业状况每况愈下。在这种情况下，该公司的领导不得不改弦易辙，设法改革原有的管理制度。经过反复讨论之后，该公司在"通过职工参与管理来改进工作"的思想的指导下，建立了一些新的管理制度，实施了一些新举措。

首先，公司领导向全体职工每人印发了一本简明易懂的职工手册，这本手册有条有理地讲解了本公司的各项政策与措施，目的是使每个职工了解公司领导对他们的期望。

其次，对公司高级管理人员的人选进行了新规定。过去公司一般从公司外部聘用高级管理人员（如总经理和副总经理等）；而新的制度规定，公司高级管理人员一般应从公司内部表现杰出的或能力强的职工当中选拔。

公司还新成立了一个工业工程部，这是一个富有朝气的部门，该部门除了负责工程方面的改进工作，还经常派人到各车间去观察各项作业的流程，听取工人的意见。这个部门的工作加强了公司内部各部门之间的联系与协调。

公司还建立职工出勤奖励制度，对于全勤和出勤较好的职工给予奖励。

作为公司领导和职工之间沟通意见的渠道，一份内部刊物由公司办公室负责编印。公司领导的新精神和职工的各种意见都能在这个刊物上得到反映。

每当公司领导要采取一些重要措施时，公司领导都会向职工的家庭发出信件，目的是使职工及其家属了解这些重要措施的主要内容及其意义。这就是公司与职工家庭之间的通信制度。以往该公司的申诉案件不胜枚举，许多案件都是由于领班对劳资协定不了解而产生的。为了解决这些问题，公司建立了"抱怨"登记制度，这样许多抱怨事件在演变成为费时而又费钱的申诉案件之前就能够得到合理解决。

公司现在按月召开"职工参与管理会议"。参加会议的代表按下列办法产生：先通过抽签方式抽出初选人员，再由总经理和高级主管从中任意挑选20名参加会议。公司规定，每个月参加会议的人员不得重复，因此在一年中每个职工至少有一次机会当面向高级主管畅谈自己对公司工作的各种意见。

由于采取了以上措施，远景拓能公司的工作发生了以下一些重大变化：全公司产量增加了37%；公司直接参加生产的职工减少了20%，间接职工减少了37%，高级主管人员从26人减为18人；从建立这些制度、采取这些措施以来，从未发生过罢工事件；职工申诉案件由以往每年45件降为现在每年5件；缺勤率由8%降为3.2%；产品退货率由4.5%降为1.5%。

目前，远景拓能公司仍在积极设法以各种方式让职工参与企业的管理。

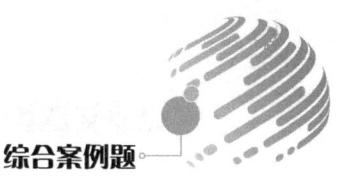
根据以上的案例，回答下列问题：

1. 该公司领导从前的领导方式最接近于利克特所提出的以下 4 种领导方式当中的哪一种？（　　）

  A．专制−权威式   B．开明权威式

  C．协商式   D．群体参与式

2. 公司新规定，高级管理人员一般应从公司内部表现杰出的或能力强的职工当中选拔。其理由是：（　　）。

  A．以前从外部招聘的高级管理人员都不理想

  B．从内部提拔的人与公司互相都比较了解

  C．能够激发公司员工的上进心，提高职工的士气

  D．获得当初对被提拔者的培训投资的回报

3. 公司新成立的工业工程部行使的主要是哪种职权？（　　）

  A．直线职权   B．职能职权和参谋职权

  C．职能职权   D．参谋职权

4. 根据案例所提供的资料分析，对于公司规定的职工出勤奖励制度，你认为可能存在的最大问题是什么？（　　）

  A．奖励标准不易确定

  B．未考虑职工的社会性需要，工作时间限定太死，从而影响到职工的一些社会生活包括家庭生活

  C．未充分考虑某些职工的实际困难，例如住得较远，或者家里有需要照顾的老人或孩子等

  D．有奖无罚，奖励的作用就会受到影响

5. 公司内部编印刊物，以作为公司领导与职工沟通的渠道。这是一种什么样的沟通方式？（　　）

  A．正式沟通 B．非正式沟通 C．非语言沟通 D．横向沟通

【综合案例八】

世界一号企业家如何管理企业

韦尔奇为通用电气公司创立了一种 21 世纪的企业管理新模式：首先积极引入了质量提高计划，把发放优先认股权作为奖励措施，从而使通用电气公司迅猛发展。他用聚会、突然视察、发手写便条等颇具个人风格的方法领导着这个世界知名的大公司。

17 年来，尽管许多大公司在严峻的全球经济中像多米诺骨牌纷纷倒台，它们的总裁也走马观灯似地变换着，可是韦尔奇在通用电气公司总裁的位置上岿然不动。因为他创造了公司收益的奇迹。密歇根大学管理学教授蒂希说："20 世纪尤其伟大的两位公司领导人是通用汽车公司的斯隆和通用电气公司的韦尔奇。韦尔奇可能比斯隆更伟大，因为他为他的公司确立了一套将成为 21 世纪公司仿效的现代管理新模式。"

韦尔奇是如何将美国一家老式的大企业改变成具有很强竞争力、带动全球发展的火车

头的？是如何将一家制造商变成服务商的？是如何通过 600 多次兼并打入国际市场从而改变公司面貌的？又是如何成功地对美国企业界产生巨大影响力的？在庞大又复杂的公司中，如何集中行使如此大、如此多的权力？韦尔奇作为一家当时拥有 3040 亿美元财产、销售额高达 893 亿美元、分布在全球 100 多个国家、拥有 27.6 万员工的公司的最高主管，又是如何管好公司的呢？

当他接任通用电气公司总裁职位时，遇到很多难题要处理。但他把这些事办成了各种有意义的活动，并对公司的战略和公司十几个部门担任重要职务的人加以考验。

韦尔奇更懂得"突然"行动的价值。他每周都突然视察工厂和办公室，匆匆安排与比他低好几级的经理共进午餐，无数次向公司员工突然发出手写的、整洁醒目的便条。所有这一切都让人们感受到他的领导和他对公众的行为施加的影响。

韦尔奇上台时，全公司共有 40 多万职工，其中有"经理"头衔的有 2.5 万人，高层经理有 500 多人，仅副总裁就有 130 人；公司的管理层次共有 12 层。韦尔奇先后砍掉了 350 多个部门，将公司职工裁减为 27 万人，大力压缩管理层次，强制性要求在全公司任何地方从一线职工到他本人之间不得超过 5 个层次。这样，原来高耸的金字塔型结构一下子变成了坚实的扁平化结构。

伟大的企业领导人都是善于表达他们愿望的高手。在韦尔奇担任总裁的最初几年中，他与公司顶层的几百人进行交流，总是不厌其烦地重复着一些重要的话，而且一有机会就要讲。

韦尔奇十分重视企业领导人的表率作用，他总是不失时机地让人感觉到他的存在。他向从直接的汇报者到小时工等几乎所有的员工发出的手写便条具有很大的影响力，因为这些便条给人以一种亲切感和自然感。韦尔奇的笔刚刚放下，他的便条便通过传真机直接发给他的员工了。两天之后，当事人就会收到他手写的原件。他手写的便条主要是为了鼓励和鞭策员工，还经常是为了促使和要求部下做什么事。尽管往年通用电气公司计划增长的总工资只有 4%，但是，员工即便在本人不提升的情况下一年内基本工资增长幅度也高达 25%。一年内奖金增长幅度可达到 150%。相当于基本工资的 20% 到 70% 的优先认股权原来只留给那些公司中资深的管理人员，现在在韦尔奇的领导下其发放范围已经大大扩大了。目前大约有 2.7 万人——约占公司被雇用的专业人员的 1 / 3，获得了这种认股权，其中包括 800 多名高级经理以下的员工。

通用电气没有采取其他许多公司的把这种认股权作为年度奖励自动分发给员工的做法。韦尔奇坚持认为，首次获得优先认股权的人数必须占总获得人数的 25%，连续 3 次获得优先认股权的人数不得超过 50%。

许多华尔街专家和通用电气公司投资者都把韦尔奇看作世界上最有价值的公司要素。韦尔奇一生中的大部分时间花费在与人有关的问题上。他认为，他一生中最大的成就莫过于培育人才。韦尔奇感慨地说："这（通用电气公司）是一家由众多杰出人物管理的公司。我最大的劳动莫过于物色成批的杰出人物。"

他认为，他必须充分了解其属下，以便信任他们，相信他们的决策。

韦尔奇能叫出公司上层至少 1000 人的名字，知道他们负什么责任，知道他们在做什么。这对一名雇员来说是莫大的鼓舞，职工们非常看重这一点。

根据以上的案例，回答下列问题：

1. 关于扁平化组织结构，下列说法中不正确的是：（　　）。

    A．它是指管理层次少而管理幅度大的一种组织结构形态

    B．它有利于缩短上下级距离，密切上下级关系

    C．它有可能使信息在传递过程中失真

    D．它的管理费用低

2. 下列哪个因素对企业永续经营起决定性作用？（　　）

    A．企业家的领导才能　　　　　　B．企业的产权制度和运行机制

    C．制定正确的发展战略　　　　　　D．采取多种形式激励员工

3. 民主式领导方式具有如下主要特点，除了：（　　）。

    A．主要运用个人权力和威信，而不是靠职位权力和命令使人服从

    B．分配工作时，尽量照顾到组织每个成员的能力、兴趣和爱好

    C．决策是领导者和其下属共同智慧的结晶

    D．领导者与下级保持相当的心理距离

4. 在赫茨伯格的双因素理论中，"优先认股权"属于（　　）。

    A．激励因素　　　　B．保健因素　　　　C．刺激因素　　　　D．难以确定

5. 韦尔奇以手写便条的形式激励员工，可满足员工的（　　）。

    A．安全需求　　　　　　　　　　B．社交需求

    C．尊重需求　　　　　　　　　　D．自我实现需求

参考文献

[1] 周三多. 管理学——原理与方法[M]. 7 版. 上海：复旦大学出版社，2018.

[2] 郝云宏，向荣. 管理学[M]. 北京：机械工业出版社，2013.

[3] 邢以群. 管理学[M]. 北京：高等教育出版社，2007.

[4] 罗昌宏，彭彬. 管理学[M]. 2 版. 上海：上海财经大学出版社，2009.

[5] 芮明杰. 管理学[M]. 2 版. 北京：高等教育出版社，2005.

[6] 吴金法. 现代企业管理学[M]. 北京：电子工业出版社，2003.

[7] 王毅. 企业管理基础[M]. 北京：中国纺织出版社，2005.

[8] 骆守俭. 企业管理——使命、流程、工具[M]. 上海：立信会计出版社，2005.

[9] 张存禄. 企业管理经典案例评析[M]. 北京：中国人民大学出版社，2004.

[10] 徐国良. 企业管理案例精选精析[M]. 北京：经济管理出版社，2003.

[11] 姜法奎，刘银花. 领导科学[M]. 3 版. 大连：东北财经大学出版社，2011.

[12] 牧之，张震. 管理要读心理学[M]. 北京：新世界出版社，2007.

[13] 李志敏，王力. 核心竞争的 32 个动物智慧[M]. 北京：机械工业出版社，2004.

[14] 〔美〕斯蒂芬·P. 罗宾斯. 管理学[M]. 13 版. 北京：中国人民大学出版社，2017.

[15] 〔美〕弗雷德·鲁森斯. 组织行为学[M]. 北京：中国人民邮电出版社，2004.

[16] 〔意〕帕累托. 管理书[M]. 北京：当代中国出版社，2003.

[17] 中国管理案例共享中心 http://www.cmcc-dut.cn/

[18] 世界经理人 http://www.ceconline.com/

[19] 经理人网 http://www.sino-manager.com/

[20] 和讯网 http://www.hexun.com/

[21] 财经网 http://www.caijing.com.cn/

[22] 慧聪网 http://www.hc360.com/

[23] 阿里巴巴网 http://china.alibaba.com/